北京市（2011）协同创新中心
首都经济贸易大学特大城市经济社会发展研究院资助出版

西部大都市区管治

XiBu DaDuShiQu GuanZhi

安树伟　常瑞祥　张晋晋 等著

中国财经出版传媒集团
经济科学出版社
Economic Science Press

教育部人文社会科学重点研究基地重大招标项目
（批准号：08JJD790117）

西部大都市区管治模式与协调机制研究

项目主持人： 安树伟　经济学博士，首都经济贸易大学城市经济与
　　　　　　　　　　　公共管理学院教授、博士生导师

项目组成员： 常瑞祥　首都经济贸易大学城市经济与公共管理学院
　　　　　　　　　　　博士生、宁夏大学经济师
　　　　　　　张晋晋　经济学硕士，中共晋城市委党校讲师
　　　　　　　熊雪如　经济学博士，深圳市宝安区发展研究中心助
　　　　　　　　　　　理研究员
　　　　　　　吴银峰　经济学硕士，山东莱商银行菏泽分行职员
　　　　　　　闫程莉　首都经济贸易大学城市经济与公共管理学院
　　　　　　　　　　　博士生
　　　　　　　田晓婷　经济学硕士，开源证券股份有限公司职员
　　　　　　　李　鹏　经济学硕士，兴业银行西安分行职员
　　　　　　　李　琪　经济学博士，内蒙古财经大学经济学院副
　　　　　　　　　　　教授
　　　　　　　侯　蓉　经济学硕士，中信银行太原双东支行职员

前　言

　　大都市区管治，是当前国内区域经济学和城市经济学研究的前沿问题之一。2014 年，西部地区城镇化水平达到 47.4%，已处于以都市区化带动城市化的新阶段。国际经验表明，在城市化和大都市区发展过程中，不加干预的市场自由放任很容易造成大城市膨胀病，如城市蔓延、人口膨胀、交通拥挤、环境恶化、中心城区衰退等。反之，政府过分或不恰当地干预，也会影响城市和大都市区的健康发展。因此，如何摆正政府在大都市区发展中的位置和发挥积极作用，实现"善治"，不仅是各国中央政府和地方政府普遍考虑的问题，更是中国未来区域政策需要关注的重要问题。

　　大都市区管治的目的，并不仅仅是为了实现"好的管治"，其最终目的是促进大都市区的发展。本书弥补了国内研究西部大都市区就"发展"论"发展"的不足，而是把西部大都市区的"发展"与"管治"结合起来研究。西部不同的大都市区所处的发展阶段不同，其管治结构与协调机制也有很大的不同，不能简单照搬国外及国内发达地区的经验。

　　与中国其他地区相同人口规模的大都市区相比，西部大都市区的相对集聚程度低，集聚依然不足。2006~2012 年，西部大都市区的集聚程度在提高，城镇化过程以集聚为主。因此，随着西部地区城镇化水平的提升，必须十分重视城市的集聚性问题，继续提高城市的集聚度。在今后的发展中，政府应高度重视环境问题，设法提高城市环境集聚性。这样，一方面，可以改善城市环境，另一方面，也表明通过环境集聚调控城市集聚程度有较大的发展空间。

鉴于中国西部所处的城镇化阶段与实际情况，西部大都市区的管治目前以支持增长型的管治模式为主，应进一步完善管理模式和社团模式，同时，加强多种管治模式的交互与整合。

在西部大都市区管治中，与"重建轻管"的管治理念和"管家式"的管治模式相对应，除采取部分经济手段外，法律手段很少，大多数采用的是行政手段，均以通知、通告、意见、决定、建议、办法、规划等形式提出。法律手段在大都市区管治中有绝对优势，而且随着西部地区城镇化的快速推进，应高度重视法治的完善，应由行政手段为主尽快过渡到以法律手段和经济手段为主，以保证城市管治的科学性和高效性。

除涉及中国大都市区管治的普遍领域外，西部大都市区管治的特殊领域是城市经济发展、农民工市民化、城市安全保障、城市环境污染治理、城市新区建设、城市更新几个方面。

西部大都市区管治效率方面，科教文卫的财政投入效率好于基础设施投入效率，城市公共财政投入的作用更多体现在科教文卫，而不是城市基础设施上。基础设施投入冗余现象严重，这与近些年"西部大开发"中盲目追求经济发展速度，迫切提高城镇化水平的投资冲动有关。改进西部大都市区财政投入产出效率低下的思路：一是向外发展，充分发挥城市的溢出效应和辐射效应，将公共财政投入向城市周边区域倾斜，带动周边区域发展；二是向内挖潜，通过技术升级和城市管治能力提高，改善城市管治绩效，提升城市产出效率；三是强化管治绩效评价，将绩效评价制度化、规范化，在绩效评价中坚持以人为本原则。

本书充分借鉴了国内外大都市区管治的经验和教训，对西部大都市区管治的宏观背景、大都市区的集聚性判断、管治理念、管治结构与模式、管治手段与协调机制、管治的重点领域、空间管治、管治的绩效与成本收益分析等进行了较深入的研究，提出了西部大都市区管治的政策建议，为国家"一带一路"战略的深入推进、《国家新型城镇化规划（2014～2020）》的落实、新时期国家"西部大开发"政策的调整和完善提供重要的支持、咨询和参考，对于深入推进"西部大开发"具有重要的意义和价值；西部大都市区管治手段与协调机制的分析、管治绩效与成本收益的分析等，均具有较好的理论价值，对于区域经济学、城市经济学等学科的有关理论的完善也具有一定的意义。

安树伟

2016.6

目　录

第一章　导　论 / 1

　　第一节　研究背景 / 1

　　第二节　研究目标与思路 / 3

　　第三节　文献回顾与研究进展 / 4

　　第四节　结构、创新与未解决的问题 / 8

第二章　大都市区管治的理论基础和宏观背景 / 17

　　第一节　理论基础 / 17

　　第二节　宏观背景 / 27

第三章　国内外大都市区管治的经验及借鉴 / 41

　　第一节　发达国家的大都市区管治 / 41

　　第二节　新兴工业化国家及发展中国家的大都市区管治 / 49

　　第三节　中国沿海发达地区的大都市区管治 / 54

　　第四节　国内外大都市区管治经验对西部大都市区管治的启示 / 60

第四章　大都市的集聚性判断 / 65

　　第一节　城市集聚性指数的构建 / 66

　　第二节　西部大都市相对集聚性评价 / 69

　　第三节　西部大都市集聚性的变化 / 72

第四节　西部大都市集聚程度分类 / 75

第五节　结论与政策含义 / 77

第五章　管治中存在的问题及管治理念 / 79

第一节　存在问题 / 79

第二节　管治理念 / 86

第六章　管治结构与模式 / 93

第一节　管治结构 / 93

第二节　管治模式 / 105

第七章　管治手段与协调机制 / 111

第一节　管治手段的效果比较 / 111

第二节　管治手段 / 115

第三节　管治手段完善方向 / 118

第四节　管治的协调机制 / 121

第八章　管治重点 / 129

第一节　城市经济发展 / 129

第二节　农民工市民化 / 133

第三节　城市安全保障 / 138

第四节　城市环境污染治理 / 142

第五节　城市新区建设 / 146

第六节　城市更新 / 150

第九章　空间管治
　　　　　——以西安大都市区为例 / 157

第一节　空间管治基础 / 157

第二节　空间管治中存在的问题 / 162

第三节　空间集聚与扩散 / 166

第四节　优化空间结构 / 178

第五节　完善空间管治对策 / 181

第十章 管治的绩效与成本收益分析 / 187

    第一节 绩效分析 / 187

    第二节 成本与收益分析 / 198

    第三节 西安大都市区管治成本收益分析 / 204

    第四节 结论与政策含义 / 209

第十一章 完善西部大都市区管治的政策建议 / 213

    第一节 树立管治意识，提高管治效率 / 213

    第二节 强化大都市区协调管理 / 218

    第三节 推进大都市区一体化发展 / 223

    第四节 实现大都市区的多中心管治 / 225

    第五节 创新管治手段 / 228

后记 / 232

第一章

导 论

第一节 研究背景

随着中国城镇化进程的加快，大都市区已经成为推动区域发展的重要力量。大都市区可以形成庞大的消费市场；拥有规模巨大的劳动力市场，劳动力有高度流动性，企业更容易降低成本；土地市场比较发达，为企业提供更多的区位选择机会；市场高度融合，为企业提供更为充分的生产资料；是就业岗位最为集中的地区，劳动力就业岗位的选择和机会比其他地区要多；基础设施、公共服务等实现规模效益的条件优越，特别是公共交通、环境保护以及区域性的基础设施更容易产生需求，大型港口、机场往往在大都市区产生。因此，如何实现大都市区资源的最优整合、推动城市与区域的科学发展，是非常重要的研究问题。在拓展中国区域发展新空间和新型城镇化的新形势下，应当很好地总结中国城镇化进程中的经验和教训，反思在加快城镇化进程中出现的一系列问题，认清新形势，把握新情况、新矛盾，探索新的发展道路。良好的管治与协调，是实现大都市区健康发展的重要方面。

一般认为，大都市区是以大城市为核心、与周边地区保持密切社会经济联系的城镇化地区。2015 年，中国城镇化水平达到 56.1%，按照 1975 年美国城市地理学家雷·M. 诺瑟姆（Ray M. Northam）提出的城镇化过程曲线，中国已经处于城镇化加速阶段。中国西部的都市区纷纷兴起，对于推动当地经济发展、提升整体社会发展水平，正起着越来越重要的作用。随着经济全球化的加快，中国城市发展逐步走上市场化轨道，市场在资源配置中发挥决定性作用。然而，发展中国家的管治经验表明，过分依赖市场很容易造成危机，在城市发展领域则表现为各种"城市病"。反之，政府过分、不恰当地干预也会影响城市的健康发展。如何摆正政府在城市发展中的位置和发挥有效作用，实现"有效的"城市管治，不仅是发展中国家普遍考虑的问题，更是深入实施"西部大开发"战略，更好地发挥"一带一路"建设对"西部大开发"的带动作用所必须面对的问题。

在这种背景下，中国以及西部地区大都市区管治问题应运而生。在城市规划、城市管理领域如何引入"城市管治"的理念与模式，逐步建立与世界接轨的"政府—市场—社会"结构性协同机制，避免市场失灵、政府失控和区域失调，提高城市规划和管理的公平、公正和高效性，是西部地区城市决策者和管理者面临的重要课题。

与传统的以控制和命令手段为主、由国家分配资源的治理方式不同，"管治"是指，通过多种集团的对话、协调、合作以达到最大程度地动员资源的管理、治理方式，以补充市场交换和政府自上而下地调控之不足，最终达到"双赢"的、综合的社会治理方式（张京祥，庄林德，2000）。城市管治与传统城市管理的根本区别，是非政府组织对城市经济社会公共事务的参与，即政府与公共部门与私人机构以"协调"为手段，不以"支配""控制"为目的，互动合作共同管理城市经济社会事务。城市管治更注重过程，即城市政府协同私人利益集团力求实现集体目标的过程，并由政治、经济和社会价值体系共同塑造。

大都市区跨越了广大的地域，以功能相互连接，在空间上组织成为一个由铁路、高速公路等连接的工业、商业和文化相互影响和作用的巨大区域。无论规模还是吸引力，大都市区都将成为一个经济增长的引擎，掌握着经济发展的命脉，成为一定范围内经济和技术创新的中心。但是，大都市区在发展过程中面临着许多问题，如人口膨胀、空间蔓延、环境恶化、社会空间分异明显、农民工市民化、中心城市的衰退与城市更新，这些问题的核心是协调，解决途径是管治。城市间利益冲突的主要原因，是行政边界与市政公共设施服务空间的不一致。城市政府具有生产和提供公共设施和公共服务的职能，理想的城市政府行政边界，应当大体上与公共设施的自然边界相符。事实上，由于不同的公共设施有不同的服务空间范围，因而在"城乡分治、切块设市"的体制下，一个城市政府管辖的行政边界不可能与所有的公共设施的自然边界相适应，相邻的地域、相邻地域的城市之间，公共服务相互渗透，而公共服务的费用支付却被限定在行政边界范围内。如何建立大都市区合理的行政管理机构和组织，从而使城市公共设施和服务达到最佳规模，就显得非常重要了。

因此，本书借鉴国内外大都市区管治的经验和教训，探索中国西部大都市区管治的模式和协调机制，提出管治的重点领域和政策建议，为新时期"西部大开发"政策的调整和完善、新型城镇化的推进、区域发展新空间的拓展等提供支持、咨询和参考。

第二节　研究目标与思路

一、研究目标

大都市区的快速增长，是第二次世界大战之后全球城市和城镇化发展的重要特征之一，良好的管治与协调是实现大都市区健康发展的重要基础。大都市区管治研究，是当前国内区域经济学研究的前沿问题之一。2014 年，西部地区城镇化水平达到 47.4%，已处于以都市区化带动城镇化的新阶段。本书立足于"西部大开发"以来中国西部大都市区迅速发展的背景，在理论上探索西部大都市区的管治模式和协调机制，以更好地发挥西部大都市区对区域经济发展的带动作用。

二、研究思路

遵循"理论基础与宏观背景→国内外经验借鉴→集聚性判断→存在问题→管治结构与模式→管治手段与协调机制→管治重点→样本区空间管治及绩效与成本分析→政策建议"的思路，见图 1-1，在深入样本区域及有关部门进行大量调查研究的基础上，运用区域经济学、城市经济学、城市地理学、新制度经济学、博弈论、公共经济学和管理学等学科有关的理论与方法，探讨大都市区集聚性判断的标准，对西部大都市区管治中出现的种种问题进行理论上的解释，寻求其存在的制度根源；寻求西部大都市区的管治结构与模式、管治手段与协调机制，进而提出西部大都市区管治的重点领域；深入研究样本区空间管治及其成本与绩效,最终得出具有可操作性的政策建议。

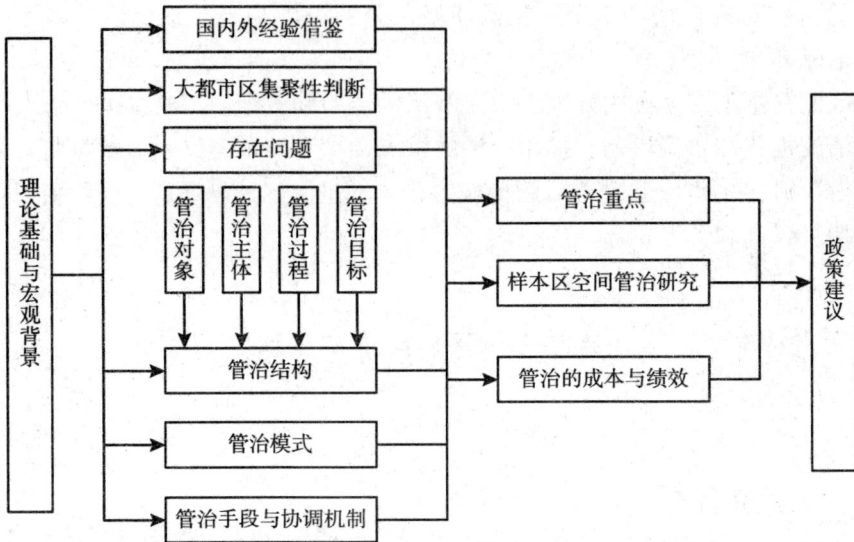

图 1 - 1 研究技术路线示意

第三节 文献回顾与研究进展

一、国外研究进展

早在 1910 年,美国就提出了大都市地区(Metropolitan District)的概念。在世界城镇化进程中,大都市区先后出现于西欧、北美、亚太,伴随着大都市区的出现和发展,大都市区的行政组织与管理问题日益成为世界各国尤其是发达国家广泛关注的重要问题。近年来,全球化下大都市区管治(Metropolitan Governance)的研究集中于以下四方面:

(一) 大都市区政府和组织体制

主要围绕大都市区政府系统内部行政权力的合理分配进行研究,包括大都市区各级政府和各部门之间,以及相邻城市间权力关系的整合等,其核心是探讨政府权力的合理和公平分配等问题(Barlow, 1991; Agnew John, 1994; David Wilson, Chris Game, 1998; John Friedmann, Douglass Mike, 1998; Fernandez Conde, Luiz Paulo, 1999; Alan Altshuler, William Morrill & Harold Wolman, 1999; Andrew Sancton, 2000; Brian Jacobs, 2000; Gerry Stoker, 2000; Heather Nocal, Greg Halseth, 2000）。

（二）大都市区管治的影响因素和机制

主要围绕大都市区公共管理的行政化和非行政化、市场化运行机制等内容进行研究，其实质是在权力不流失的情况下探讨市场和社会参与决策的模式，以实现效率的提高（Peter Roborts, Tony Struthers & Jeffery Sachs, 1993; Tim Blackman, 1995; David Rusk, 1995; John Gibson, 1996; Mark Turner, David Hulme, 1997; Sandercock, 1998; William Thomas Bogart, 1998; Ali Falazmand, 1999; Manuel Pastor Jr., Peter Dreier, J. Eugene Grigsby Ⅲ, 2000）。

（三）大都市区管治的以人为本思想

包括城市管理决策的社会化、公众参与，及其建立满足城市居民需求的城市管理模式（Duffy Hazel, 1995; Bernhard Blanke, Randall Smith, 1996; Barber, Benjamin R. Strong Democracy, 1996; Turner Mark, Greg Barret, 1998; Abdul Khakee, Paola Somma & Huw Thomas, 1999; William L. Miller, Malcolm Dichson, Gerry Stoker, 2000）。

（四）大都市区管治的制度性框架

主要围绕如何重构大都市区区域管治，建立完善的区域管制制度性框架，制定大都市区战略规划，以及如何实现大都市区空间管治在实践中的应用等。美国学者认为，大都市区是否增长或衰落，在经济发展、基础设施、环境保护和社会公平领域都面临着严重的战略问题，这些问题归根到底要落实到空间管治上面。无论正式的管治结构或非正式的管治结构，对于保持大都市区始终充满竞争力都是相当重要的，从更广或更基本的意义上说，那些管治结构提供了更强的协调和动员能力，大都市区区域结构的每一次重大改变要求产生相应的管治改革（方创琳等，2007）。

与此同时，国外的公共行政与公共管理领域对政府治理进行了大量的研究，如 *The Future of Governing: Four Emerging Models*（B. Guy Peters, 1996），*Public Participation in Public Decisions: New Skills and Strategies for Public Managers*（John Clayton Thomas, 1995），*Citizen Governance: Leading American Commu-*

nities into the 21st Century（Richard C. Box，1998），*The New Public Service：Serving，Not Steering*（Janet V. Denhardt，Robert B. Denhardt，2003）等提出了许多理论和观点。如"新公共服务"理论认为，政府的职能是"服务"，而不是"掌舵"；皮埃尔（Pierre，1996）则在对传统治理和全球行政改革进行多年潜心研究的基础上，提出了政府治理的四种模式，并对每种模式进行了深刻的比较分析。迈因·彼得·万（Meine Pieter van，1993）的 *Managing cities in developing coutries：urban management in emerging economics*，阐述了运用不同的理论方法和实践经验，来研究城市管理中的经济和财政问题。他建议，城市管理者通过分权提供新机遇来提高城市的竞争力，通过构建发展战略和运用新公共管理理论来改善城市的管理能力和各项服务，也强调引入不同利益相关者和新信息技术的重要性。这对于从跨学科角度研究西部大都市区管治模式具有重要的借鉴和启示。

二、国内研究进展

国情不同，研究的重点也不尽相同。中国最早涉及都市区和都市带研究的，主要是城市地理学的学者，如周一星（1986，1988，1991）、姚士谋（1992）、顾朝林（1999，2000，2001）等，这些研究侧重于大都市区的经济发展和部分社会问题。1995年以后，国内开始关注大都市区管治问题，首先是国外经验介绍，如《国外大都市区行政组织与管理的理论与实践》（刘君德等，1995）、《墨尔本大都市行政管理模式研究》（许晓辉，1995）、《国外典型大都市区发展对我国大都市区建设的启示》（曾艳红，1998）、《美国大都市区的发展及管理》（张京祥，刘荣增，2001）、《发展中国家城市管治及其对中国的含义》（杨汝万，2002）、《发展中国家城市管治研究及其对我国的启发》（顾朝林，2001）。这些研究在对国外大都市区管治（城市管治）经验进行总结的基础上，进一步分析了中国大都市区管治的必要性和紧迫性。

此后，国内学者研究的范围在逐渐拓展，但主要集中在以下几个方面：

从理论上探讨城市管理问题。如顾朝林（2000）、张京祥（2000）、饶会林（2003）等。其中，饶会林（2003）明确提出了城市管理的五大职能：导引、规范、治理、服务和经营，准确地把握了中国城市政府在体制转型时期的城市管理职能转变方向。

城市管治研究的框架。顾朝林（2000）提出了中国城市管治研究的基本理论框架和主要议题，并对中国城市管治研究方法提出了建设性意见；吴缚龙（2002）分析了中国改革开放后治理基础的演变，以揭示市场改革造成了国家治理的危机，由此国家机器通过"地域化"过程以加强其对社会的治理能力。

城市管治研究的主题。姚鑫和陈振光（2002）认为，中国大城市管治正朝着"多中心"管治方式转变，"撤县并区"战略的实施应注重市县合作；范朝礼（2003）认为，现行行政管理体制是有效实施城市与区域管治的最大制约"瓶颈"，要推行城市与区域管治就必须在行政管理体制改革上有重大突破。

大都市区的管治（治理）结构。踪家峰等（2002）提出并分析了企业化城市治理模式、国际化城市治理模式、顾客导向型城市治理模式、城市经营模式等几种典型的城市治理模式，认为各种模式均具有各自的特点，对于中国城市政府运行均有借鉴意义；陈福军（2003）从城市治理的依据、治理模式、治理主体、治理职能对城市治理等方面进行了较为系统的研究。

行政区划改革和城市群管理体制创新。刘君德（1995，1996，2000，2001）从行政区划角度揭示了大都市区政府权力分割体制的弊端，提出了一系列整合中国大都市区政府管理体系的思路和策略；张京祥和程大林（2002）从行政区划调整的分析入手，结合国外有关经验，论述了管治思维在都市区发展中的运用。

区域空间管治。方创琳等（2007）系统分析了区域规划与空间管治的基本内涵、理论基础、基本原理，提出了中国区域规划与空间管治的基本层次和功能类型、基本模式和分区分级方案、制度建设重点，以及跨行政区域规划和空间管治、行政区域规划和空间管治的基本思路。

城市管治的实证研究。顾朝林（2002）分析了南京市最新的行政区划调整，认为这种战略并不能解决所有的问题，而且明显有悖于市场经济发展和市场制度建设；刘筱和阎小培（2003）分析了广州市的城市管治是如何影响广州发展的，认为广州的地方管治经历了从管理主义到经营主义的转变。

从查阅到的文献看，尚无从整体上探讨西部大都市区管治问题的研究成果，零星的是涉及个别大都市区的管理与发展问题。如20世纪90年代以来，关于西安大都市区的研究主要集中在如下三个方面：

（1）关中城市群的发展和管理。关中城市群西起宝鸡、东至渭南，是中国西部地区重要的城镇密集带。郑国（2002）对关中地区城市发展动力机制进行了较深入的研究；刘欣英（2002）认为，应通过增强西安市的辐射功能，完善城市等级结构，加强城镇基础设施建设，以此来带动陕西省经济发展；夏显力（2004）从城镇职能定位与产业选择、城镇空间组织与构架、城镇等级结构、城镇协调发展机制与管治模式四个方面，对关中城市群进行了比较深入的研究，并提出了促进关中城市群协调发展的总体方略。

（2）西安都市圈的发展。郭诚（1998）应用现代区域经济理论，分析论证了构建大西安经济圈对陕西经济发展的意义和作用；张思锋等（2002）利用多元统计模型，归纳出了关中城市群的基本特征；薛东前等（2000）分析了关中城市群的功能联系，并提出了结构优化的若干措施；唐震等（2004）指出，西安市和咸阳在行政区划上分立多年，经济自我循环、产业独立运营的特征十分明显，认为西安—咸阳经济要实现一体化，必须在较深层次上使两地产业结构互补、要素兼容、管理统一，形成一个有效运行的大系统；袁媛和薛惠锋（2004）针对西安与周边地区经济一体化面临的问题，指出应加强区域内产业发展的协调与规划；王圣学（2005）对西安都市圈内不同层次的产业、社会、科技教育、城市、交通和生态环境保护等方面进行了比较系统的研究。

（3）西安城市的管理与发展。段汉明和张刚（2001）提出了大西安的发展框架和机制；苏鸿翎（2003）从城市竞争力角度对西安市的空间结构进行了较深入的研究；刘吉（2003）和姜满军（2003）分别从不同角度对西安市"城中村"的改造进行了研究。

总的来看，从管治角度对西部大都市区进行研究的相关成果还很少，有许多领域有待探索。

第四节　结构、创新与未解决的问题

一、总体结构

全书共分为十一章。

第一章导论。介绍了选题背景、研究目标与思路、研究进展以及本书的结构和创新。

第二章大都市区管治的理论基础和宏观背景。理论基础主要涉及经济学、管理学、地理学、建筑学、城市规划学等众多基础学科和应用学科的理论；宏观背景主要包括，世界和中国城镇化的趋势、西部城镇化的前景和西部大都市区的功能。

第三章国内外大都市区管治的经验及借鉴。分别从美国、法国为代表的发达国家，新加坡为代表的新兴工业化国家，印度为代表的发展中国家几方面介绍了大都市区管治的国际经验；以及中国沿海发达地区珠江三角洲、长江三角洲和环渤海地区的国内大都市区管治经验。

第四章大都市的集聚性判断。西部大都市区是集聚不足，还是集聚过度？这一问题直接关系到关于中国西部大都市区管治的政策是促进聚集？还是消除膨胀？从理论角度探讨判断大都市区集聚性的依据和方法，并对西部的大都市区进行集聚性判断，为后文的研究提供理论支撑。

第五章管治中存在的问题及管治理念。从管治理念与模式、管治体系、管治体制、管制手段和管治技术等方面，详细分析西部大都市区管治中存在的主要问题。从国外大都市区管治的经验以及中国大都市区的发展趋势看，当前大都市区管治的理念将不断地趋向于市场化、民主化、柔性化、信息化、"人本化"和"能本化"。

第六章管治结构与模式。管治强调各种社会力量之间的权利均衡与互动，分析大都市区管治的构成要素及其相互关系，不同层级、不同主体之间的权利互动关系，从管治对象、管治目标、管治主体、管治体系和管治过程等方面，提出西部大都市区的管治结构；在借鉴国内外大都市区管治模式的基础上，总结提出西部大都市区管治的模式。

第七章管治手段与协调机制。对大都市区管治手段的效果进行分析，在此基础上探讨西部大都市区管治手段存在的问题及原因，进而提出管治手段完善的方向，建立大都市区管治的协调机制。

第八章管治重点。分别从城市经济发展、农民工市民化、城市安全保障、城市环境污染治理、城市新区建设和城市更新几方面，阐述了西部大都市区管治的着力点。

第九章空间管治。以西安大都市区为例，结合西安大都市区空间发展存在的问题和内部管治现状的分析研究，提出空间发展的合理规划，并针对这一规划，提出西安大都市区空间管治的解决对策。

第十章管治绩效与成本收益分析。探讨城市管治绩效评价的指标体系和方法，并从多方面探讨西部大都市区管治的成本与收益。在此基础上，以西安大都市区为例，分析西安大都市区管治的成本收益。

第十一章完善西部大都市区管治的政策建议。明确大都市区管治与中央针对大都市膨胀病实施的区域政策之间的关系，提出西部大都市区管治的若干政策建议，包括树立管治意识，提高管治效率；强化大都市区协调管理；推进大都市区一体化管治；实现大都市区的多中心管治；创新管治手段等。

二、本书创新

本书从理论基础与宏观背景、国内外经验借鉴、集聚性判断、存在问题及管治理念、管治结构与模式、管治手段与协调机制、管治重点、空间管治、管治绩效与成本、政策建议等方面，对西部大都市区管治进行了比较系统的研究。概括起来，主要创新有：

大都市区管治的目的，并不仅仅是为了实现"好的管治"，其最终目的是促进大都市区的发展。本书将弥补国内研究西部大都市区就"发展"论"发展"的不足，而是把西部大都市区的"发展"与"管治"结合起来研究。西部不同的大都市区所处的发展阶段不同，其管治结构与协调机制也有很大的不同，不能简单照搬国外及国内发达地区的经验。

与中国其他地区相同人口规模的大都市相比，西部大都市的相对集聚程度低，集聚依然不足。2006～2012年，西部大都市的集聚程度绝对提高，城镇化过程以集聚为主。因此，随着西部地区城镇化水平的提升，必须十分重视城市的集聚性问题，继续提高城市的集聚度。

鉴于中国西部的城镇化阶段与实际情况，西部大都市区的管治，目前主要以支持增长型的管治模式为主，应进一步完善与运作管理模式和社团模式，同时加强多种管治模式的交互与整合。

在西部大都市区管治中，与"重建轻管"的管治理念和"管家式"的管治模式相对应，除采取部分经济手段外，法律手段较少，大多数采用的是行政手段，均以通知、通告、意见、决定、建议、办法、规划等形式提出。随着西部地区城镇化的快速推进，应高度重视法治的完善，应由行政手段为主尽快过渡到以法律手段和经济手段为主，以保证城市管治的科学性和高效性。

除涉及中国大都市区管治的普遍领域外，西部大都市区管治的特殊领域是城市经济发展、农民工市民化、城市安全保障、城市环境污染治理、城市新区建设、城市更新等方面。

西部大都市区科教文卫的财政投入效率好于基础设施投入效率，城市公共财政投入的作用更多体现在科教文卫，而不是城市基础设施上。基础设施投入冗余现象严重，这与近些年"西部大开发"中盲目追求经济发展速度，迫切提高城镇化水平的投资冲动有关。改进西部大都市区财政投入产出效率低下的途径：一是向外发展，应充分发挥城市的溢出效应和辐射效应，将公共财政投入向城市周边区域倾斜，带动周边区域发展；二是向内挖潜，通过技术升级和城市管治能力提高，改善城市管治绩效，提升城市产出效率；三是强化管治绩效评价，将绩效评价制度化、规范化。

三、留给未来的任务

中国西部大都市区管治研究刚刚起步，还有许多丰富的内涵和外延。目前，本书所完成的工作仅仅是初步的，还有许多工作需要致力于该领域研究的学者来共同完成。这些问题包括：

如何衡量大都市区管治的绩效与成本收益。在大都市区多元主体管治（政府、社会组织、盈利组织、市民）模式中，政府依然是大都市区管治不可替代的组织者和指挥者，政府的行为决定和影响着其他管治主体的活动方式和效果。因此，大都市区财政投入的产出效率，可以在一定程度上反映城市管治的水平和绩效，但是不够全面和精确。另外，评价城市的管治绩效要考虑诸多因素，由于数据的可获得性，在指标的选取上还不够全面。

对西部大都市区集聚性进行判断时，采用主成分分析法确定权重，但是随着时间的推移和数据的变化，各因素的权重将发生变化，从而对城市集聚性进行跨年度分析时造成困难。在大都市区空间管治方面，仅仅是以西安大都市区为例进行的。

参考文献

1. 陈福军．城市治理研究．东北财经大学博士学位论文，2003：67.
2. 段汉明，张刚．大西安的框架与发展机制．城市规划，2001，25（12）：42-46.
3. 范朝礼．城市与区域管治条件论．载顾朝林，沈建法，姚鑫等．城市管治——概念·理论·方法·实证．东南大学出版社，2003：111-116.
4. 方创琳等．区域规划与空间管治论．商务印书馆，2007：5-6.
5. 顾朝林．发展中国家城市管治研究及对我国的启发．城市规划，2001，25（9）：13-20.
6. 顾朝林．论城市管治研究．城市规划，2000，24（9）：7-10.
7. 顾朝林．南京城市行政区重构与城市管治研究．城市规划，2002，26（9）：51-60.
8. 顾朝林．新时期中国城镇化与城市发展政策的思考．城市发展研究，

1999（5）：6-13.

9. 顾朝林等. 经济全球化与中国城市发展——跨世纪中国城市发展战略研究. 商务印书馆，1999：106.

10. 郭诚. 构建大西安经济圈，加快陕西经济发展. 西北大学学报（哲学社会科学版），1998，28（3）：65-68.

11. 姜满军. 西安"城中村"改造规划研究. 西安建筑科技大学硕士学位论文，2003.

12. 刘吉. "城中村"环境更新改造问题研究——以西安典型"城中村"为例. 西安建筑科技大学硕士学位论文，2003.

13. 刘君德，张玉枝. 国外大都市区行政组织与管理的理论与实践——公共经济学的分析. 城市规划汇刊，1995（3）：46-52.

14. 刘君德. 长江三角洲地区空间经济的制度性矛盾与整合研究——中国"行政区经济"的案例分析. 杭州师范学院学报，2000（1）：15-19.

15. 刘君德. 论中国大陆大都市区行政组织与管理模式创新——兼论珠江三角洲的政区改革. 经济地理，2001，21（2）：201-207.

16. 刘君德. 中国行政区划的发展与改革思路. 中学地理教学参考，1996（4）：4-7.

17. 刘筱，阎小培. 以人为本：迈向21世纪的广州城市管治. 顾朝林，沈建法，姚鑫等. 城市管治——概念·理论·方法·实证. 东南大学出版社，2003：202-208.

18. 刘欣英. 以西安为中心的关中城市群发展. 陕西经贸学院学报，2002，15（6）：35-38.

19. 饶会林. 中国城市管理新论. 经济科学出版社，2003：144.

20. 苏鸿翎. 竞争力视角：西安城市空间结构优化问题研究. 西安建筑科技大学硕士学位论文，2003：6.

21. 唐震，苏凤昌和雷军. 西安—咸阳经济一体化的深层思考. 陕西省行政学院、陕西省经济管理干部学院学报，2004，18（1）：44-47.

22. 王圣学. 西安大都市圈发展研究. 经济科学出版社，2005：2-13.

23. 吴缚龙. 市场经济转型中的中国城市管治. 城市规划，2002，26（9）：33-35.

24. 夏显力. 陕西关中城镇体系协调发展研究. 西北农林科技大学博士学位论文，2004：12.

25. 许晓辉. 墨尔本大都市行政管理模式研究. 中国方域：行政区划与地

名，1995（5）：27 - 29.

26. 薛东前，姚士谋和张红. 关中城市群的功能联系与结构优化. 经济地理，2000，20（6）：52 - 60.

27. 杨汝万. 发展中国家的城市管治及其对中国的含义（下）. 上海城市管理职业技术学院学报，2002（6）：4 - 6.

28. 姚士谋. 我国城市群的特征、类型与空间布局. 城市问题，1992（3）：10 - 15.

29. 姚鑫，陈振光. 论中国大城市管治方式的转变. 城市规划，2002，26（9）：36 - 39.

30. 袁媛，薛惠锋. 西安与周边地区经济一体化问题初探. 河南科技大学学报（社会科学版），2004，22（1）：96 - 98.

31. 曾艳红. 国外典型大都市区发展对我国大都市区建设的启示. 地域研究与开发，1998，17（1）：40 - 43.

32. 张京祥，程大林. 由行政区划调整到都市区管治. 规划师，2002，18（9）：9 - 12.

33. 张京祥，刘荣增. 美国大都市区的发展及管理. 国外城市规划，2001（5）：6 - 8.

34. 张京祥，庄林德. 管治及城市与区域管治———一种新制度性规划理念. 城市规划，2000，24（6）：36 - 39.

35. 张京祥. 城市与区域管治及其在中国的研究和应用. 城市问题，2000（6）：40 - 44.

36. 张思锋，牛玲，徐清梅等. 关中城市群城市等级结构及其发展思路. 西安交通大学学报（社会科学版），2002，22（3）：25 - 33.

37. 郑国. 关中地区城市空间发展的动力机制研究. 西北大学硕士学位论文，2002：6.

38. 周一星. 市域城镇体系规划的内容、方法及问题. 城市问题，1986（3）：3 - 8.

39. 周一星. 中国城市工业产出水平与城市规模的关系. 经济分析，1988（5）：74 - 79.

40. 周一星. 中国的城市地理学：评价和展望. 人文地理，1991，6（2）：54 - 58.

41. 踪家峰，王志峰，郭鸿懋. 论城市治理模式. 上海社会科学院学术季刊，2002（2）：115 - 123.

42. Abdul Khakee, Paola Somma, Huw Thomas. Urban Renewal – Ethnicity and social Exclusion in Europe. Aldershot: Ashgate, 1999.

43. Agnew John. The Territorial Trap: the Geographical Assumptions of International Relation Theory. Review of International Political Economy, 1994 (Spring).

44. Alan Altshuler, William Morrill, Harold Wolman, et al. Governance and Opportunity in Metropolitan America – The Committee on Improving the Future of U S. Cities Through Improved Metropolitan Area Governance. Washington: National Academy Press, 1999.

45. Ali Falazmand. Globalization the Public Administration. Public Administration Review, 1999 (6).

46. Andrew Sancton. Merger Mania-the Assault on Local Government. Montreal & Kingston: McGill – Queen's University Press, 2000.

47. Barber, Benjamin R. Strong Democracy: Participatory Politics for a New Age. Berkeley: University of California Press, 1996.

48. Barlow I M. Metropolitan Government. New York and London: Routledge, 1991.

49. Bernhard Blanke, Randall Smith. Cities in Transition. London: Macmillan Press Ltd. , 1996.

50. Brian Jacobs. Strategy and Partnership in Cities and Regions – Economic Development and Urban Regeneration in Pittsburgh, Birmingham and Rotterdam. London: Macmillan Press Ltd. , 2000.

51. B. Guy Peters, The Future of Governing: Four Emerging Models, University Press of Kansas, c1996.

52. David Rusk. Cities Without Suburbs. Washington D. C. : Woodrow Wilson Centre Press, 1995: 66 – 72.

53. David Wilson, Chris Game. Local Government in the United Kingdom. London: Macmillan Press Ltd. , 1998.

54. Duffy Hazel. Competitive Cities – Succeeding in the Global Economy. London: Interim Report. Canberra: AGPS, 1995.

55. Fernandez Conde, Luiz Paulo. Rio de Janeiro – Towards Competitiveness in World Urban Economic Development. London: World Markets Research Center, 1999.

56. Gerry Stoker. The New Politics of British Local Governance. London: Mac-

millan Press Ltd. , 2000.

57. Heather Nocal, Greg Halseth. Development at the Urban Edges – Reflections on the Canadian Experience. Canadian Association of Geographers, 2000.

58. Janet V. Denhardt & Robert B. Denhardt. The New Public Serving: Serving not Steering. Armonk, NY: M. E. Sharpe, 2003: 43 – 44.

59. John Clayton Thomas, Public Participation in Public Decisions: New Skills and Strategies for Public Managers, John Wiley & Sons, 1995.

60. John Friedmann, Douglass Mike. Cities for Citizens: Planning and the Rise of Civil Society in a Global Age. London: John Wiley and Sons, 1998.

61. John Gibson. Transformation From Below. London: Edward Elgar, 1996.

62. Manuel Pastor Jr, Peter Dreier, J Eugene Grigsby Ⅲ, et al. Regional That Work – How Cities and Suburbs Can Grow Together. Minneapolis: University of Minnesota Press, 2000.

63. Mark Turner, David Hulme. Governance, Administration and Development – Making the State Work. London: Macmillan Press Ltd. , 1997.

64. Peter Roborts, Tony Struthers, Jeffery Sachs. Managing the Metropolis – Metropolitan Renaissance – New Life for Old City. Avebury: Ashgate, 1993.

65. Richard C. Box, Citizen Governance: Leading American Communities into the 21st Century, Sage Publications, 1998.

66. Sandercock L. Towards Metropolis: Planning for Multicultural Cities. Chichester: John Wiley, 1998.

67. Tim Blackman. Urban Policy in Practice. London & New York: Rout-ledge, 1995.

68. Turner Mark, Greg Barret. Urbanization and Governance: Some Basic Issues. Canberra: University of Canberra, 1998.

69. William L. Miller, Malcolm Dichson, Gerry Stoker. Models of Local Governance – Public Opinion and Political Theory in Britain. London: Palgrave, 2000.

70. William Thomas Bogart. The Economics of Cities and Suburbs. New Jersey: Prentice Hall, 1998.

第二章

大都市区管治的理论基础和宏观背景

大都市区管治，是建立在经济学、管理学、城市科学、地理学、建筑学、城市规划学等众多学科之上的。诸多学科的理论和方法，在大都市区这一特定的地域空间，结合大都市区经济活动的特性不断积淀、融合、衍生和更新，构成了大都市区管治的理论基础。

第一节　理论基础

一、政府与政府管治

（一）政府

美国政治学家麦迪逊说："如果人都是天使，就不需要任何政府了；如果是天使统治人的，就不需要对政府有任何外来的或内在的控制了"（黄丽，2003）。这说明，人类社会需要政府对自身加以管理。但与此同时，由人所组成的政府也必须受到制约。

政府是国际经济中唯一通过政治程序建立的，在特定区域内行使立法权、司法权和行政权的实体（乔林碧，王耀才，2002）。政府权力的强制性和普遍性的特点，使得政府具有很多优势。政府作为经济组织的这些优势，是政府在经济生活中发挥其独特作用的优势所在，但同时也是导致经济停滞的根源所在。因为政府的财力和实力，既可以校正外部效应，也可以使外部效应更加恶化。这说明，有关政府优势的理论并不能保证政府促进发展，而不是阻碍发展。要使其促进发展，而不是阻碍发展，就需要有相应的管治来保障。

（二）政府管治

政府管治是指，政府对公共事务进行管理，它掌舵（Steering）但不划桨（Rowing），不直接介入公共事务，介于负责的治理和负责的具体事务的管理之间（参见毛寿龙，李梅，2000）。政府管治涉及的主要内容，是政府应该做什么、政府应该怎样做以及政府怎样做才能更好等（乔林碧，王耀才，2002）。

（三）政府失灵

在现实的经济运行中，人们期望政府能够办好市场办不好的事，结果却发现政府不仅不能补救市场失灵，反而降低了社会效益，这就是"政府失灵"（毛寿龙，1996）。在政治生活中，个人的行为是理性的，他们可能宣称是为了谋求集体利益、社会利益、公共利益，但是他们也有其理性的考虑，即如何在官场站住脚跟，并能前途无量。在政府组织中工作的人如此，政府作为一个整体也如此。

约瑟夫·斯蒂格里茨（1988）认为，导致政府失灵的主要原因有，许多结果的行动是极其复杂的和难以预测的；政府只能在一定范围内控制行动的结果；对计划外的影响因素，政策制定者们的控制力是有限的；在政治程序中，被选举为公众服务的人往往具有为特殊利益集团谋利的动力。

二、分权、集权与均权

大都市区管治，其出发点在于它和行政管理体制之间的紧密联系。总的来说，世界上绝大多数大都市区的公共行政组织不外乎表现为三种趋势：分权、集权和均权，特定的组织只能服务于一定的时期，孰优孰劣，难以一概而论。

（一）分权理论

分权理论是目前西方较为普遍接受的理论，来源于政治学的分权论。分权的核心是地方分权主义，实质就是地方自治。在当今世界，地方自治作为西方民主政治的一个重要组成部分，已经被世界许多国家所认同。地方政府在地方上替代中央政府直接管理，能够克服中央政府对社会需求的非敏感性，并节省中央政府直接管理的成本。

1972年，瓦勒斯·E. 奥茨（Wallace E. Oates）在《财政联邦主义》（*Fiscal Federalism*）一书中，论证了地方政府存在的理由。他指出：“假定公共产品的消费是遍及全部地域的所有人口的，并且该物品的每一个产出量的提供成本对中央政府和地方政府来说都是相同的，那么，对于这种公共产品，让地方政府将一个帕累托有效的产出量提供给本地居民，总要比中央政府向全体选民提供任何特定的并且一致的产出量有效得多”（Wallace E. Oates，1972）。这就是财政联邦主义理论提到的“奥茨定理”。

蒂伯特在《地方支出的纯理论》一文中，进一步提出了地方政府之间的竞争理论（乔林碧，王耀才，2002），即人们之所以选择某一个地方作为自己的居住地，是因为他们想在一个国家内部寻找地方政府所提供的公共服务与所征税收之间的最佳关系。一旦人们能够根据效用最大化原理去寻找适宜的地方居住，并倾向于在高成本的地方政府和低成本的地方政府之间选择低成本的地方政府，充分自由选择的结果，就会实现地方公共服务的最佳供给局面。地方政府之间要进行竞争，其最为重要的条件就是要有地方自主权，显然地方分权是必要的。

（二）集权理论

集权理论，核心是强调（中央）政府的权力和权威，强调（中央）政府在整个社会协调和控制中的重要地位和作用。集权主义多见于单一制中央集权国家，其最基本的理论观点是：中央集权有利于国家的统一和社会的一体化。

（三）均权理论

地方分权是必要的，而中央集权也是必要的，它们各自的优点就是对方的缺点。两者之间应该实现某种均衡。这种均衡应该由中央集权的边际成本和边际收益、地方分权的边际成本和边际收益相比得出。当中央集权的边际成本等于边际收益时，中央集权就实现了经济上的局部均衡；而当地方分权的边际成本等于边际收益时，地方分权就实现了经济上的局部均衡。如果两种都达到局部均衡时，而且两者的边际成本与边际收益都相等时，就实现了中央集权与地方分权的一般均衡解。中央集权与地方分权的一般均衡，就是均权，即选择性中央集权。

三、城市管理

城市管理是以长期稳定协调发展和良好运行为目标，以人、财、物、信息等各种资源为对象，对城市运行系统作出综合性协调、规划、控制和建设的活动（叶南客，李芸，2000）。城市管理的主要目的，就是协调、强化城市功能，保证城市发展计划的实施，促进城市社会与人类的健康发展。现代城市功能的本质，表现为集聚和扩散功能。城市是区域经济的增长极，通过城乡的经济联合，城市的信息、技术、资金、人才等向周边地区辐射，以带动周边地区经济发展。

城市管理的特征，包括综合性、开放性和动态性。现代城市是高度复杂的社会综合体，社会、经济、环境等系统具有各自的运行规律和特征，既自成体系，又相互影响、相互制约，并同外界环境有着密切的联系，从而决定了城市管理具有综合性的特征；城市是一个开放型大系统，它对自然资源的依赖及产品对市场的依赖迫使城市对外部区域开放。城市的开放性，表现在对农村的开放、对其他城市的开放和对国外的开放，要保证技术、文化、人流、物流、信息流、资金流等顺利地输入和输出；现代城市作为一个有机整体，各个局部的运转都会影响到整体的运行。因此，要掌握城市运转规律，从长远、动态的角度来管理实施城市发展的战略目标，进行总体动态规划，而不能静止、独立地管理城市的各构成要素，不仅要管好局部，还要协调好总体的运行。

（一）现代城市管理的思想流派

美国加州大学城市社会学教授 H. 孔兹在《城市社会学理论和方法》一书中，将城市管理的思想流派归纳为六大流派（叶南客，李芸，2000）：①管理方法学派。认为城市管理是靠各种科学管理的方法作为管理的工具，发挥管理的效能。②管理经验学派。认为城市管理是管理者经验的累积，经验越多，管理越好。③行为学派。认为城市管理应着重人性的因素，如何激励管理人员和市民自动自发、发挥潜力，乃是成功的要素。④社会学派。认为城市是社会体系的一环，亦即城市社区，是整个人类社会组织的重要组成部分，其管理制度与社会制度密不可分，故管理应考虑城市与社会的关系。⑤决策学派。认为城市管理的关键，在于管理者所做的决策，决策做得好，城市管理就好；决策做得差，城市管理就差。⑥数量学派。认为城市管理可以用数学方法，将管理资料做最佳的处理。这种分类为我们提供了把握现代城市管理思想流派的一种参考。

（二）城市管理的中心职能是协调

2003 年，饶会林教授主编的《中国城市管理新论》一书，在多年研究城市经济和城市管理的基础上，创造性地提出了"导引、规范、治理、服务、经营"五大城市管理职能。五大城市管理职能，在逻辑关系上既是承接递进、有机关联的，又是密切相关、融为一体的。这个"一体"的共性就是"协调"，即通过疏通信息、化解矛盾，使事物能够和谐、平稳地发展。协调是城市管理的中心职能，五大城市管理职能都涵盖了协调，引导是对方向的协调，规范是对行为准则的协调，治理是对运行过程的协调，服务是对发展的协调，经营是对实现效益的协调。

四、新公共服务理论与"多中心"管治

（一）新公共服务理论

"新公共服务"是指，关于公共行政在以公民为中心的治理系统中所扮演角色的一套理论。新公共服务理论包括以下基本观点（Janet V. Denhardt, Robert B. Denhardt, 2003）：

服务于公民，而不是服务于顾客。在政府中，公正与公平是其提供服务时必须考虑的一个重要因素，政府不应该首先或者仅仅关注"顾客"自私的短期利益，相反，扮演着公民角色的人必须关心更大的社区，必须对一些超越短期利益的事务承担义务，必须愿意为他们的邻里和社区所发生的事情承担个人责任。

追求公共利益。公共行政官员必须促进建立一种集体的、共同的公共利益观念。更确切地说，它是要创立共同的利益和共同的责任。新公共服务理论认为，建立社会远景目标的过程，广泛的公众对话和协商至关重要。政府的作用，将更多地体现在人们聚集到能无拘无束、真诚地进行对话的环境中。

重视公民权胜过重视企业家精神。新公共服务理论认为，与那些试图将公共资金视为己有的企业管理者相比，致力于为社会作出有益贡献的公务员和公民要比具有企业家精神的管理者能够更好地促进公共利益，因为后一种管理者

的行为似乎表明公共资金就是他们自己的财产。

思想要具有战略性，行动要具有民主性。满足公共需要的政策和项目，可以通过集体努力和合作过程得到最有效并且最负责任地实施。新公共服务理论认为，为了实现集体意识，下一步就是要规定角色和责任，并且要为实现预期目标而确立具体的行动步骤。这一机会不仅要确立一种远见，然后再把它交给政府官员去执行，而且，要使所有相关各方共同参与一些将会朝着预期方向发展的政策方案的执行过程中。

承认责任并不简单。公务员应该关注的不仅仅是市场，他们还应该关注法令和宪法、社区价值观、政治规范、职业标准及公民利益，而且他们应该对此负责。

政府的职能是服务，而不是"掌舵"。对于政府来说，越来越重要的是，要利用基于价值的共同领导来帮助公民明确表达和满足他们的共同利益需求。政府的作用在于，与私营和非营利组织一起，为社区所面临的问题寻找解决办法。其角色从控制转变为议程安排，使相关各方坐到一起，为促进公共问题的协商解决提供便利。

重视人，而不只是重视生产率。如果公共组织及其所参与其中的网络，基于对所有人的尊重而通过合作和共同领导来运作的话，那么，从长远来看，它们就更有可能取得成功。新公共服务理论认为，如果要求公务员善待公民，那么，公务员本身就必须受到公共机构管理者的善待。因此，分享领导权的概念，对于为公共雇员和公民提供机会以便他们的言行符合其公共服务的动机和价值至关重要。

（二）"多中心"管治

"多中心管治"的假设条件。概括起来，"多中心管治"的假设条件有（黄德发，2005）：第一，人类社会存在三种秩序，即市场秩序、政府（或国家）秩序及"多中心"秩序。第二，一个社会的权力中心具有多元性和分散交叠的特质，政府或国家是多极权力中心的一极——当然是最大的一极。第三，政府官员和决策机构分享着有限的且相对自主的专有权，来决定、实施和变更法律关系，其中，没有一个机关或者决策机构对强制力的合法使用拥有终极的垄断权，因为权威是受到约束和限制的，"治人者"也必须接受法律的约束，并被要求服务于"治于人者"。第四，没有哪个机构，无论其为公有或私营，都不可能拥有知识和资源两个方面的充足能力来独立解决一切问题。第五，由于信息分布的不均衡、信息传递的漏洞和磨损、信息搜集的成本、信息获取的不完整性，以及人们认识世界的障碍，等等，现实世界充满了丛林、陷阱和不确定性。政府作为一个"巨人国"组织，其具备的理性和所掌握的信息并非总是多于个人或厂商。第六，权力越集中或一元化，政府就易于陷入尾大不掉的泥潭，因缺乏灵活多变的机制而无法或者不能很好地"汇总"和处理辖区内人们的诉求。因此，权力越分散，政府就易于满足回应性的公民诉求，越易于进行科学决策并及时采取具体行动，越易于被监督和防止权力滥用。第七，在市场失灵、政府失效和治理失败的情形下，首要考虑的问题是什么途径更能符合成本—收益原则。第八，政府并非是公共物品和服务的唯一供给者。在健全的社会监管规则和机制下，私人市场可以参与公共物品和服务的生产和部分提供，团队生产或协作生产会更有效率。第九，等级制组织总是能够以最小的投入导致最大化的产出。第十，国家的存在是经济增长的关键，然而国家又是人为经济衰退的根源。国家的理想范式是"善治"。

"多中心"管治的假设条件，为管治研究提供了一个新的视角，它首先否定了只有市场和政府两种秩序的预设，大、中、小规模的政府和非政府的企业、第三部门等既相互竞争，又相互合作，能够在经济发展中实现秩序和获得良好的绩效。

"多中心"管治模式的特征。"多中心"管治模式具有如下特征（孙柏瑛，2004）：①"多中心"管治结构意味着在地方的社会活动中，存在着民间的和公民的自治、自主管理的秩序和力量，这些力量分别作为独立的决策主体围绕着特定的公共问题，按照一定的规则采取弹性的、灵活的、多样性的集体行动组合，寻求高绩效的公共问题解决途径。②"多中心"管治模式，必然强烈要求公民的参与和社群的自治，将公民参与和自治作为基本策略。因为只有这样，才能保证他们具备积极介入"多中心"管治的条件和作用，才能使"多中心"管治运转起来，并持续发展下去。③多元独立决策主体的利益，同样是多元的。多元利益在管治行动中经过冲突、对话、协商、妥协，达成平衡和整合。④"多中心"还表现为不同性质的公共物品和公共服务可以通过多种制度选择来提供。

五、集体行动的逻辑与社群共同体思想

地方管治模式，是若干利益关系人进行集体选择和行动的过程，而集体行动涉及有决策能力的个人或者达成某个共同目标而采取的联合或者合作的行动。人们要求联合起来从事共同地方行动的内在动机是什么？这是地方

（城市或者大都市区）管治从理论走向实践，必须要解决的核心问题之一。下文主要介绍两方面的理论基础，一是集体行动的逻辑，二是社群共同体思想。

（一） 集体行动的逻辑

集体行动的逻辑涉及两方面：一方面，是在理性的个人基础上形成的集体行动的可能性（个人主义型地方管治），另一方面，是新制度主义在对个人主义假定进行批判的基础上，提出集体行动的制度基础和制度约束。

以理性个人选择为基础的集体行动逻辑。理性选择理论的出发点，是以理性的个人选择为基础的，其理论假定前提为，作出选择和行动的每一个人都是理性的，在博弈的规则中，每个人不仅期望能够"实在表达他们的真实偏好"（肯尼思·阿罗，2000），而且要使个人的效用达到最大化。按照这样的逻辑，社会秩序的状态应该是原子化的，每个人都在追求自我利益的最大化，集体行动难以实现。由此得出的结论是，要么个人的理性行动导致集体行动的非理性，要么通过政府或组织的强有力干预，以形成强制性集体行为的约束。"公共地的悲剧""囚徒困境"等经典模型都对此做出了很好的解释。问题的关键是，在人类社会的现实生活中，确实存在着大量的合作与共同的行动，那么，其合作与行动的动力究竟来自何处？重要的是，如果分析者一旦改变了模型的变量条件，或者引入其他一些分析要素，人们的行为策略和行为选择就会发生重大变化，表现出互惠、合作、共同关注的需要和行动趋向。

制度主义的集体行动逻辑。制度主义的集体行动逻辑中，最具有代表性的理论是理性选择的制度主义，该理论以个人主义方法论为出发点，解释了制度在人类共同行动中所起的作用（孙柏瑛，2004）。理性选择的制度主义的逻辑起点，是将人视为理性的、追求效用最大化的个体，个体行为的产生和行为的选择来自于追求效用最大化的要求。理性选择的制度主义者认为，制度可以被看作是个人行动规则和激励的集合体，是为理性行为设定的特定"场景"，也是若干理性独立的行为者（Actor）参与行动进入的"规则"空间，行为者在制度框架下活动并谋求效用的最大化。在这样的逻辑前提下，理性选择的制度主义者得出的一个重要结论是，在制度体系中，个人的理性行为能够最终促成并维系集体行动的理性，制度的意义就在于此。

（二） 社群共同体思想

在与理性个人完全不同的假定逻辑基础上，社群思想提出了人类维系共同体生活的需求和道德力量的作用，呈现了在共同体生活中人类追求至善、建立信任关系、行使公民资格与权利、积极参与社群生活并不断发展自主管理的景象。

社群共同体思想的基本逻辑。社群主义思想的逻辑前提是（孙柏瑛，2004）：人是个体的，但更是在社群或公民社会共同体中生活的一员。在社会中生活的每一个人事实上都存在着各种各样的社群组织与社群的交往关系，一方面，个人的行为选择是在社群关系的互动和影响下进行的；另一方面，个人的价值也是在社群关系中得到更好的、更完全的实现的，游离于社群关系的抽象的人是不存在的。

社群主义思想告诫人们，在一些集体行动或公共事务的决定中，人们以社群为基础建立的互惠、资源共享、相互合作、相互信任的关系，可能比原子式个人抉择的结果更有意义，更能推动共同利益的发展和至善目标的实现。

社群共同体思想的理论养分。基于对社群主义倡导的共同利益和社群合作精神的偏爱，地方管治理论从中获得了不少理论养分（孙柏瑛，2004）：只有当人们进入和参与社群共同体生活后，才能在社群中获得公民资格或成员资格；具有公民资格的人们参与公共管理和政治生活的决策，是公民实现自我价值和个人基本权利的有效途径；积极的公民资格，张扬了公民主动参与公共事务管理、分担管理责任的现代精神；关注公民美德的重要性，充分发挥公民美德的价值。

总之，社群精神的主旨之一，就是借助于社群共同体，使得公民能够进入公共决策过程，广泛参与公共事务的管理。这种试图将个人权利与公共利益有机结合的努力，客观上势必要求人们更多地选择直接的民主参与途径，使公民关注社群共同事务，通过彼此的对话和协商，对社群公共事务的决定与执行产生影响，而不是更多地依赖于代议制的、间接的民主参与形式或通过利益集团左右的公共决策。

六、“行政区经济”与“行政区边缘经济”

在中国特定的历史条件下，行政区划、政府职能、地方政府行为对区域发展和基础设施、环境建设产生明显的刚性约束，致使中国行政区交界地带存在明显的“行政区边缘经济”现象。从空间角度和区域经济运行角度看，“行政区经济”与“行政区边缘经济”既是两种不同的空间经济现象，也是两种不同的区域经济运行方式。

（一）"行政区经济"

"行政区经济"是在传统计划经济向社会主义市场经济转轨过程中出现的，与区域经济一体化相悖的一种特殊的、过渡性质的区域经济，它表现为行政区划对区域经济发展的刚性约束（刘君德，2000）。由于在"行政区经济"运行下，地方政府对其辖区的经济起很强的干预作用，生产要素流动受阻，因而是一种具有明显封闭性特征的区域经济。"行政区经济"的实质，是地方政府为追求地方经济利益强烈干预区域经济运行，地方行政壁垒高筑，企业跨区域扩展受到严重限制，全国经济被分割为许许多多以行政区划为界限的少有关联的经济单位。省区经济、市域经济、县域经济等地方经济，均属于"行政区经济"范畴。

由于"行政区经济"运行严格遵循着行政组织的纵向分工原则，行政区之间的交易或联系主要发生在具有行政隶属关系的上下级政府之间。而没有行政隶属关系的政府之间自发的横向交易，往往被认为是不合法的，因而较少发生，企业同样如此。在这种情况下，每个基层行政区的主管政府都客观地选择了加强区域内部生产一体化和综合化的发展策略，致使中国的区域经济发展普遍存在低水平重复建设、"小而全""大而全"以及地区产业结构趋同化等不良现象，严重阻碍了区域经济的分工发展，成为中国传统体制下国民经济运行中的一个突出问题。

将"行政区经济"进行延伸，由于行政区经济现象存在，大都市区的中心城市很难有效地发挥其作为区域经济中心的作用，而呈现出行政中心与经济中心高度一致的特征。地方政府作为城市行政区域的组织主体，主要经济动机是形成和强化各自的利益，在公共服务和区域问题上，多从本地区出发而较少顾及区域整体利益。

（二）"行政区边缘经济"

"行政区边缘经济"是指，国家经济内由于行政区划、政府职能和地方政府行为对区域经济的刚性约束和"边缘效应"的影响，而在行政区交界地带产生的一种特殊的、具有分割性和边缘性的区域经济。由于受计划经济体制、政府职能和地方政府行为的影响，地方政府对其辖区的经济起很强的干预作用，在行政区交界地带，生产要素流动受阻，因而是一种具有明显分割性和边缘性特征的区域经济（安树伟，2004）。

"行政区边缘经济"最显著的特征是，区位的边缘性所导致的经济的欠发达性；区域经济行政分割现象明显；经济活动表现为一定的冲突性（安树伟，2004）。

一旦地方政府成为一种经济主体和相对独立的利益主体，地方政府行为就将对区际经济关系产生更为直接、突出和独特的影响。通常而论，政府行为与政府职能密切相关，一定的政府职能是通过一定的政府行为来实现的，并从根本上规定着政府行为的基本取向。中国省级地方政府的行为主要表现在，中央政府调节职能的"二传手"；省区市利益的法人代理；促进省区市经济发展的内生变量；制定市场规则，调节社会交换关系；培育省区市优势，参与区际国际市场的经济竞争（刘君德，汪宇明，2000）。地方政府行为，除了受到政府职能的决定性影响外，还从多方面受制于地方政府本身的一些内在规定性。由于地方政府的设置，总是与一定的行政区划层次相对应的，其施政范围有着严格的空间规定。理论上，一个行政区的地方政府，它无权过问和干预其他行政区的事务，因此，一切以本行政区为核心，着眼于本行政区的利益，自然被该行政区的地方政府看作是合乎逻辑的理性行为。

然而，问题的关键不在于地方政府只关心本行政区利益的行为是不是理性，而在于它能否理性地去对待一些跨行政区、涉及区际利益关系的矛盾与问题。一旦涉及这类矛盾与问题，地方政府究竟采取什么样的行为方式，是合作还是不合作？是因循利导还是投机取巧？是只顾眼前利益和局部利益，还是能着眼于长远利益和全局利益？总之，这些行为方式的决定和取舍，都会直接地对区际经济关系发育及大都市区管治产生十分深刻的影响。

第二节　宏观背景

1800 年，全世界 3% 的人生活在城市中；1900 年，全世界 10% 的人生活在城市里；2003 年，全世界 49% 的人生活在城市里（安树伟，2007）。全球城市面积只占地球面积不到 1%，但是人口却占了世界总人口的近 50%。2011年，世界城镇化率为 52.1%，预计 2030 年，世界城镇化率将高达 60%，2050年，这一比例将发展到 70%（刘云，2010）。也就是说，在经济全球化背景下，人类的城镇化进程已经不可逆转。

一、世界城镇化趋势

工业革命以来，世界城镇化进程大致可分为三个阶段：1760～1850 年，为第一阶段，即世界城镇化兴起的阶段，英国成为当时世界上第一个城市人口超过总人口 50% 的国家；1850～1950 年，为第二阶段，欧洲和北美等发达国家加速城镇化，城镇化水平超过 50%；1950 年至今，为第三阶段，全世界加速城镇化，全世界城市人口比重由 1950 年的 28.4% 上升到 50% 左右（饶会林，2003）。21 世纪，有"城市世纪"或"城市时代"之称，未来的世界被认为是一个城镇化的世界。

在世界城镇化进程中，发展最快的是大城市，大城市无论数量、规模，还是人口的总量上都遥遥领先，构成了世界城镇化的主力军。次之是中小城市，最慢的是小城镇。1950 年以来，这种趋势表现得越来越明显。1950 年，10 万人口以上的城市在世界城市人口中所占的比重为 56.34%，1960 年为 59.01%，1970 年为 61.51%，1975 年为 62.25%；10 万人口以下的小城市和城镇人口所占的比例不断下降（邹德慈，2002）。

与大城市优先增长相伴随的另一个趋势，是大都市区的快速增长。根据联合国有关资料统计，1950～1995 年，全世界百万人口以上大城市的数量从 83 个增加到 325 个，其中，有 213 个在发展中国家（黄丽，2003）。由此可以认为，20 世纪发达国家城镇化的主导趋势是大都市区化，尤其是大型大都市区的发展。这种趋势不仅局限于美国，而且在西欧和亚洲的日本等发达国家均已普遍出现，是一种带有规律性的现象。

二、中国城镇化趋势

改革开放以来，伴随着工业化进程加速，中国城镇化经历了一个起点低、速度快的发展过程。1978～2015 年，城镇常住人口从 1.7 亿人增加到 7.7 亿人，城镇化率从 17.9% 提升到 56.1%，年均提高 1.06 个百分点；城市数量从 193 个增加到 652 个，建制镇数量从 2173 个增加到 20515 个。21 世纪前 50 年，将是中国城镇化的高速成长阶段，农业剩余劳动力将大量转移，据估计到 2050 年中国的城市人口将增至 11 亿左右，城镇化水平将提高到 70% 以上（饶会林，2003）。在城镇化高度发展的当代，中国处于以都市区化带动城镇化的新城市时代，都市区特别是大都市区已经成为区域发展的主导力量，从一定意义上说，目前的城市时代实际就是都市区时代。2014 年 3 月，《国家新型城镇化规划（2014～2020）》提出了未来一段时期城镇化工作的总体思路和工作重点，将在稳定城镇化速度的同时，全面提高城镇化质量，走健康城镇化之路（肖金成，安树伟，2014）。

（一）推进农业转移人口市民化

城镇化的最终目的，是要为人的全面发展创造条件，因此，城镇化必须以人为本，推进以人为核心的城镇化。其首要任务是农业转移人口市民化。改革开放以来，一批批农民脱离了农业，离开了农村，进入工厂、城市，形成了庞大的群体，他们不仅为中国的工业化做出了贡献，也为城镇化做出了贡献。但时至今日，虽然在统计数据上农民工大部分已属于城市常住人口，但身份问题没有解决，家属没有进城，未能享受城市居民平等的待遇。2010～2014年，全国农民工数量由2.42亿人增加到2.74亿人。2015年中国人户分离人口有2.94亿人，占总人口的比重为21.4%。① 这些人户分离的人口多数居住在城市，但由于工作地与户籍地的不统一，给他们就业和生活带来了许多不便。农民工子女无法平等地享受教育、公共卫生和基本医疗服务；农民工未纳入就业地城镇住房保障体系，权益得不到有效保障；造就了一些边缘化的城市群体，构成了一定的社会风险。

"大跃进"时期形成的二元户籍制度，原因在于农业大幅度减产造成的商品粮短缺和经济衰退造成的就业困难，在户籍制度上开始严格管理和限制人口流动，以便克服粮食约束、保障城市就业、维护作为传统积累模式核心的统购统销政策。户籍制度的建立，标志着城乡分隔的正式形成。从目前形势来看，促使二元户籍制度形成的因素已完全消除。但是，过去一段时间国家户籍制度政策改革的方向，也仅仅是逐步全面放开在县级市市区、县人民政府驻地镇和其他建制镇的落户限制，进一步放宽中等城市户口迁移政策，完善落实大城市现行户口迁移政策。2013年中央城镇化工作会议提出，要"解决已经转移到城镇就业的农业转移人口落户问题，努力提高农民工融入城镇的素质和能力"，实现农民工的市民化。公安部已经明确，到2020年要基本形成以合法稳定住所和合法稳定职业为户口迁移基本条件、以经常居住地登记户口为基本形式，城乡统一、以人为本、科学高效、规范有序的新型户籍制度（肖金成，安树伟，2014）。

当然，我们也要看到，2013年中央城镇化工作会议提出，"合理确定大城市落户条件，严格控制特大城市人口规模"。这主要是针对现在大城市出现了人口膨胀、交通拥堵、住房紧张、环境恶化等"大城市病"提出的。实际上，中国一直在限制大城市的发展，可能正是这种限制，使大城市的规划远远落后

---

① 国家统计局：《2015年国民经济和社会发展统计公报》，2016年2月29日。

于实际的发展，限制大城市的建设才造成今天的局面。

严格控制大城市规模，不符合经济发展规律和世界城镇化规律。大城市基础设施比较完善，与此同时，大城市的产业发展很快，需要大量的劳动力和服务者，势必会造成农民工涌向大城市；如果农民工不来，很多产业就发展不了，这就形成了一个"悖论"。所以，大城市的快速发展是一种趋势，某种程度上是由客观规律决定的，是我们阻挡不了的。我们只能顺应这个趋势，为农民工们提供合适的平台，并以此来解决大城市发展中出现的种种问题。

（二）提高城镇建设用地利用效率

中国国土空间虽然很大，有 960 万平方千米的陆地国土，但适宜人居住和发展的空间并不太大，约 60% 的土地为山地和高原，适宜工业和城市建设及耕作的土地仅有 180 多万平方千米，但扣除必须保护的耕地和已有建设用地。① 中国中度以上生态脆弱区域占全国国土面积的一半以上，脆弱的生态环境，使大规模高强度的工业发展和城市建设只能在有限的空间展开。工业化、城镇化需要占用土地，如果不加控制，粗放利用，中国保障粮食安全的耕地面积就很难保证。很长一段时间，一些地区粗放利用土地的现象十分严重。在城市建设上，追求低容积率，影响了城市对产业的承载能力和对人口的吸纳能力。工业发展没有投资强度标准和单位面积产出标准。大量耕地被占用，出现了很多"空心村"。

在城镇化过程中，本应在城市建设用地增加的同时减少农村居住用地，由于社会保障和户籍没有解决，进城农民仍然保留了农村的居住用地，造成了"双重占地"。1996～2008 年，全国耕地面积从 13003.9 万公顷减少到 12171.6 万公顷。②

1990～2014 年，中国城市建成区面积由 12856 平方千米增加到 49773 平方千米，平均每年增加 5.80%；同期，城镇人口由 3.02 亿人增加到 7.49 亿人，平均每年增加 3.86%。建成区面积增长速度是城镇人口增长速度的 1.50 倍，呈现出典型的"土地城镇化"超前于"人口城镇化"现象。产生这一现象的原因，一是由于中央与地方财权与事权的不对称，导致地方政府以卖地为收入的"土地财政"，个别地方卖地收入占到了财政总收入比重的 1/3；二是一些地方打着"加快城镇化进程"的旗号，盲目拉大城市（镇）框架，滥占耕地、

---

① 《全国主体功能区规划——构建高效、协调、可持续的国土空间开发格局》，2010 年。
② 国家统计局：《新中国六十五年》，中国统计出版社，2014 年，第 222 页。

乱设开发区，不断扩大城镇面积；三是部分地区在"经营城镇"的理念下，大肆追求土地增值的收益，进一步助长了多占耕地和不合理拆迁的行为。如果按照这种思路继续推进城镇化，失地农民的数量还会大量增加，农村人口人均占有耕地资源的数量将进一步减少。并且，导致失地农民增多和一些地方后续社会保障跟不上，已成为影响社会稳定的隐患。

今后十几年，是中国工业化城镇化快速推进的重要时期，也是空间结构调整的重要时期。我们既要满足人口增加、人民生活改善、经济发展、基础设施建设对土地的巨大需求，又要为保障粮食安全而保护耕地，还要保障生态环境，因此，必须调整发展思路，确立集约发展的理念。

在空间从"生产、生活和生态"上做全面部署，转变生产方式，全面促进资源节约，推动资源利用方式的根本转变，提高利用效率和效益，严格控制开发强度，促进生产空间集约高效、生活空间宜居适度、生态空间山清水秀。构建集约高效的生产空间，需要确立集约发展的理念，注重规模效应，推进产业集聚，提高土地节约集约利用水平。生活空间要促进自然景观与历史人文相结合，构建青山、碧水、田园、湿地等特色生态相融合的生态田园格局；立足生态优势与气候条件，发展生态地产，以城市综合体建设为重点，住宅与商业地产并重，着力打造高品质生态居所。

（三）优化城镇化布局和形态

城市群是中国未来经济发展格局中最具活力和潜力的核心地区，是中国主体功能区中的优化开发区和重点开发区，在全国生产力布局中起着战略支撑点的作用。中国经历了多年的城市建设，城镇体系已逐渐走向成熟，以大城市发展为代表的、城市区域空间为主体的发展新格局日益显现。东部沿海地区密集的城市群已经成为中国经济发展的核心地区。此外，山东半岛、辽中南、中原、长江中游、海峡西岸、川渝、关中、"长株潭"城市群也开始初露端倪，这些地区具有区位、资源和产业优势，已经达到了较高的城市化水平，形成了城市发展相对集中的城市群或都市圈，成为中国区域经济发展的重要支撑点。但是，中国城市群的综合集聚度还不高，尤其是城市群核心城市的中心作用偏弱，对区域的辐射作用还不突出，在国家层面或区域中的主导作用还需要进一步加强。2012年，京津冀、"长三角""珠三角"的首位城市北京、上海、广州的地区生产总值占全国的比重分别为3.5%、3.9%和2.6%，而以纽约、东京、伦敦、首尔为核心的大都市区地区生产总值分别占所在国家的24.0%、26.0%、22.0%和26.0%。城市群核心城市的高端服务业和文化娱乐功能发展相对滞后，与世界城市之间尚有较大差距。此外，城市群综合交通运输体系建设滞后，要素流动有待进一步加强；城市间缺乏协调合作，城乡空间拓展盲目无序；城市群投入产出效率低，资源环境保障程度差；不顾红线争相扩权强势，引发了大规模的变相圈地的"造城运动"。

通过发展不同规模的城市群来加快城镇化的速度，实施以城市群为中心的发展战略，将对消除城乡二元结构、达到社会公平的经济社会协调发展起到重要作用。2013 年中央城镇化工作会议提出，中国城市群在空间布局上构建"两横三纵"的城镇化战略格局，即以亚欧大陆桥通道、沿长江通道为横轴，以沿海、（北）京哈（尔滨）—（北）京广（州）、包（头）昆（明）通道为纵轴，以主要的城市群地区为主要支撑，以轴线上其他城镇化地区和城市为重要组成部分，这几乎囊括了除西藏自治区之外的所有省（自治区、直辖市）。对不同的城市群，要实行有区别的城镇化发展方针。此外，还应在资源环境承载能力较强、能源和其他矿产资源比较丰富，具有一定的集聚经济和人口的条件等中西部和东北有条件的地区，依靠市场力量和国家规划引导，逐步发展形成若干城市群，如冀中南地区、晋中地区（太原城市圈）、呼包鄂榆地区、黔中地区（贵阳城市圈）、滇中地区（昆明城市圈）、藏中南地区、兰州—西宁地区、宁夏沿黄（河）地区、新疆天山北坡地区等，使之成为带动中西部和东北地区发展的重要增长极。

（四）提高城镇建设水平

中国的城市大多有着悠久的历史和璀璨的文化，有着独特的历史文化风貌和景观特色。但从目前来看，城市建设和更新改造大多缺乏对城市的历史文脉的尊重，缺乏对城市的历史文化内涵、地方特色以及地方风情的深入研究。不注重传统街区、传统风貌的保护与继承，许多历史文化古迹和风貌在城市建设和更新中被破坏甚至完全被摧毁，而新建的建筑又毫无地方特色和风貌，造成"千城一貌"的局面，或者被一些低级和赶时髦的东西所替代。最典型的代表，就是产生了大量的"形象工程"。全国 1/5 的城镇在建设中存在"形象工程"，如宽马路（或者景观大道）、大广场、移植大树进城、亮化工程、标志性建筑等。"形象工程"的大量出笼，对中国城市的健康持续发展危害很大，不仅浪费了宝贵的资金和土地，妨碍城市健康协调发展，而且积累消解地方文化和城市特色。一些标志性建筑完全是从天而降，与当地的历史文化、传统习俗、自然环境、城市空间模式全无关系。

2013 年中央城镇化工作会议指出："城市建设水平是城市生命力所在。城镇建设，要实事求是确定城市定位，科学规划和务实行动，避免走弯路；要依托现有山水脉络等独特风光，让城市融入大自然，让居民望得见山、看得见水、记得住乡愁；要融入现代元素，更要保护和弘扬传统优秀文化，延续城市历史文脉；要融入让群众生活更舒适的理念，体现在每一个细节中"。

随着经济的发展，城市总是要发展的。但对历史文化名城，特别是历史地段、风貌协调区、文物保护单位及其附近地区来说，最迫切的不是改造，更重要的是加强保护和精心整治，即要妥善处理好保护与更新的关系，这是公认的历史文化名城保护的国际经验。要注意保护城市的个性，保护城市个性不仅要保护那些代表地域特色的古文物和古建筑，还应当包括保护地方民俗、地域文化和地方精神。要着眼于本地区商业、文化、居住、旅游活动的复苏和发展，采取保护整修、协调开发、开发重建等多种保护更新方法。妥善解决中心城区功能性变化的同时，仍应考虑保护旧城区文化遗产及其格局，包括对新建筑体量及高度的控制。当务之急，一是建立有效的民主决策机制，保障城市建设和更新中的公众参与。建立健全相关的法律法规和政策，使公众参与成为城市建设和更新行政体系中一个必不可少的法定环节。二是妥善处理保护与更新的关系，保护城市个性。随着经济的发展，城市总是要发展的。但对历史文化名城，特别是历史地段、风貌协调区、文物保护单位及其附近地区来说，最迫切的不是改造，更重要的是加强保护和精心整治，即要妥善处理好保护与更新的关系。三要着眼于本地区商业、文化、居住、旅游活动的复苏和发展，要采取保护整修、协调开发、开发重建等多种保护更新方法。

（五）加强对城镇化的管理

当前，中国的城市建设和管理中，主导思想仍然是比较注重城市管理的"硬件"——城市基础设施，而忽视城市管理的"软件"——人文环境的保护和人的素质的提高。"重建轻管"会导致投资效益低下，建设项目无法发挥作用，城市功能难以充分体现。突出表现为城市管理投入与建设投资的增长比重呈大幅度下降的趋势，使许多城市发展的外延形态同内涵功能之间差距拉大，导致治理工作跟不上；城市治理滞后又使建设好的设施得不到很好的维护，有的甚至损失较重，现有城市基础设施作用发挥不足，成为制约城市社会经济发展的"瓶颈"。

在城市的现代化建设中，市民的生活水平在不断提高，对社区生活服务的需求更趋多元化，城市作为多种功能载体的负担骤然加剧，由于治理措施一时跟不上，造成"脏、乱、差"；随着城市生活中心的转移、扩大，不少城市功能发挥不均衡，新老市区相差悬殊，城乡边缘区问题突出；环境污染、交通拥挤等问题几乎出现在所有的大都市区。这些问题的出现，都与城市治理不善有关。有的城市建设与治理职能不分，实行所谓的"建管合一"的体制，而在实际运作中则是重建设职能，轻治理职能，而将城市治理中出现的问题简单地归咎于市民素质不高。

逐步树立治理理念，改革中国"全能政府"，明确倡导政府"掌舵"而非"划桨"的职能，政府少做具体的事务和作业，多做监督者、倡导者和执法者。改变城市治理中传统的官、民，即治理者与被治理者的关系，改变城市治理只由政府一个角色承担的观念，提倡公民、营利部门和非政府组织等社会多角色参与的公民社会理念。

政府要从具体的事务管理中退出来，而强化对市场的宏观调控、生产服务、市场监管、社会保障等职能。除了经济目标之外，政府更要关注社会公平目标、环境目标，以及对弱势群体利益的保障。在治理背景下，政府不宜垄断一切合法的权力，要将大量公共管理职能通过合同分包下放至私人企业和非政府组织；要鼓励中介组织、非营利机构、市民、企业等广泛参与维持秩序，参加经济和社会管理；要贯彻"以民为本"的服务思想，实现由"管理型"政府向"服务型"政府的尽快转变，做到政府与市民的互动；建立顾客导向型政府，以公民为顾客，政府为服务组织、向公民提供最佳服务。

三、西部城镇化的特征与前景

（一）西部城镇化的特征

1. 城镇化进程明显加快，但与东、中部及东北地区的差距依然较大

自改革开放以来，随着西部经济的较快发展，城镇化进程获得了长足发展。但是，与东、中部及东北地区相比，城镇化发展仍然明显滞后，城镇化水平偏低。2005 年，西部地区城镇化水平为 34.56%，而同期全国城镇化水平为42.99%，东部为 52.84%，中部为 36.53%，东北地区为 55.15%；2014 年，西部地区城镇化水平达到 47.37%，同期，全国城镇化水平达到 54.77%，东部为 63.64%，中部为 49.79%，东北地区为 60.83%。2005～2014 年，西部地区的城镇化增速与全国城镇化增速基本持平，见图 2-1。

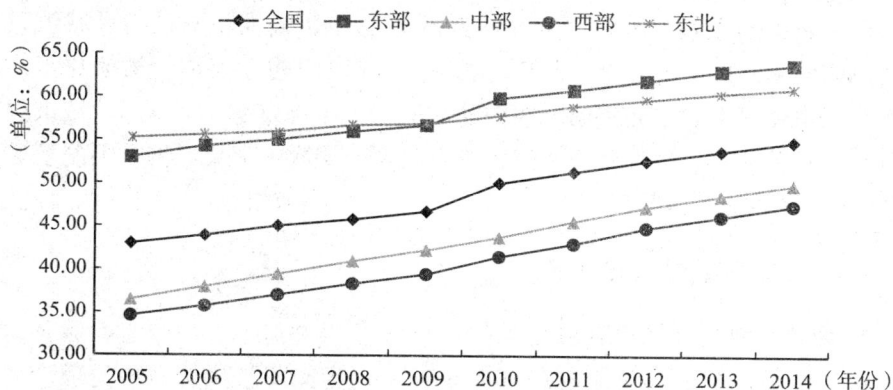

图 2 - 1　2005 ~ 2014 年各地区城镇化水平

资料来源：根据历年《中国统计年鉴》，中国统计出版社相关数据计算整理。

2. 区内城镇化发展不平衡

西部地区城镇化发展的省际差距较大。2015 年，西部地区城镇化水平重庆市最高，为 60.9%；西藏自治区最低，仅为 27.7%，二者相差 33.2 个百分点。西部地区城镇化水平可以分为三个梯队：第一梯队（城镇化水平为 50% 以上），分别是重庆（60.9%）、内蒙古（60.3%）、宁夏（55.2%）、陕西（53.9%）、青海（50.3%）。重庆和内蒙古高于全国平均水平。第二梯队（城镇化水平为 35% ~ 50%），包括贵州（42.0%）、甘肃（43.2%）、云南（43.3%）、新疆（47.2%）、广西（47.1%）和四川（47.7%）。这些省区的城镇化水平虽与第一梯队有明显的差异，其总体水平比较接近。第三梯队（城镇化水平在 35% 以下），只有西藏，城镇化水平仅为 27.7%。

3. 城镇体系结构初步形成，但城镇结构发展失衡

2000 ~ 2013 年，西部地区城市数量迅速增长，地级市从 61 个增长到 87 个，县级市从 98 个减少到 86 个；市辖区 200 万以上人口的城市从 3 个增长到 8 个，100 万 ~ 200 万人的城市从 5 个增加到 22 个（周英，2014）。但西部地区城市数量依然较少，规模普遍偏小，建制镇的数量相对过多。2013 年底，西部地区城镇总数为 7560 个，其中城市 173 座，建制镇 7387 个，分别占全国的 36.4%、26.5%、36.7%。城市与建制镇的比例严重失调，城市太少，建制镇太多；在建制镇中大镇、中心镇太少，小城镇太多，使得城镇的集聚能力不强。

4. 城镇分布不均衡，职能淡化

城镇的空间分布极不平衡，在地势平坦的四川盆地集中了西部地区城市的

35.1%，黄土高原集中了 21.5%，而青藏高原和新疆维吾尔自治区城镇只占西部总数的 4.0%（尚小清，董欣，2010）。城镇职能在整体上被淡化了，几乎所有城市都追求建立完整的、相对独立的城市经济体系，区域间、城市间条块分割，互补性差，协作要求不强，难以实现高层次的聚集经济，限制了城市辐射、扩散职能的发挥。

（二）西部城镇化的前景

1. 城镇化将继续加速发展

根据国际经验，城镇化率在 30%～70% 的区间属于快速城镇化阶段，其中 50% 是一个重要的转折点，30%～50% 区间是城镇化加速推进时期，50%～70% 区间是城镇化减速推进时期（魏后凯，2011）。目前，西部地区仍低于 50%，因此，随着东部较发达地区城镇化增速的下降，城镇化率偏低的西部地区增长速度仍将保持较高水平，城镇化继续加速发展。

西部地区工业化加速推进，将会在相当长一段时期内促进其城镇化发展。2000 年以来，西部地区工业保持了较高的发展速度，2013 年工业增加值达到 51709.37 亿元，按现价计算 2000～2013 年工业增加值年均增长 18.87%。

西部综合交通网络建设的提速，也对城镇化发展促进巨大。当前，国家深入实施"西部大开发"战略，再一次把以交通网络建设为重点的基础设施建设放在了突出位置，加快西部的"五横、四纵、四出境"通道建设，将打通中国的边境通道、东中西部间的物流通道和保障东部与南部战略资源供应的通道。2000～2012 年，"西部大开发"累计新开工重点工程 187 项，投资总规模 3.68 万亿元。仅 2012 年，国家在西部新开工的 22 项重点工程投资总规模就达 5778 亿元，主要涉及铁路、公路、机场、水利枢纽等。2013 年，"西部大开发"新开工重点工程 20 项，投资总规模 3265 亿元。重大基础设施建设将加快形成西部地区城镇化的战略新格局，必将对西部城镇化产生巨大的推动作用（谷晓江，陈加友，2010）。

2. 都市区化：西部城市发展的新阶段

都市区存在如下演化发展过程："一般城市—都市区—城市密集区—城市群—大都市区—都市连绵区—都市带"（王兴平，2002）。区域内的城市最初是作为一般的城市，散点分布，独自发展；后来，部分城市演化为都市区，同时在都市区所在的次区域，由于适宜城市发展，出现一些新的城市，导致该区域城市密度增大，形成城市密集区；随着城市密集区经济社会联系的不断强化，产生了明确的首位中心城市，松散的城市密集区发展为城市群；城市群一体化程度不断提高,由经济社会联系发展为城市功能与市政设施的一体化,成为大都市区;区域内多个大都市区通过区域性交通干线的连接,形成都市连绵区;而都市连绵区的经济社会一体化发展,个别大都市成为其准中心城市,同时相关大型基础设施的逐步共享等,便演化为大都市带。

目前,西部地区处于城镇化加速发展阶段,城市群纷纷兴起。依据《全国主体功能区规划》,将在西部地区资源环境承载能力较强的区域,培育形成若干人口和经济密集的城市群,包括成渝城市群、关中—天水城市群、兰州—西宁城市群、北部湾城市群、呼包鄂城市群、黔中城市群、滇中城市群、宁夏沿黄城市群、天山北坡城市群、藏中南城市群等。不久的将来,这些城市群将健康成长为大都市区,西部地区城镇化发展进入新的阶段。

四、西部大都市区的功能

西部大都市区跨越了广大地域,以功能相互连接,在空间上组织成为一个由铁路、高速公路等连接的工业、商业和文化相互影响和作用的巨大区域。无论规模还是吸引力,大都市区都将成为西部经济增长的引擎。

(一) 较强的集聚效应

与传统的城市体系相比,大都市区的经济活动在地理上更集中,一体化更强,具有更大的规模、更好的弹性和回旋余地,形成了独特的经济环境。这种集聚效应主要表现在:(1)在大都市区整体集聚的背后,虽然有大都市区内部城市之间的竞争——瓜分整体集聚的成果,但通过市场竞争实现的要素和市场分配的结果,将使整个大都市区更具活力,从而更加有利于整体集聚力的培育。(2)大都市区的集聚有利于促成新兴工业的产生,加速信息传播,推动科技发明,增加产业门类和产品数量(王旭,2006)。产业在大都市区的集中,也促进了知识和科技在公司间的交流,促进了革新和西部地区经济整体水平的提高。

(二) 可以实现更大范围内资源的优化配置

一个城市无论多大,相对于产业升级和知识创新,其资源的有限性是十分明显的,必须开放引进社会性资源。另一方面,每个城市中的资源又有一定的独特性,相对于城市本身一定的发展空间或市场容量,这些资源又都受到不同程度的限制。而如果借助于方便的交通和通信,在一个共同的平台基础上,资源有限和受限问题就会因城市间的联系与合作得到解决。

　　大都市区是先进生产力的主要载体。科学技术已经超过资本成为最主要的生产要素，而对于高新技术产业起关键性支撑作用的科学技术的创造和率先使用则离不开经济比较发达的区域。为了更好地进行区域性的知识交流和创新合作，占有不同资源的城市之间应该有目的或战略意图地组团，通过领域性的知识创新和产业创新，体现城市群自身的社会经济价值。从全社会范围讲，由于代表工业经济时代最先进的城市组团也会更好地迎接新经济的挑战，并且由此表现出社会经济发展的领先性和示范性。

　　发展成熟的大都市区是一个相对完整的集合体，应该具有较强的整体性。研究表明，当跨区域系统范围内的经济单元处在自然状态条件下，其协同效率最大值不超过44%。要使协同效率提高到最佳状态，借鉴国际经验必须建立一个跨区域的权威机构，其权威性体现在两个方面：一是具有法人资格；二是具有规划和投资的决策权（朱荣林，2003）。

（三）较强的辐射带动作用

　　在大都市区，由于经济水平较高，形成了区域的增长极，通过辐射效应带动其他地区的经济发展。在大都市区内部，多个城市构成网络系统，聚集效应和扩散效应使各个城市及周边地区都得到了发展，从而使大都市区本身也得到了发展。

（四）较强的规模效应

　　大都市区的规模效应，来自其所创造的引人注目的巨大市场。这种市场不仅包括消费市场，还涉及生产环节、产业链诸环节上企业之间相互创造的供求关系。西部大都市区数量巨大的人口，构成了一个非常庞大的消费市场，其居民的平均收入高于非大都市区居民，人口密集，购买力强；大都市区企业的数目和集中程度远远超出非大都市区。由于企业的集中，以生产者为导向的公司设在大都市区内，其交易和运输成本较低，且能够为众多的企业提供产品及服务。西部大都市区市场的多样化，也使公司可以针对特定的企业生产专业化产品。

参考文献

　　1. ［美］肯尼思·阿罗. 社会选择：个性和多准则. 首都经济贸易大学出版社，2000：19.

2. 安树伟."壶口悖论"：对黄河壶口瀑布开发方式的研究.经济地理，2005，25（1）：257－260.

3. 安树伟.行政区边缘经济论.中国经济出版社，2004：300－301.

4. 安树伟.中国大都市区管治研究.中国经济出版社，2007.

5. 谷晓江，陈加友.西部城镇化——加快中国现代化进程必须解决的重大问题.小城镇建设，2010（9）：43－45.

6. 国务院.国家新型城镇化规划（2014～2020年）.2014.

7. 黄德发.政府治理范式的制度选择.广东人民出版社，2005：99－105.

8. 黄丽.国外大都市区治理模式.东南大学出版社，2003：43.

9. 刘君德，汪宇明.制度与创新——中国城市制度的发展与改革新论.东南大学出版社，2000.

10. 刘君德.长江三角洲地区空间经济的制度性矛盾与整合研究——中国"行政区经济"的案例分析.杭州师范学院学报，2000（1）：15－19.

11. 刘云.预计到2050年世界城镇化率将达70%.都市快报，2010－10－8，http：//www.tianjinwe.com/rollnews/201010/t20101008_1991526.html.

12. 毛寿龙，李梅.有限政府的经济分析.上海三联书店，2000：34.

13. 毛寿龙.中国政府功能的经济分析.中国广播电视出版社，1996：129.

14. 乔林碧，王耀才.政府经济学.中国国际广播出版社，2002：10－13，214，217－218.

15. 饶会林.中国城市管理新论.经济科学出版社，2003（144）：38－40.

16. 尚小清，董欣.多维视角下中国西部城镇化发展特征解析.水土保持研究，2010（1）：264－267.

17. 孙柏瑛.当代地方治理：面向21世纪的挑战.中国人民大学出版社，2004：90－94，79－80，97－104.

18. 王兴平.都市区化：中国城镇化的新阶段.城市规划汇刊，2002（4）：56－59.

19. 王旭.美国城市发展模式：从城镇化到大都市区化.清华大学出版社，2006.

20. 魏后凯.我国城镇化战略调整思路.中国经贸导刊，2011（7）：17－18.

21. 肖金成，安树伟.走健康城镇化之路.前线，2014（6）：49－51.

22. 叶南客，李芸.战略与目标——城市管理系统与操作新论.东南大学出版社，2000：27－32，44－45，113，145.

23. 约瑟夫·斯蒂格里茨.政府经济学.春秋出版社，1988：10－11.

24. 周英. 西部地区城镇化中存在的主要问题及对策研究. 未来与发展, 2014 (1)：97 – 101.

25. 朱荣林. 走向长三角：都市圈经济宏观形势与体制改革视角. 学林出版社, 2003.

26. 邹德慈. 城市规划导论. 中国建筑工业出版社, 2002.

27. Janet V. Denhardt & Robert B. Denhardt. The New Public Serving：Serving not Steering. Armonk, NY：M. E. Sharpe, 2003：43 – 44.

28. Wallace E. Oates：Fiscal Federalism, Harcourt Brace：Jovanovich Inc. , 1972：35.

第三章

国内外大都市区管治的经验及借鉴

一般而言，大都市区管治体系及其内涵必须与大都市区自身的社会条件、历史文化、地理环境和物质生产方式等具体条件相结合。不同社会条件、历史文化、地理环境下的大都市区管治不可能完全相同，北美洲、欧洲、亚洲、非洲、拉丁美洲等的大都市区管治，无不明显地反映出这些国家社会条件与历史文化的差异。同时，一个国家的大都市区管治也并非一成不变，尤其是不断发展变化的物质生产方式构成了对大都市区管治及其内涵演变最为活跃的诱因。借鉴国外及中国沿海发达地区大都市区管治的经验，对于深化中国西部大都市区管治的研究十分必要。

第一节 发达国家的大都市区管治

西方国家的普通城市一般不下辖区或县，市政府与周围的乡镇政府也没有隶属关系，大都市区存在着多个互不依属的市镇，不同市镇各自为政，独立行使自主权。随着大都市区的不断膨胀，中心城市与周边市镇的许多共同问题需要解决，大都市区的统一行政管理机构应运而生。20 世纪 50 年代初，加拿大成立了多伦多大都市政府；1965 年，英国成立了大伦敦议会；20 世纪 70 年代中期，欧洲普遍出现了大都市区的行政管理机构，如具有独立行政机关性质的巴黎大都市政府，各城市议会代表组成联合政府的大哥本哈根议会，各参盟城市选举代表组成政府的德国法兰克福大都市区议会，参盟城市联合组成的协商或协议机关的荷兰海牙大区议会等（杨宏山，2005）。

　　大都市区先出现在西方发达国家，西方发达国家的大都市区管治比中国早50～100年时间，下文选择美国、法国经验进行介绍。

一、美国

（一）大都市区的行政体制

　　美国多数大都市区并未建立多职能、覆盖整个都市区的政府机构，而只建立具有某一专门职能、有一定行政地域和职权的专职机构。美国大都市区地方政府有不同的类型，包括学区（School Districts）、特别区（特别行政区）（Special Districts）、市（自治体）（Municipalities）、镇（Township）和郡（县）（Counties）。其中，市、镇和郡（县）是由选举产生的地方政府，学区和特别区属于联合政府组织（顾朝林等，1999）。在这种政府类型中，特别区的政府管理职能占有重要地位。20世纪70年代，美国大都市区共有7000多个特别区，其中，数量最多的大都市区特别区的职能是防火，其他依次是供水、垃圾处理、教育、住房和排水。这种特别区的设置，根据城市管理需要进行不同规模的分区管理，有利于获得较好的社会经济效益。

（二）大都市区管治的手段

　　管治的市场化。美国城市政府的权力和可以利用的资源相对有限，为了在有限的资源条件下提高管治效率，美国城市政府将行政部门的主要精力投入政策研究和强化城市政府的服务、指导、协调、监督上。积极引入市场机制，充分调动企业的积极性和创造性，通过合理授权与分权，使市场运作机制深入城市管治的各个方面，形成政府与市场、政府与企业之间的良性互动。在社会职能的履行方面，城市政府运用市场机制，以"小政府、大社会"的模式，将部分职能配置给中介组织，减轻政府负担，降低运作成本，同时提供更多的公共服务产品。在美国的城市治理理念中，政府治理往往是"掌舵"而不是"划桨"，在市场、企业和社会能有效地发挥作用的方面政府都退出，但是在保证社会服务的公平、合理方面，政府则积极充当宏观调控的角色。例如，美国城市政府建立了企业协调制度，任何一家公司计划修路或开沟铺设管道或电缆，必须事先向市政府的公共事业局申请，公共事业局接到申请以后通知有关部门和企业召开听证会，统一协调论证后才能批准实施（孟延春，2004）。

积极推动公众参与。美国城市政府重视引导城市利益相关者特别是广大市民积极参与城市管治，政府相信权力真正来自于公众手中的选票，公众也相信自己能够用手中的选票制约当选官员的权力和行为。所以，无论政府官员，还是城市开发商或公共服务提供者，都不能不意识到公众选票和社会舆论的强大力量（黄丽，2003）。美国的公众参与十分具有代表性，机制的作用也更为强大。城市居民介入城市管治程度较深，参与渠道畅通，政府的城市管治事务也很透明，不仅从法律上确定公众参与公共行政的合法性，而且从制度和程序上保障公众参与政府管治权力的实现。非政府组织的参与在纽约表现得非常典型，纽约因此被称为非政府组织的"首都"（屠启宇，金芳等，2007）。纽约的非政府组织种类繁多，分布在各个领域，如市民联合会、酒吧协会、家长联合会、第五大道联合会、卫生协会等。所关注的问题，大到城市预算、城市发展规划，小到公交车票价、城市饮水中加氟等，只要关系其切身利益的，都在其关注范围之内。

适度的行政区划调整。超越行政界线，是美国大都市区中心城市发展的必然趋势。而为了克服行政分割，能够有效地贯彻实施某些涉及大都市区整体利益的决策，适度的行政区划调整就是一种直接而重要的手段。其中，最常用的方式，是兼并或市县合并。[①] 但美国的市县合并是以城郊双方自愿和公民投票表决为基础的，由于各方利益存在差异以及合并的短期效益，市县合并议案的通过率和流行程度已大大降低。可见，在具有"自治传统"的美国，通过市县合并来实现大都市区协调管理的难度很大（黄勇，2003）。

拓展政府间合作。在美国，大都市区域内往往存在很多不相隶属的地方政府单位，这种特殊的地方行政体制使得依靠单一的地方政府来解决区域治理问题往往是不现实的，拓展政府间的合作成为解决区域公共服务供给的最佳选择。在大都市区治理中，很多地方根据城市间的关联性以及公共产品的属性，形成了多种形式的政府合作。如未设高中的地方学区可向邻近学区购买高中教育服务并向该学区支付费用；有些地方政府单位也可共同提供某项公共设施或服务，垃圾掩埋场是共同设施协定中最常见的合作项目，污水处理厂、机场和医院也经常以此种方式进行建设和管理。政府间多样化的合作形式如购买服务、契约协作等，不仅有效地整合了区域内的公共资源，提高了资源使用效率，而且增强了政府公共服务能力，为实现大都市区的"善治"奠定了基础

---

① 兼并是指，由中心城兼并郊区的某一部分，并由中心城政府行使新区的管辖权；市县合并，是中心城和郊县直接合二为一的过程，如迈阿密市和戴德县，纳什维尔市和戴维森县，印第安纳波利斯市和马里恩县，哥伦比亚市、乔治亚市和马斯科吉县，等等。

（郭斌，雷晓康，2013）。

（三）大都市区管治的模式

美国大都市区管治模式，主要受以下因素影响（宋迎昌，2004）：强大的
"地方自治制度"传统；崇尚"民主自由"精神的选民的支持；联邦和州法律
的许可；政党、种族矛盾；城郊利益矛盾。前两个因素决定了美国很难形成具
有绝对权威的大都市区政府，后三个因素则决定了美国大都市区的管治模式各
异。概括起来，美国大都市区的管治模式，主要有以下六种（靖学青，2002；
屠启宇，金芳等，2007；师嘉林，2014；陶希东，2014）：

松散、单一组织的管治模式。在美国强大的"地方自治制度"传统和
"民主自由"文化背景下，广泛形成了都市区域内各城市水平方式的自愿联
合、获得联邦政府和州政府支持、具有特殊协调功能的半官方、松散型城市市
政联合组合——大都市区地方政府协会，这是一种城市联合管理体系，而非城
市政府结构的联合。纽约大都市区，是实行这种管治模式的一个典型例子。纽
约大都市区并非政府划定的行政区，而是由"纽约区域规划委员会"根据社
会、经济特点而划定的"城镇化地理区"，由纽约州、新泽西州北部及康乃狄
克州南部的 31 个行政单位组成，总人口 1800 多万人，总面积 32400 余平方千
米（屠启宇，金芳等，2007），是世界上最大的城市密集区之一。早在 1898
年，纽约就和它周围的 4 个县联合组成了大纽约政府，但直至目前仍没有形成
统一、具有权威的大都市区政府。

统一组织的管治模式。美国虽有强烈的地方自治传统和需要选民支持的
"民主自由"文化背景，但为了协调区域性矛盾，解决单一城市政府无法解
决的区际问题，仍有为数不少的大都市区在城市政府之上建立了统一的权威
机构——大都市区政府。波特兰大都市区政府，是美国大都市区政府治理的
成功案例（王旭，2011）。波特兰大都市区政府的建立，其间先后经历
MPC、CRAG、MSD 阶段，于 1979 年初步建成，1992 年获得自治章程，从
此作为一个相对独立的区域性政府，在波特兰大都市区发展中打下了深深的
烙印。波特兰大都市区，是美国仅有的通过直接选举产生并具有自治章程的
区域性地方政府，其主要职责是区域土地使用规划，交通规划、自然资源规
划，废物回收利用，公园、道路、绿色地带养护等。尽管它并不是完全意义
上的实体性地方政府，但它在区域性问题的协调合作等方面都有可圈可点的
成绩。

实践证明，通过都市区政府管理都市区的最大优点，是它能够充分考虑到

都市区的各种功能联系，使政府在提供公共服务方面更加高效合理，从而有利于促进大都市区的政治经济一体化。

完全单层的管治模式。这种管治模式以杰克森维尔大都市区最为典型。杰克森维尔大都市区包括杜维尔、克雷、南索和圣约翰4县，而杰克森维尔市与其所在的杜维尔县则完全合并形成了单层的大都市政府。合并前的市、县各自负责不同的事务，但互有交叉、效率很低，在水、大气污染、垃圾处理、供电、交通、土地利用规划等区域问题上又面临着极大的矛盾。本着经济高效、管理高效、社会政治公平和减少地方政府数目的原则，1967年，选民接受了市县合并形成单一机构的大都市政府。合并不只是地域上的统一，而且也产生了长期的规模经济，降低了政府运行成本。

双层制管治模式。迈阿密城市地区，是实行这种管治模式的典型例子。迈阿密大都市区包括佛罗里达南部的3个县，由于第二次世界大战后城市急剧向农村扩展，市县分治给迈阿密市和戴德县双方政府带来的沉重负担，设施建设和使用不经济状况日益加剧，对两县市紧密合作的要求日趋强烈。在这种背景下，1957年戴德县与迈阿密市形成了双层制的大都市政府，即县（区域）内非城市地区的所有服务均由大都市政府（上层）提供，而27个自治市的公民接受他们所在市（下层）和大都市（上层）的双层服务，见表3-1。

表3-1   美国迈阿密城市地区上层政府和下层政府的职能分工

政府层级	主要职能
上层 （大都市区政府）	消费者的保护、消防、公路和交通、警察、公共运输、战略规划、垃圾处理
下层（市）	教育、环境卫生、住宅、地方规划、地方街道、社会服务、垃圾汇集

联合的双层制政府体制，并不是严格的区域、城镇政府等级隶属制，在两个层次之间有明晰的分权。采取双层制结构体制，是人们认识到了统一全地区所共有职能的必要性，而同时又希望能在地方事务方面保存地方的和私人的经营和管理。由于它与大多数西方国家的行政管理体制及经济运行体制较为吻合，因而也成为西方大都市地区普遍采用的一种管治模式。

网络化的地方合作管治模式。美国地方政府通过政府联席会、大都市区规划以及区域联盟成功构建了网络化的地方合作模式，规避了激进的集权化政府和分权式市场竞争模式的弊端。当前，作为"第三种道路"的地方合作机制，已经成为美国大都市区发展的主要治理模式（师嘉林，2014）。政府联席会，是跨政府合作的治理形式，即不具备颁布法令的独立权威或捆绑决策的政府机构，主要职能是为整个大都市区的发展事务提供可行性建议。美国首个政府联席会是1945年成立的地处密歇根州东南部的底特律都市区的六县自愿联合，称之为监督人的县际委员会。1956～1964年，其他8个政府联席会分别在纽约、华盛顿、西雅图、俄勒冈州的萨勒姆、旧金山、费城、得梅因和亚特兰大建立。

邻里政府管治模式。20世纪60年代以来，美国大城市出现了一种旨在复兴社区发展、增加社区控制、改善基层服务效率，而大量设立各类社区邻里组织的独特社会现象，见表3－2。这种社区邻里组织正是连接城市政府与市民的地方自治治理新模式（陶希东，2014）。

表3－2　　　　　　　　　　美国邻里政府管治模式

邻里政府	组织形式	基本性质	主要功能
独立性质的邻里政府	小市政厅 社区规划委员会 社区委员会 社区理事会	公共性质的政府决策咨询机构，大多是在上级领导或上级政府职能部门（如规划部门）主导下组建而成的基层服务组织	听取基层民众对城市发展政策的声音、想法和建议；最大限度地鼓励和促进基层民众参与城市规划发展
半独立的准政府邻里政府	社区发展公司	解决城市中心社区的经济活力和就业问题而兴建的一种非营利组织	为低收入社区提供住房建设和居民就业培训
私人邻里组织	私人邻里协会 居住区协会	立足于邻里、不受城市政府控制的"私人政府"	为了更好地保护私人财产提供服务

私人邻里协会或居住区协会在法律上存在三种形式：住房业主协会、公寓业主协会和合作制，三者可统称为"社区协会"。社区协会研究所的研究表明，自20世纪70年代以来，这些邻里组织得到了快速发展，如今美国有近50%的新建住宅都置于私人邻里协会治理之下。截至2012年，美国存在私人邻里协会的社区总共有323600个，其中，住房业主协会约161800个（占总数的50%～52%）、公寓业主协会约145620个（约占45%～48%）、合作制约6472个（占总数的2%～3%），覆盖6000多万城市居民，这也是当前美国大都市社区的主要组成部分。

二、法国

（一）城市管理体制

法国是传统的中央集权制国家，国家拥有强大的行政权力，同时也赋予地方领土单位由选举产生的议会自由管理的权力。法国的行政建制由高到低分为国家、大区、省和市（镇）四个等级，其中，后三者统称为领土单位（刘健，2004）。在四个等级的行政建制上，中央政府和地方各级政府分别拥有不同的行政职权，共同构成法国的行政机构组织体系。法国市镇的规模都很小，由于市镇规模太小，使这些市镇既难以独立承担一定规模的公共服务设施的建设管理（如医院、剧场、大学、购物中心等），也无法独自应对技术复杂的市政服务设施的建设管理（如供水、排水、道路、垃圾处理等）。

法国的市长具有明显的双重身份：一方面，作为国家在市镇领土上的代表，主要负责管理户籍（主要是主持婚礼），在国家检察官的领导下管理司法警察事务，同时负责履行宣传法律法规、拟定选举名单等国家行政职能；另一方面，作为市镇地方代表，主要负责组织市镇议会讨论、提议和执行预算、保护和管理市镇遗产、发放建设许可证、管理公共卫生事务、领导市镇行政部门等。

（二）城市规划管理的特点

中央和地方的双重行政管理体制。法国中央政府和地方政府的双重行政管理体制，是指中央政府的城市规划行政主管部门及其在大区和各省的派出机构组成了多层次的国家城市规划行政体系，其中，后两者分别向前者负责。法国许多城市以其独特的建筑风格和文化艺术享誉世界，这些建筑、雕塑、绘画、园林等是欧洲近代文明的宝贵遗产，对其进行保护就成为城市持续发展的一个重要组成部分。为了对这些宝贵遗产进行保护，法国国家文化与交流部向各省专门派出了国家建筑师驻省代表处（刘金声，2003）。

驻省代表处是向广大民众宣传国家遗产保护政策的部门，代表国家整体利益，关注地方保护工作的实施，其基本任务是顾问、监督、保护。驻省代表处与市政府合作按程序编制、修订、审核地方规划方案。驻省代表处通过对建筑历史的研究，为当地规划提出建设性意见；参加审核城镇边缘扩建独户住宅区、商业区的规划文件，使其不致对环境带来负面影响。驻省代表处在实施保护区的保护工作时就管理政策和管理要点与地方领导经常沟通，共同确定将要执行的规定和措施，双方认定后由驻省代表处付诸实施。在保护区内，凡涉及新建建筑、建筑改变用途、建筑拆除、新建小区或建设商业设施，在项目申请前均需要咨询驻省代表处。这样，国家建筑师得以指导、帮助以上建设项目与保护区的环境协调一致。

以市镇联合体为地域单元的区域化地方城市管理体制。法国市镇联合体的出现，基于法国市镇数量多、规模小，在行使城市规划管理职能时，常常面临人力资源匮乏、技术力量薄弱、资金来源不足等困扰，在这种情况下，市镇之间的联合，就成为中小规模市镇获得足够的行政和技术手段、履行城市规划管理职权的自然选择。

自20世纪50年代起，法国政府就开始谨慎地推行市镇联合政策，鼓励市镇通过协商建立不同形式的市镇联合体，在一个领域或多个领域内通力合作为相关市镇提供城市发展所必需的服务。至20世纪80年代实施地方分权政策以后，法国政府更加积极地推动市镇之间的联合，并为市镇联合体提供了严格的法律保护，使得市镇联合体得到迅速发展。市镇联合并非真正意义上的行政区划合并，而是在"自愿参加、共同负责"的原则下，由相关市镇签署合约或协议形成的合作关系。市镇联合体不仅在功能类型上多种多样，而且在组织结构上也具有灵活多变的特点。例如，从成员结构角度看，市镇联合体既可以是市镇之间的联合，也可以是市镇与省、大区乃至国家之间的联合，而且成员数量没有特殊的限制；从空间结构角度看，市镇联合体的地域范围完全不受行政边界的限制，它可能涉及相关市镇的全部辖区，也可能只涉其中的部分辖区，而且，不同的市镇联合体在空间上可以相互重叠。

（三）广泛的公民参与

公民参与政策的制定，是权力下放的首要标志，中央权力下放到地方，目的在于实施有效的民主平等和管理目标，即政策决定更接近于公民并受到他们的监督。在法国当前的城市规划编制与管理中，"公众参与"是通过"公众咨询"和"民意调查"这两个具体操作程序来实现的（卓健，2005）。"公众咨询"是在规划方案编制过程中，从一开始就定期与公众沟通交流，征求他们的意见，从而使确定的规划方案更能针对现实情况，更能符合居民的需求。如对于大型的城市基础设施，必须先做一个方案（标出线路）交公众讨论，并可以提出替换方案；公共调研，当设计方案和计划做好后或者详细说明资料完成后，要征询公众意见，材料中标明工程性质和造价，让公众查询，特别公布于新闻报刊上，公民可以对此发表意见，向由法庭指定的调查员反映不同的观点；利害冲突研究，对于重要的建设工程，特别是协商开发区，必须要做一份有关环境、社会、经济的利害冲突研究报告附于公众调查材料中。

"民意调查"则安排在规划的审批过程中，在规划方案提交给终审职能机关前，公众对是否接受这一规划方案提出意见。法国的"民意调查"，在法律上有严格规定。首先，"民意调查"的时间不得少于 1 个月也不得超过 2 个月，必要时可以延长 15 天。在程序开始前，必须预先在媒体上发布信息，以告知公众这一调查的开始时间和内容。其次，这一程序的整个执行过程，由专门的"民意调查专员"或"调查委员会"负责。他们通过组织会议等方式，帮助公众了解项目内容，负责接收他们发表的意见，并在"民意调查"结束后对意见进行归纳总结，向地方行政长官提交《民意调查报告》。"民意调查"最后形成的决议，有可能否决已经编制好的城市规划方案。

第二节　新兴工业化国家及发展中国家的大都市区管治

一、新兴工业化国家

第二次世界大战以后，以韩国、新加坡、马来西亚、智利、阿根廷和巴西等为代表的新兴工业化国家，经济发展非常迅速，这些国家的大都市区管治与西方发达国家又有所不同。新兴工业化国家的大都市区与发展中国家一样，一直扮演着促进经济增长、提高居民生活水平、建设现代化基础设施的"经济增长中心"的角色。下文以新加坡为例，对新兴工业化国家大都市区的管治经验进行总结。

新加坡是一个城市管理十分成功的国家，建国以后从一个"脏乱差"国家变成了国际公认的"花园城市"，形成了一套比较成熟和完善的城市管理模式和方法，在世界上树立了它的城市品牌（曲华林，翁桂兰等，2004）。

（一）城市管理的组织模式

新加坡城市管理工作，主要是由国家发展部所属的公园及康乐局、市镇理事会、环境部下的环境卫生局负责。除了经常性的交流之外，部门之间是相互独立的，环境卫生局、公园及康乐局都属于政府公共部门，环境卫生局负责城市中的公共卫生，公园及康乐局主要负责城市中的园林绿化管理。市镇理事会是1988年以后新加坡政府依据所颁布的市镇理事会法令在全国各个市镇分别成立的，是新加坡城市管理的主体，它的职责类似于城市社区物业管理，主要负责对公共环境进行日常的清洁、园林保养、日常与周期性的维修工程、社区改进计划、中期翻新计划、建筑物日常管理与定期维修服务等，而与物业管理不同的是它属于法定机构，负责新加坡城市管理中绝大多数的日常管理工作。

（二）规划、建设和管理相分离的体制

"建管分离"是城市管理的一条重要原则，新加坡在这方面做得十分成功。该国的城市规划、建设、管理分别由相互独立的部门承担。城市的总体规划由城市重建局负责，它为城市的建设和管理制定宏观框架；城市建筑的单体设计和建设是由建屋发展局负责；城市管理职能则主要是由市镇理事会行使，同时还有园林部门和卫生部门共同参与。各部门之间除了定期进行交流外，一般相互不干涉各自的职权范围，权责明确，便于城市管理的规范化。

（三）法治化的城市规划管理

新加坡城市管理最大的特点，是完全法治化的管理，这也是它成功的最重要经验之一。它建立了一整套严格、具体、周密、切合实际、可操作性强、没有回旋余地的法律体系。国家对城市中建筑物、广告牌、园林绿化等城市管理硬环境的各个方面作了具体规定，完备的法规体系是新加坡法治化城市规划管理的基础。其特点：（1）完整性。政府对城市管理的各个方面都进行全面立法，做到了"无事不立法"，使城市执法人员的每项工作都有法可依。（2）操作性强。城市管理法规对规定的内容、制定办法以及惩罚都作了详细而具体的规定，既避免执法随意性又增加了可操作性。在土地规划和工业的合理选址，污水、垃圾处理，大气、水源污染和危险及有毒废料管制等方面均有详尽的规定和措施。由于依法行政，严格实施有关法规，虽然新加坡面积狭小，人口密度高，但在城市快速发展的同时，仍拥有世界上生态系统最丰富的原始热带雨林以及自然和谐的环境（屠启宇，金芳，2007）。另外，新加坡还拥有一支素质精良的法纪监督稽查队伍和遍及社会各阶层的群众监控网络。

在进行法治化管理的同时，新加坡政府还不断地以各种形式对其居民进行城市管理方面的宣传教育，使他们从思想上认识到遵守各项法律规章、维护城

市环境的重要性。这是城市管理的"治本"之策。

（四）促进公民参与管理

新加坡在城市管理中采取了多种促进公民参与的措施，是世界上发动群众、利用群众的典范（邵任薇，2003）。新加坡把政府的意志巧妙地利用基层组织灌输到社会、市民中去，形成政府的凝聚力和向心力，最终形成强大的国家意志和国家精神。新加坡的基层组织，主要有公民咨询委员会、人民协会、社区发展理事会、居民委员会和市镇理事会，成员主要来自基层代表。这些基层起到了沟通政府和国民桥梁的作用（曲华林等，2004）。通过市镇理事会，使得居民以城市管理者的身份参与，同时也使管理更加符合公众需求。

新加坡城市管理中的公民角色体现得最为充分的是全国性的公民运动。公民运动不是政治运动，而是城市管理和社会管理方面的全民性活动。1958年以来，新加坡一共发动过100多项全国性公民运动。如1958年5月的"反吐痰"运动、1968～1971年，4度开展的"保持新加坡清洁和防止污化"运动。

（五）优先发展公共交通

新加坡可用于道路交通的国土面积十分有限，为此通过车辆配额系统严格控制拥有私家车，并征收车辆额外注册费、进口关税、路税，来提高拥有车辆的成本（田川，2014）。政府通过大力发展公共交通解决人们的出行，以交通枢纽站点为中心兴建社区和商业等服务设施；就近规划和建设地铁站和巴士站，使转换衔接更快捷方便；巴士享有优先行驶权；采用公路电子收费系统，收取道路拥堵费等。预计到2020年，在市区平均每隔400米将有一个地铁站，努力实现"让公共交通工具成为你的另一辆私家车"。

（六）居者有其屋的和谐社区建设

1959年，新加坡取得自治时，面临人口激增、失业浪潮汹涌、屋荒日益严重等问题。为解决日益紧张的住房问题，1960年2月，新加坡政府成立建屋发展局，负责保障性住房建设，为国民提供栖身之所。迄今为止，建屋发展局兴建组屋已超过99万个单位，为80%以上的新加坡居民提供了住房。其中，超过95%的公民和永久居民拥有自己的房屋，基本上实现了居者有其屋。建屋发展局除了在每个居住区完善日常生活所需的基本设施建设外，还非常注重构建和谐包容的社会关系，如提供公共设施和公共空间让居民在家门口或家附近与邻里接触交流，协助已婚子女靠近父母居住，鼓励多代同堂，发扬亚洲家庭价值观，实施政府的种族融合政策以实现社会融洽、种族和谐。新加坡成功解决国民住房问题的关键：一是"居者有其屋"的理念，二是政府的大力支持。在经费方面，新加坡政府给建屋发展局提供抵押融资贷款、翻新融资贷款、建屋发展贷款，每年为建屋发展局提供津贴弥补推行公共住屋的赤字；在政策方面，新加坡政府赋予建屋发展局强制征用私人土地以兴建公共住屋或进行其他发展计划的权力和推行公共住屋政策的法律权力，政府的支持保证了建屋发展局工作的顺利推进（张鑫，2014）。

二、发展中国家的大都市区管治

发展中国家大都市区人口的持续快速增长和传统管理方法的无效，是推动探索大都市区管治的重要背景。在"穷则变、变则通"的心理驱使下，发展中国家的大都市区均积极寻找能结合本地特殊情况的有效管治模式（杨汝万，2002）。与发达国家和新兴工业化国家相比，发展中国家大都市区面临的问题多于管治，这在印度表现得非常典型。

（一）印度大都市区存在的问题

日益严重的城市交通问题。由于城市规模的不断扩大，印度公交客运量相应大幅度增长，而道路设施和公共交通装备的发展却相对滞后，以致社会公众乘公共交通工具出行的一些基本要求得不到应有的满足和改善，车辆超载严重，许多乘客甚至不得不勉强地站立在车门外或者冒险地攀爬到车顶上去。以孟买市为例，其城郊轨道交通线上的列车，在高峰时段的载客量已达到设计允许最大载客量的一倍以上，每平方米车厢地板上站立乘客多达14～16人。同时，路面堵塞严重，许多大城市公共汽车的时速已降至6～10千米（袁成，2005）。此外，印度公共交通还面临着管理效能差、生产效率低下、人员配备冗余、运营成本偏高等问题。

面对日益严重的城市交通问题，迫切需要扩展和改进公共交通服务。但是，由于印度贫富悬殊，资金缺乏是一个普遍性问题，城市行政当局和公共交通行业都非常缺乏资金来源，很难有资金用于建设公共交通基础设施、更新车辆和采用新技术。

严重的环境污染。印度各大城市的环境污染已经非常严重，据调查，如果生活在任何一个印度的大城市中，那里空气污染的程度等于每天吸 10～20 支香烟；依据 1996 年世界银行的报告，因为空气污染印度每年有 4 万多人死于非命，在 23 个人口 100 万人以上的城市中，汽车和工业排污严重超标。自 20 世纪 90 年代初以来，呼吸道疾病及过敏性反应的病人增加了一倍以上（王鹿，1997）。2004 年，印度上空悬浮微粒和含有痕量物质的气体越来越多，大气质量每况愈下，尘埃污染阻碍了卫星观察地面情况（诗真，2004）。一般认为，导致印度城市严重的大气污染原因有：一是政府"缺位"。如果没有受到公众的压力，印度的有些城市政府效率偏低；二是汽车制造技术手段落后；三是市民本身忽视了对自己车辆的维修养护，加剧了车辆的废气排放。

（二）印度对大城市的控制

印度对大城市的恐惧由来已久，部分来自于对城市的理解。印度的城乡分割是殖民主义参与形成的，现在，印度的城镇化状况已经得到了相当大的改变，小城镇得到发展，中等城市逐步发展成为大城市，并且成为推动国家经济的发动机。然而，城市的环境问题和社会问题仍然较多。城市政府与省政府的竞争和摩擦也愈演愈烈，大城市实力的增长也导致中央政府对大城市的恐惧有增无减。这些因素使得政府制定相关政策以控制大城市的发展（顾朝林，2003）。

（三）对"黑车"和"垃圾围城"的治理

本地治里是印度南部濒临印度洋的一座闲适的城市，凭借其旅游业和渔业两大经济支柱，2008 年的人均收入达到 66478 卢比（约合人民币 9798 元），为印度人均收入最高的地区之一。

"黑车"是发展中国家城市的通病。本地治里也有很多柴油三轮车，而且市民的出行一直依赖它们。本地治里市政府并未将这些"黑摩的"赶尽杀绝，而是向三轮车夫提供优惠贷款，鼓励他们购买电动观光车，允许其在公交线路上营运。同时，市政府还在城市的主干道上建起了充电站，每个充电站可同时为 30 辆电动车提供充电服务（殷赅，2010）。

对于固体垃圾，本地治里更是找到了一条颇具新意也有发展中国家特色的处理方法。在该市的一个垃圾场，每天运来的 15 吨垃圾中大约有 5 吨有机垃圾。在当地培训了 13 名贫困妇女，使其掌握了分拣有机垃圾、培育蠕虫、用蠕虫吞噬垃圾然后排泄出有机肥的技术。这一项目得到了当地银行的小额贷款，其生产出的有机肥经袋装之后销售出去，既减少了化肥的施用，所得的收入也能帮这些妇女维持家用。本地治里的蠕虫制肥项目已经得到推广，在邻近的坦吉巴尔市的三四个村庄得到了推广（殷赅，2010）。

第三节 中国沿海发达地区的大都市区管治

中国沿海地区经济发达，城镇化水平高，城市规模大，与之伴随的城市问题最先暴露，大都市区管治水平相对较高，对西部大都市区管治具有重要的借鉴作用。

一、珠江三角洲地区

"珠三角"大都市区管治以政府为主导，市场（企业）、非政府组织、公众在不同领域、不同程度上参与其中（孙莉，吕拉昌，2013）。

（一）管治主体及其管治手段

1. 政府

政府是珠江三角洲都市区管治的主导力量，主要通过行政区划调整、建立协调机构以及编制区域协调规划来实现。

行政区划的调整。行政区划的分割带来了区域协调发展中的一系列问题，行政区划调整是消除行政壁垒、整合区域的重要且行之有效的手段。近些年来，"珠三角"进行了多次大规模行政区划调整。2000 年，番禺、花都两个县级市并入广州；2001 年，斗门撤县改区并入珠海市；2002 年，新会市并入江门市；2002 年末，顺德、南海、三水、高明四市同时撤县改区并入佛山，使得佛山一跃成为广东第三大城市；2003 年，惠阳市并入惠州市，使得惠州由沿江城市变为沿海城市；2007 年和 2009 年，深圳分别设立了光明新区和坪山新区。

建立协调机构。早在 1994 年，"珠三角"就成立了由常务副省长为组长的"珠江三角洲经济区规划协调领导小组"，这一领导小组主要负责为各市的发展进行调整协调，特别是跨区域、跨行业不能解决或者解决不好的问题。2003 年，广东"两会"期间，与会代表提出市长联席会议制度的构想，虽然这一构想在整个"珠三角"没有实现，但在"珠三角"的广（州）佛（山）

肇（庆）、深（圳）（东）莞惠（州）、珠（海）中（山）江（门）却得以实践。2006年，广东省政府又成立了珠江三角洲城镇群规划管理办公室，专门负责解决《珠江三角洲城镇群协调发展规划（2004~2020）》实施过程中产生的问题和矛盾。

编制区域协调发展规划。自"珠三角"经济区诞生以来，"珠三角"编制了多个协调区域发展的规划。1995年，编制完成了《珠江三角洲经济区城市群规划》，成为国内首个城市群规划。2003年，原国家建设部与广东省共同编制了《珠江三角洲城镇群协调发展规划（2004~2020）》，是指导"珠三角"地区协调发展的行动指南和统筹区域内各项建设安排的政策纲领。

2. 市场（企业）

"珠三角"地区市场经济发育，市场（企业）也常常参与都市区的管治当中，是大都市区管治的主体之一。"珠三角"的基础设施建设中总能看到企业的影子，如广佛地铁修建过程就采用市场化机制，并没有采取常用的行政兼并这一简单模式，而是由第三方——广东广佛轨道交通有限公司全权负责。

3. 非政府组织

在大都市区管治中，非政府组织以其贴近基层、灵活高效、民间性强、官僚化程度低等优势，可以快速处理市场和政府无暇顾及或者解决不力的各类社会问题。众所周知，"珠三角"是中国制造业中心，与此相对应是大量外来务工的农民工，他们广泛分布在"珠三角"各地，尤其是广州、深圳和东莞。由于他们本身的弱势性，近些年侵犯农民工权益的事件时有发生，政府和工会的缺位使得非政府组织在农民工维权中发挥着重大作用。法律援助是非政府组织的核心职能，面对农民工权益受到侵害时，他们一般会按照法律咨询、起草文书、案件代理的步骤为其提供帮助，有时还会为其代理出庭。此外，非政府组织还组织一些文化休闲活动，一方面，丰富了农民工的生活，另一方面，也降低了农民工的犯罪率。

4. 公众

目前，在"珠三角"大都市区管治中，公众的力量还比较薄弱，但公众的广泛参与将是大都市区管治发展的方向之一。2005年，科威特石油计划在广州市南沙区投资80亿美元建设石化项目，并且这一项目于2006年得到广东省发展改革委和广州市政府的大力支持。但由于广州市南沙区地处"珠三角"的几何中心，项目的投产可能会对整个"珠三角"地区、包括港澳生态环境带来影响，最终在"珠三角"各地民众一片反对声中，该项目撤出南沙区，另行选址（孙莉，吕拉昌，2013）。

（二）深圳市的城市管治

深圳城市治理的突出特色是三个制度创新（杨君，2011）：一是城市规划的法定图则。法定图则由深圳市人大常委会 1998 年通过的《深圳市城市规划条例》予以确立，与其他地方实施的控制性详细规划的不同之处在于，法定图则体现了规划过程的公众参与程序，详细规划决策权力从规划行政部门向社会人士占多数的规划委员会和图则委员会转移，从而提升了规划决策的民主化程度。法定图则打破了规划决策的封闭性，增强了透明性和公众的参与性，特别是半数以上的非公务员委员使城市规划中的长官意志得到了一定程度的制衡。二是 2003 年 2 月在全国率先设立市城管监督指挥中心。[①]该中心集数字化城市管理、市容监控、群众投诉、指挥调度、检查督办、号码追呼、信息处理及分析、效果评价为一体，以实施城市管理为职责。指挥中心的建立，致力于解决多头管理、缺乏协作等问题，以推动城市管理的高效化进程。三是城市管理市场化试点——城管业务外包的实践。该试点工作起源于深圳市宝安区西乡街道，初衷是为了解决人手不足问题。为此，通过签约外包的方式，培育民营企业当"城市保姆"，购买社会服务，借用院校实习生资源，利用社区资源协助执法，逐步形成了"政府主导、企业协同、公众参与"的格局（卢先兵，2008）。由于物业保安、院校学生、社区志愿者均不是公职人员，不能依法采用罚款、没收等强制手段，因而只能采取口头劝导等柔性管理方式，这是对传统刚性城市管理方式的必要补充和有益探索。

二、长江三角洲地区

（一）上海的城市管治

改革开放以来，上海市对城市的治理模式和机制进行了必要的改革，基本实现了三大突破，即体制上建立了两级政府三级管理的分权分级治理架构；方针上提出了"建管并举、重在管理"的目标；机构改革上，推行了理顺关系、归并职能和强化服务的措施（丁健，2004）。20 世纪 90 年代中后

---

① 原名深圳市城管指挥监控中心。

期，上海开始探索以城市管理为先导的行政执法体制改革，上海城管执法涵盖了市容环境卫生、市政工程、绿化、水务、环境保护、公共交通、工商行政、城市建设、城市规划、房地产等十类管理职能中13个方面167项行政处罚权（其中，浦东为14类710项），基本涵盖了城市管理的各个方面（李媛，2009）。

（二）南京市的城市管治

南京市在立法机关、政府机关、专家学者和广大市民的共同努力下，推出了具有开创性的地方性法规《南京市城市治理条例》，于2013年3月1日起正式实行。《南京市城市治理条例》的核心思路是推动由"城市管理"向"城市治理"转变，力图呼应和回答传统城市管理中的五个难点问题，管理者和被管理者的关系问题；公众参与如何制度化的问题；市民权益的保障问题；如何治理城市顽疾的问题；行政执法力量的整合问题。《南京市城市治理条例》实现了三个转变，一是由单纯管理转变为共同治理，保障人民的知情权、参与权、表达权、监督权，实现由政府包办一切向政府负责、社会协同、公众参与的社会管理格局的转变；二是由防范性管理转变为服务性管理，"在服务中实施管理，在管理中实现服务"；三是由单一的行政手段转变为综合运用法律、经济、行政、教育等手段，由仅仅依靠刚性手段转变为更多地适用柔性手段，形成刚柔相济的管理模式（莫于川，雷振，2013）。

（三）杭州市的城市管治

杭州市在推进城市管治中取得了很多成绩，其中，很大一部分是借助于民主体制、民主方式和方法来取得的。这些体制和方式方法主要有如下几个方面：第一，民主的主渠道即人民代表大会制度、政治协商制度逐渐完善，人大、政协作为组织，人大代表、政协委员作为代表成员发挥的作用不断增大，且越来越制度化、规范化。第二，杭州市政府形成了开放式决策体制，从议题的提出到决定的形成，整个决策流程都体现了开放、参与的民主原则，成效比较显著。第三，广泛推进了公民参与的政府部门的绩效评价。第四，形成了一套公民参与公共事务管理的做法并逐渐制度化。第五，形成了形式多元化、主体多样化的社会自治，例如，杭州市的律师进社区等。第六，创新了一种新型、民主的组织形式——综合性社会组织。第七，推动公民参与的公共价值观的构建。第八，对于公民参与的公共监督做了很好的探索，无论是对政府的监督方面，还是对社会组织的自我监督方面，都有一些很好的做法（余逊达，

2012）。

"城中村"改造作为杭州城市治理的一部分，也取得了巨大的成绩。概括起来，杭州市的"城中村"治理有以下几个方面的经验值得重视。其一，强调"民生"，一切为老百姓着想。杭州市在"城中村"改造过程中，政府本着实现"景区美、百姓富、社会稳、班子强、素质高"的目标，坚持"整治为人民、整治靠人民、整治成果由人民共享、整治成效由人民检验"（王露，2009）。其二，科学推进，因地制宜，根据具体情况采取相应措施，从而达到了良好的社会效果。许多地方的"城中村"治理采取的都是"一刀切"的方法，有的甚至不惜进行运动式、地毯式改造，这种方式固然简捷、快速甚至立竿见影，但其最大的问题是简单化和粗暴化，并且容易激化矛盾，留下难以解决的后遗症。杭州市"城中村"改造本着科学化的原则，注重"一村一统筹，一区一方案"。其三，注重现代意识，确立由"村民"向"市民"的转向，冲破了传统的乡村模式和角色定位。如果"城中村"的农民不能变成现代的公民，任何现代化的努力都会成为一句空话。其四，引入文化维度和审美品质，这始终是杭州市"城中村"改造的一个标杆（赵秀玲，2011）。

三、环渤海地区

（一）北京市的城市管治

北京市实施的是市政府集权与区（县）政府分权相结合的管理体系。目前，市政府在城市建设过程中发挥着关键作用，区（县）政府接受市政府的指导，在权限范围内实施自我管理，区（县）之间的交流与合作主要取决于市政府的促进和引导（唐燕，2009）。市政府和区（县）政府之间以及政府各个部门间的事权划分，一直是各级政府关注的重点。北京的行政体制改革经历了"集权—分权—集权"的曲折过程，在不同的阶段，权力下放和权力收回的双向进程总是同时存在。在新中国成立后的很长一段时期内，北京市政府高度集权。后来，为了激发经济发展活力，市政府将很多地方事务的决策权和管理权移交给区（县）政府，分权改革的趋势明显。21世纪初，市政府为了强化自身的权威性和保证城市政策在全市范围内的有效实施，又逐步采取了一系列"收权"措施。例如，北京市开始了较大规模的撤县建区工作，以进一步扩展市政府在城市管理中的作用，现在北京市所有的辖县已经全部改为区；北京市将原属于各个区（县）的规划局统一纳入北京市规划委员会中，成为北京市规划委员会派驻各个区（县）的分局，以保证市政府在城市规划和管理中的权威性。

（二）青岛市的城市管治

青岛市围绕建设"责任政府、阳光政府、诚信政府"，在公民参与城市治理方面进行了以下探索。第一，完善政府议事决策中的公民参与机制。制定重大社会公共事项的决策采取听证的办法，积极推进决策的民主化和科学化，全面实行政务公开，保障民众在公共政策制定与执行中的知情权。推行政务公开以来，青岛市先后举行了中小学学费调整、公交车和出租车票价调整、城市供水价格调整等与群众利益关系密切的听证会，广泛征求广大市民和社会各界的意见，并将听证的情况作为领导决策的重要依据。2003 年，制定了《青岛市重大社会公共事项决策听证试行办法》，将听证范围扩大到重大社会公共事项的决策等方面。第二，推进公共政策执行监督上的公民参与。建立政府部门行政效能评估监督制度；开通公务员效能投诉电话，加强对全市公务员工作态度和效能的监督；开通网上市长信箱和市长公开电话。第三，加强社区建设，全面推进基层民主参与。青岛市政府将一些社区管理权限授权给居民管理社团，使其承担部分公共管理和社会工作职能（魏娜，2006）。

（三）大连市的城市管治

大连市实施"企业家化城市治理模式"，即"城市经营"，其最明显的特征就是政府把所谓的城市土地权进行市场转换，利用土地招商引资，并用这些资金塑造城市形象（李忠民，汤哲铭，2006）。大连市在"环境经营"方面表现最为典型。大连曾经是一座典型的重化工业城市，从 20 世纪 90 年代初开始，大连市走出了以经营城市环境为主导的城市经营发展之路，实现了环境与经济的"双赢"。1992 年，大连市可支配财力仅 21 亿元，其中，用于生产建设的资金只有 8000 多万元，到 1999 年大连市可支配财力已发展到 90 亿元，新增的资金主要是靠经营城市得来的（徐惠蓉，2002）。由此，大连市不仅变成了一座花园式的城市，而且完成了城市由传统的重化工业城市向现代工业、口岸、商贸旅游和科技文化中心的历史性转变，逐步跻身中国五大国际城市行列。①

---

① 其余四大国际城市是香港、上海、北京、广州。

第四节 国内外大都市区管治经验对西部大都市区管治的启示

一、采取多种形式的管治模式

从美国城市治理的经验可以看出，大都市区管治的模式并不是千篇一律的。大都市区管治系统，通常是一个国家或区域文化的反映，大都市区管治受到经济、社会等多方面影响，每个大都市区面临的问题不同，采取的管治模式也不相同，即使是同一国家不同的大都市区所采取的管治模式也不尽相同，同类模式之下的具体形式也存在较大的区别。以"大都市政府"模式为例，在组织结构上，它可以是单层、双层乃至多层的，在达成共识的形式以及设计、范围、职能和权力等方面，不同的案例也存在较大的差别（洪世健，2009）。中国广大西部地区自然环境、经济发展水平存在较大差距，各大都市区（城市）发展阶段、发育程度、面临的问题不同，因此要根据大都市区（城市）发展的实际情况，结合当地的风俗习惯、自然环境等选择适当的管治模式。

二、建设法治政府

新加坡城市治理高效有序的保证之一，是健全的法规制度和执法的严实公正，有法必依，执法必严。西部大都市区管治也应该进一步加快法治政府的建设，提高依法执政的能力。建立一套严格、具体、切合实际、操作性强、没有回旋余地的法律体系，对城市管理的各个方面进行全面立法，使执法人员每项工作都有法可依。详细规定城市管理法规的内容、制定办法以及惩罚措施，既避免执法随意性又增加可操作性。在进行法治化管理的同时，政府还需不断地以各种形式对居民进行城市管治方面的宣传教育，使他们从思想上认识到遵守各项法律规章、维护城市环境的重要性。

三、注重发挥民间团体的作用

无论是西方发达国家、新兴工业化国家与发展中国家，还是中国沿海发达地区的大都市区管治，都十分注重发挥民间团体的作用。如美国大都市区管治中，民间组织发挥了关键作用，纽约、芝加哥、凤凰城的民间团体组织几乎成了大都市区管治的主要力量。大都市区的民间社团领导主要来自商会团体，美国商会的组织往往具有很高的可信度，这便使其能够施加巨大的影响。中国西部地区少数民族众多，大都市区管治中更应该发挥民间团体的作用。

四、加强对历史文化名城的保护

西部地区历史文化悠久，名胜古迹众多。据统计，在国家先后批准的 101 座历史文化名城中，西部地区拥有 34 座，占总数的 33.6%（李久昌，徐象平，2005）。这些名城特色鲜明，如极具地方及民族特色的呼和浩特，拥有传统建筑风貌的丽江，古都西安，等等，它们是西部地区取之不尽、用之不竭的重要资源。因此，在大都市区管治中，西部可以借鉴法国的双重行政管理体制，由国家派出机构，代表国家整体利益，对历史文化名城中的宝贵遗产进行保护。

五、推行市镇联合

中国西部地区经济相对落后，在大都市区（城市）管治中行使城市规划管理职能时，常常面临人力资源匮乏、技术力量薄弱、资金来源不足等困扰。借鉴法国政府推行市镇联合政策，鼓励市镇通过协商建立的不同形式的市镇联合体。市镇联合政策在本质上是一个开放的区域合作框架，使得市（镇）、省、大区乃至国家能够通过合约建立起良好的合作伙伴关系，共同参与城市的规划、建设与管理，这是一种行之有效的区域化城市管理模式（刘健，2004）。

参考文献

1. 陈路. 城管革命：武汉市政府城市治理困境与破解策略研究. 湖北大学硕士学位论文，2013.

2. 丁健. 论城市治理——兼论构建上海城市治理新体系. 上海市经济管理干部学院学报，2004，2（4）：34-40.

3. 顾朝林. 发展中国家城市管治研究及其对我国的启发. 载于顾朝林，沈建法，姚鑫等. 城市管治——概念·理论·方法·实证. 东南大学出版社，

2003.

4. 顾朝林等. 经济全球化与中国城市发展——跨世纪中国城市发展战略研究. 商务印书馆, 1999.

5. 郭斌, 雷晓康. 美国大都市区治理: 演进、经验与启示. 山西大学学报 (哲学社会科学版), 2013, 36 (5): 13 - 18.

6. 洪世健. 大都市区治理理论演进与运作模式. 东南大学出版社, 2009.

7. 黄勇. 美国大都市区的协调与管理. 城市规划, 2003, 27 (3): 32 - 36.

8. 李久昌, 徐象平. 西部大开发环境下的西部历史文化名城保护. 西北大学学报 (哲学社会科学版), 2005, 35 (5): 88 - 92.

9. 李媛. 上海城市管理立法法治化探讨. 法制与经济, 2009 (11): 68 - 71.

10. 李忠民, 汤哲铭. 国内外城市治理模式与我国实践性选择. 广西经济管理干部学院学报, 2006, 18 (2): 26 - 29.

11. 刘健. 法国城市规划管理体制概况. 国外城市规划, 2004, 19 (5): 1 - 5.

12. 刘金声. 法国对城市规划和遗产保护的监管机制: 介绍法国国家建筑师驻省代表处. 国外城市规划, 2003, 18 (4): 47 - 48.

13. 卢先兵. "城管外包" 将全市推行. 南方日报, 2008 - 03 - 18 (SC02).

14. 孟延春. 美国城市治理的经验与启示. 中国特色社会主义研究, 2004 (3): 40 - 43.

15. 莫于川, 雷振. 从城市管理走向城市治理——《南京市城市治理条例》的理念与制度创新. 行政法学研究, 2013 (3): 56 - 62.

16. 曲华林, 翁桂兰, 柴彦威. 新加坡城市管理模式及其借鉴意义. 地域研究与开发, 2004 (6): 61 - 64.

17. 邵任薇. 国外城市管理中的公众参与. 江海学刊, 2003 (2): 100 - 105.

18. 师嘉林. 从瑞典的 "第三条道路" 看美国大都市区蔓延的治理. 武汉理工大学学报 (社会科学版), 2014, 27 (2): 315 - 317.

19. 诗真. 印度环境污染加剧, 褐云笼罩城市乡村. 中国环境报, 2004 - 2 - 13.

20. 宋迎昌. 美国大都市区管治模式及其经验借鉴——以洛杉矶、华盛顿、路易斯维尔为例. 国外规划研究, 2004, 19 (5): 86 - 89.

21. 孙莉, 吕拉昌. 政府主导下大都市区的管治——以珠江三角洲为例.

城市观察，2013（1）：150–157.

22. 唐燕. 大都市区区域管治比较——柏林—勃兰登堡与北京. 城市问题，2009（10）：68–74.

23. 陶希东. 邻里政府：美国大都市区治理的经验与启示. 社会科学，2014（4）：73–80.

24. 田川. 新加坡的城市治理. 中国中小企业，2014（1）：68–69.

25. 屠启宇，金芳等. 金字塔尖的城市：国际大都市发展报告. 世纪出版集团，上海人民出版社，2007.

26. 王露. 杭州城中村改造模式解读. 现代城市，2009（4）：16–18.

27. 王鹿. 印度城市的空气污染. 国际展望，1997（4）：22–24.

28. 王旭. 大都市区政府治理的成功案例：1992年波特兰大都市章程. 江海学刊，2011（2）：182–187.

29. 魏娜. 公民参与视角下的城市治理机制研究——以青岛市公民参与城市治理为例. 甘肃行政学院学报，2006（2）：25–28.

30. 徐惠蓉. 经营城市——现代城市建设和管理的新思路. 载于王明浩，张钊. 城市经营. 天津科学技术出版社，2002.

31. 杨宏山. 发达国家的大都市区管理模式及其启示. 中州学刊，2005（1）：99–102.

32. 杨汝万. 发展中国家的城市管治及其对中国的含义（下）. 上海城市管理职业技术学院学报，2002（6）：4–6.

33. 殷赅. 印度城市治理样本：如何消除黑车与突破"垃圾围城". 第一财经日报，2010–6–18（D01）.

34. 余逊达. 有效城市治理的路径探寻. 杭州（我们），2012（10）：9–11.

35. 袁成. 印度的城市公共交通. 城市公用事业，2005（4）：41–43.

36. 赵秀玲. 杭州市的"城中村"治理及其反思. 徐州师范大学学报（哲学社会科学版），2011，37（5）：117–121.

37. 卓健. 法国：城市规划中的公众参与. 北京规划建设，2005（6）：46–50.

第四章

大都市的集聚性判断

　　城镇化过程本质是人口和经济社会活动的集聚过程，集聚是城镇化的突出特征。对于一个城市的发展，集聚具有一定的必然性，同时也是十分必要的。但是如果集聚过度，超过城市发展的承载限度，就会导致膨胀，进而引发一系列"城市病"，如人口膨胀、交通拥挤、环境恶化、资源短缺等；相反，集聚不足则会影响城镇化的进程和质量。因此，如何判断一个城市的集聚程度成为亟待解决的问题，考察比较快速城镇化过程中城市的集聚性显然具有重要的意义。本章的目的在于，构建一个能定量判断城市相对集聚程度的城市集聚性指数，通过对西部大都市集聚程度与中国其他地区的比较分析，判断其相对集聚状态，分析引起集聚的主要原因，从而为大都市区管治中的城市管理者提供客观的决策依据，促进西部地区城市更好、更快地发展，进而推动城镇化进程。

　　本章的研究对象，是 2006 年中国西部地区建成区常住人口 100 万人以上的 11 个大城市（不包括重庆市①），也可以称其为大都市，包括南充（103 万人）、呼和浩特（130 万人）、柳州（148 万人）、包头（163 万人）、南宁（190 万人）、乌鲁木齐（201 万人）、兰州（206 万人）、贵阳（257 万人）、昆明（322 万人）、西安（380 万人）、成都（390 万人）。通过构建城市集聚性指数，分析和测算 2012 年中国西部 11 个大都市的相对集聚程度，并以 2012 年为参照分析了近七年中国西部大都市集聚性变化。另外，还按照最远距离法，利用软件 Spss 19.0 对 11 个西部大都市进行了系统聚类分析。

---

　　① 重庆于 1997 年成为中国第四个直辖市，由原四川省重庆市、万县市、涪陵市、黔江地区合并而成，总面积较大，为 8.24 万平方千米。因此，许多经济指标与西部其他大都市并不具有可比性。

第一节 城市集聚性指数的构建

城市集聚性指数，是一个特殊的统计指标，与一般的统计指标相比有以下特征：第一，城市集聚性是由一组不同的数量指标通过某种方法联系起来（加权计算）所构成的一个统计的数量化指标。在这一点上，与物价指数有类似之处，都是把多种不同的统计指标联系起来形成一个共同的数量化指标。第二，城市集聚性指数具有近似性和动态性特征。由于事物及其变化具有多面性，不仅在理论思维上不可能穷尽事物的所有方面，在现实中也不可能获得所有的有关信息，而只能利用可获得的数据，通过有限的信息加以分析和度量，因此指数具有一种近似性特征。它可能近似地表明事物的主要动态变化趋势和一些主要的差别，但永远不可能精确而完整地度量事物的状态。第三，城市集聚性指数是一个横向比较"相对指数"，而不是一种纵向比较的"程度指数"。其并不是表明各城市本身"集聚程度高低"的绝对程度，而只是在比较各城市集聚性时，哪个城市的集聚性相对更高一些，哪个城市的集聚性相对更低一些，以及引起集聚程度高低的原因是什么，等等。

一、城市集聚性指数指标体系的构成

根据指标体系设计的基本框架和基本原则，设置的城市集聚性指数指标体系由经济集聚性、基础设施集聚性、环境集聚性、社会集聚性四个方面指标构成，共设置 14 个指标，见表 4 - 1，各指标的权重通过主成分分析法获得。

表 4 - 1　　　　　中国西部大都市集聚性指数指标体系及权重

目标层	准则层	指标/单位	权重
集聚性指数	经济集聚性	人均 GDP（X_1）/元	0.149
		第三产业比重（X_2）/%	0.127
		经济密度（X_3）/万元/平方千米	0.163
		市辖区 GDP/全市 GDP（X_4）/%	0.128
		人均财政收入（X_5）/元	0.157
		货运量（X_6）/万吨	0.091

续表

目标层	准则层	指标/单位	权重
集聚性指数	基础设施集聚性	每万人拥有公共汽车（X_7）/辆	0.143
		每万人拥有出租车（X_8）/辆	0.124
	环境集聚性	每万元工业总产值工业废水排放量（X_9）/吨	0.143
		每亿元工业总产值工业二氧化硫排放量（X_{10}）/吨	0.168
		每亿元工业总产值工业烟尘排放量（X_{11}）/吨	0.090
	社会集聚性	人均居住面积（X_{12}）/平方千米·每万人	0.151
		每万人拥有医生数（X_{13}）/人	0.100
		职工平均工资（X_{15}）/元	0.068

经济集聚性指标，包括人均 GDP、第三产业比重、经济密度、市辖区 GDP/全市 GDP、货运量、人均财政收入 6 个指标，分别从经济规模、经济结构、经济效益等方面反映经济活动的集聚性。其中，货运量从经济规模角度反映城市的集聚性，货运量越大表明该城市的集聚性程度越高；第三产业比重从经济结构角度反映城市的集聚性，第三产业比重越高，表明该城市的经济发展到了较高的水平，集聚性程度越高；人均 GDP、经济密度、人均财政收入均从经济效益角度反映城市集聚性程度。人均 GDP 越高、经济密度越大、人均财政收入越多，表明城市的集聚经济明显，集聚程度高。市辖区 GDP/全市 GDP 越大，表明该城市的集聚性程度越高。货运量、人均 GDP、第三产业比重均为市辖区统计数据；经济密度＝市辖区 GDP/市辖区行政区域土地面积；人均财政收入＝市辖区地方财政一般预算内收入/市辖区年末总人口。

所谓城市基础设施，是为满足城市物质生产和居民生活需要，向城市居民和各个单位提供基本服务的公共物质设施以及相关的产业和部门，是整个国民经济系统的基础设施在城市地域内的延伸（蔡孝箴，1998）。城市基础设施是城市生产、生活最基本的承载体，是城市物质形式最重要的组成部分，也是城市和乡村之间最显而易见的区别。因此，一个城市经济活动的集聚性，会最先体现在基础设施使用的拥挤程度上。中国在城市市政管理中，一般用城市市政公用设施代替城市基础设施，主要包括城市供水、供气、供热、公共交通等城市公用事业；城市道路、排水、污水处理、防洪、照明等市政工程；城市市容、公共场所和公共厕所保洁、垃圾和粪便清运处理等城市卫生事业；城市园林、绿化等园林绿化事业（张琦，2007）。考虑到中国西部市辖区人口 100 万人以上的大城市，在提供基础设施方面已基本达到均等化水平，本章只选取了两个最能反映城市基础设施（道路）使用拥挤程度的指标来反映城市的集聚性，即每万人拥有的公共汽车和出租车。这两项指标越高，表明该城市道路使用越拥挤，城市的集聚性程度越高。

环境集聚性指标，包括每亿元工业总产值工业废水排放量、每亿元工业总产值工业二氧化硫排放量、每亿元工业总产值工业烟尘排放量。城市环境问题与其集聚程度之间的关系，在城市发展的不同阶段呈现不同的特征。通常在城市发展的早期阶段，人口和工业企业开始在城市聚集，城市在生活和生产过程中产生大量的污染物质和废弃能量排入城市环境，导致城市环境污染逐渐加重。随着城市进一步发展，其集聚程度提高，对污染物质和废弃能量的处理会实现规模经济，城市环境问题能得到有效解决。因此，城市集聚程度与环境污染之间的关系呈倒"U"型曲线。本章的研究对象是中国西部市辖区人口100万人以上的大城市，这些城市集聚性与环境污染应当是负相关的，即城市集聚程度越高，环境污染越不严重。也就是说，环境集聚性指标中的三个指标值越低，表明该城市的集聚程度越高。

社会集聚性指标，包括人均居住面积、每万人拥有医生数、职工平均工资。人均居住面积少，表明城市可提供给居民的居住面积小，其拥挤程度高，相应的城市集聚性高；城市拥有医生数量的多少，可以从一个侧面反映其提供的社会服务的好坏。每万人拥有医生数多，表明城市提供的服务好，其集聚程度应该是相对较高的；职工平均工资高，说明一个城市的集聚程度相对较高。也就是说，人均居住面积与城市集聚性呈负相关，其他两个指标与城市集聚性呈正相关。

二、城市集聚性指数的测算方法

根据《中国城市统计年鉴（2013）》测算出各城市集聚性指数指标值，进行无量纲化处理。为了使城市集聚性指数跨年度可比，先就单项指标设定参照年份（本章参照年份设定为2012年），并设定基期年份各单项指标得分最大值和最小值分别为10和0，然后，根据每个城市的指标值确定它在0~10的得分，形成与该指标对应的单个指数。就一个单项指标而言，在基期年份各城市的得分最高为10，最低为0；在非基期年份，单项指标得分则可能超过10或小于0。再由属于同一方面的几个指数按照一定的权重合成方面指数。最后，由4个方面指数合为总指数。

根据指标值高低与城市集聚性程度高低的理论关系，计算指标得分的公式可分为两大类。当指数值高低与城市集聚性程度高低正相关时，得分采用第一个公式计算，即原始数据越高，指标得分越高，指标所体现的城市集聚性程度越高。

$$第 i 个指标的得分 = \frac{Vi - Vmin}{Vmax - Vmin} \times 10 \qquad (4-1)$$

当指数高低与城市集聚性程度负相关时，得分采用第二个公式计算，即原始数据越高，指标得分越低，在该指标所体现的城市集聚性程度越低。

$$第 i 个指标的得分 = \frac{Vmax - Vi}{Vmax - Vmin} \times 10 \qquad (4-2)$$

其中，Vi 是某个城市第 i 个指标的原始数据，Vmax 是与 27 个城市第 i 个指标相对应的原始数据中数值最大的一个，Vmin 则是最小的一个。

经过上述处理，各项得分均与城市集聚性程度正相关，即得分越高，城市集聚性程度越高；得分越低，城市集聚性程度越低。

第二节 西部大都市相对集聚性评价

对西部大都市区相对集聚程度的判断，通过与中国其他地区大都市的比较分析得出结论。其他地区大都市的选取，主要依据其人口规模，即选取人口规模与每组中西部大都市区人口规模最相近的城市，另外也考虑所处地区、行政级别等因素。最终选取其他地区 33 个大都市，加上西部地区的 11 个大都市，共 44 个，按人口规模分为 7 组，见表 4-2。

表 4-2　　　　　　　　根据人口规模划分的大都市区分组情况

组别	个数	西部城市及人口规模（万人）	其他地区城市
第一组	5	成都（390）、西安（380）	南京、沈阳、哈尔滨
第二组	4	昆明（322）	大连、苏州、济南
第三组	6	贵阳（257）	杭州、青岛、太原、长春、郑州
第四组	7	兰州（206）、乌鲁木齐（201）、南宁（190）	合肥、唐山、洛阳、吉林
第五组	9	包头（163）、柳州（148）	厦门、常州、鞍山、惠州、徐州、邯郸、临沂
第六组	6	呼和浩特（130）	珠海、温州、烟台、淄博、抚顺
第七组	7	南充（103）	芜湖、保定、齐齐哈尔、大同、新乡、潍坊

资料来源：国家住房和城乡建设部．中国城市建设统计年鉴（2013）．北京：中国统计出版社，2014.

依据本章提出的所列城市集聚性指数的指标、权重及计算方法，获得了 2012 年中国 41 个大都市集聚性相对指数的测算结果，见表 4-3。从测算结果看，第一组 5 个城市均为省会级城市，其中两个西部城市，成都市的集聚性总指数、基础设施集聚性指数、社会集聚性指数均排名第 1 位，经济集聚性指数和环境集聚性指数排名第 2 位，其相对集聚程度高；西安市的集聚性总指数排名第 4 位，仅高于哈尔滨市，各方面指数排名都靠后，相对集聚程度低。第二组 4 个城市，只有昆明市是省会级城市，但其集聚性总指数排名第 4 位，相对集聚程度低，由于是省会级城市的原因，基础设施集聚性指数排第 2 位。第三组 6 个省会城市，贵阳集聚性总指数排第 6 位，各方面指数排名也靠后。第四组 7 个城市，乌鲁木齐、兰州、西宁三个省会级城市集聚性总指数分别排名第 2 位、第 3 位、第 4 位，低于中部省会城市合肥，高于其他非省会城市。第五组 9 个城市，西部城市 2 个，其中，包头集聚性总指数仅低于厦门，主要是因为其经济集聚性指数较高，市辖区人均 GDP 在这 9 座城市中是最高的，其他三方面指数都比较低；柳州的集聚性总指数排名倒数第 2 位，相对集聚程度低。第六组 6 个城市，呼和浩特作为唯一省会级城市，集聚性总指数排名第 5 位，但其经济集聚性指数和基础设施集聚性指数较高，分别排名第 2 位和第 1 位。第八组 7 个城市，西部城市南充市集聚性总指数、经济集聚性指数和基础设施集聚性指数均为第 7 位，但其环境集聚性指数排名第 1 位，这可能和南充市的产业结构有关。南充市经济增长中，发挥主要作用的是第三产业和第一产业，第二产业对经济增长的贡献非常有限。2002 年以前，南充市的产业结构是"一、三、二"结构，2002 年以后是典型的"三、一、二"结构，只有 2006 年第二产业比重首次超过第三产业占到了 38.94%，且第二产业中几乎没有重工业（蓝英，徐邓耀，2010）。

表 4-3　　　　　　　　　2012 年 44 个大都市集聚性总指数和方面指数

城市	集聚性总指数		经济集聚性		基础设施集聚性		环境集聚性		社会集聚性	
	得分	排名	得分	排名	得分	排名	得分	排名	得分	排名
成都	11.57	1	3.92	2	1.77	1	3.91	2	1.98	1
南京	11.09	2	4.21	1	1.11	5	3.91	3	1.87	3
沈阳	10.80	3	3.70	3	1.36	4	3.93	1	1.81	4
西安	10.41	4	3.21	4	1.40	3	3.82	4	1.98	2
哈尔滨	9.32	5	2.57	5	1.45	2	3.62	5	1.68	5

续表

城市	集聚性总指数		经济集聚性		基础设施集聚性		环境集聚性		社会集聚性	
	得分	排名	得分	排名	得分	排名	得分	排名	得分	排名
大连	11.90	1	4.48	1	1.91	1	3.76	2	1.74	3
苏州	10.71	2	3.81	2	1.17	4	3.96	1	1.77	2
济南	10.69	3	3.67	3	1.42	3	3.66	4	1.94	1
昆明	9.54	4	2.70	4	1.81	2	3.75	3	1.28	4
杭州	12.30	1	4.65	1	1.63	2	3.88	3	2.13	2
青岛	11.70	2	4.29	2	1.56	3	3.94	2	1.91	3
太原	10.55	3	3.34	4	1.33	4	3.67	4	2.21	1
长春	10.32	4	2.78	5	1.86	1	3.95	1	1.73	5
郑州	9.72	5	3.46	3	0.92	6	3.63	5	1.71	6
贵阳	9.50	6	2.74	6	1.25	5	3.61	6	1.90	4
合肥	11.60	1	3.82	1	2.21	1	3.89	1	1.68	5
乌鲁木齐	10.31	2	3.18	3	1.94	2	3.58	5	1.62	6
兰州	9.69	3	2.50	5	1.56	3	3.66	2	1.96	1
南宁	9.29	4	2.78	4	1.04	4	3.62	3	1.86	2
唐山	8.67	5	3.22	2	0.48	7	3.21	7	1.75	3
洛阳	8.33	6	2.28	6	0.88	6	3.56	6	1.61	7
吉林	8.30	7	2.04	7	0.94	5	3.60	4	1.72	4
厦门	12.42	1	4.65	1	1.99	1	3.88	2	1.90	2
包头	10.51	2	4.10	2	1.44	4	3.37	6	1.61	7
常州	10.41	3	3.70	3	0.90	6	3.86	3	1.94	1
鞍山	8.82	4	3.01	4	1.45	3	2.93	7	1.43	9
惠州	8.58	5	2.21	7	0.93	5	3.93	1	1.52	8
徐州	8.56	6	2.46	6	0.54	8	3.77	4	1.79	3
邯郸	7.85	7	1.89	8	1.72	2	2.46	8	1.77	4
柳州	7.56	8	2.67	5	0.84	7	2.40	9	1.65	6
临沂	7.50	9	1.58	9	0.53	9	3.68	5	1.71	5

城市	集聚性总指数		经济集聚性		基础设施集聚性		环境集聚性		社会集聚性	
	得分	排名	得分	排名	得分	排名	得分	排名	得分	排名
珠海	10.06	1	3.91	1	1.56	3	3.93	1	0.67	6
温州	9.53	2	2.12	6	1.57	2	3.73	4	2.12	1
烟台	9.43	3	3.14	3	0.92	6	3.86	2	1.51	4
淄博	9.41	4	3.00	4	0.92	5	3.82	3	1.67	2
呼和浩特	8.90	5	3.52	2	2.31	1	1.66	6	1.41	5
抚顺	8.63	6	2.23	5	1.13	4	3.64	5	1.63	3
芜湖	8.69	1	1.93	3	1.20	2	3.81	2	1.75	3
保定	8.46	2	2.23	1	1.37	1	3.28	5	1.57	4
齐齐哈尔	7.90	3	1.43	5	0.87	5	3.69	3	1.90	2
大同	7.77	4	2.07	2	0.94	4	2.80	7	1.96	1
新乡	7.60	5	1.92	4	0.98	3	3.32	4	1.38	6
潍坊	6.82	6	1.32	6	0.85	6	3.27	6	1.38	7
南充	5.82	7	0.30	7	0.16	7	3.85	1	1.51	5

资料来源：国家统计局．中国城市统计年鉴（2007～2013）［M］．中国统计出版社．

总体上，除了成都和包头外，西部地区城市的相对集聚性均低于中国其他地区相同人口规模、相同行政级别的城市。

第三节　西部大都市集聚性的变化

根据前文的方法，进一步计算了2006～2012年西部大都市集聚性指数，见表4-4和表4-5，结果表明，2006～2012年西部大都市集聚性总指数排名明显上升的有成都、贵阳、南宁，分别上升了4个、4个、3个位次。成都市呈连续上升趋势，各方面指数排名均上升；贵阳市呈波动上升趋势，2006～2008年上升，2008～2010年下降，之后又上升；南宁市基本上呈连续上升趋势，主要源于环境集聚性指数排名上升，由2006年的第11位连续上升为2012年的第6位。2006～2012年，西部大城市集聚性总指数排名明显下降的有兰州、昆明，分别下降3个、4个位次。兰州市基本呈连续下降趋势，主要由环境集聚性指数下降引起，2006 年兰州市环境集聚性指数排名第 1 位，2012 年排名第 5 位；昆明市呈波动下降趋势，昆明市主要由经济集聚性指数变化引起，2006 年，昆明经济集聚性指数排名第 6 位，2012 年排名第 9 位。2006～2012 年，包头、南充的集聚性总指数排名基本没有变化。呼和浩特市的集聚性总指数排名波动最大，从 2006 年的第 7 位上升至 2009 年的第 1 位，之后下降到 2012 年的第 9 位，虽然各方面指数排名均有波动，但主要是社会集聚性指数波动发挥作用。其他城市的排序变化在 2 个位次或 2 个位次以内。

表 4－4　　　　　　2006～2012 年西部大都市集聚性排名及变化

城市	城市集聚性总指数位次							2008 年比2006 年上升	2010 年比2008 年上升	2012 年比2006 年上升
	2012年	2011年	2010年	2009年	2008年	2007年	2006年			
成都	1	1	1	3	3	6	5	2	2	4
包头	2	3	2	2	1	2	2	1	1	0
乌鲁木齐	3	2	3	4	2	1	1	-1	-1	-2
西安	4	4	4	7	6	3	6	0	2	2
贵阳	5	5	9	10	7	9	9	2	-2	4
兰州	6	6	7	6	5	4	3	-2	-2	-3
南宁	7	9	10	8	10	10	10	0	0	3
昆明	8	10	5	5	8	5	4	-4	3	-4
呼和浩特	9	8	6	1	4	3	7	3	-2	-2
柳州	10	7	8	9	9	7	8	-1	1	-2
南充	11	11	11	11	11	11	11	0	0	0

表 4－5　　　　　　2006 年西部大都市集聚性总指数和方面指数

城市	集聚性总指数		经济集聚性		基础设施集聚性		环境集聚性		社会集聚性	
	得分	排名	得分	排名	得分	排名	得分	排名	得分	排名
乌鲁木齐	8.45	1	2.54	2	2.56	1	2.13	6	1.22	7
包头	8.31	2	2.69	1	1.56	3	2.58	3	1.48	4
兰州	8.15	3	1.93	7	1.40	5	3.22	1	1.59	2

城市	集聚性总指数		经济集聚性		基础设施集聚性		环境集聚性		社会集聚性	
	得分	排名	得分	排名	得分	排名	得分	排名	得分	排名
昆明	7.77	4	2.02	6	2.20	2	3.21	2	0.33	11
成都	7.05	5	2.54	3	0.83	7	2.45	4	1.23	6
西安	6.65	6	2.08	5	1.09	6	2.43	5	1.06	8
呼和浩特	6.16	7	2.47	4	1.53	4	1.13	10	1.02	9
柳州	6.12	8	1.69	9	0.74	8	2.00	8	1.70	1
贵阳	5.13	9	1.69	8	0.64	10	1.30	9	1.49	3
南宁	4.07	10	1.67	10	0.71	9	0.45	11	1.24	5
南充	2.65	11	0.16	11	0.15	11	2.09	7	0.86	10

　　排名变化只反映了城市集聚程度相对位置的变化，有些城市排名发生变化，可能是自身集聚程度发生了变化，也可能是与其他城市的集聚程度发生了变化有关。事实上，各个城市集聚程度的变化，只有通过城市集聚性总指数得分的变化才能更准确地反映出来。尽管西部大都市集聚性排序有上升也有下降，但从总的集聚性指数得分看，2006～2012 年集聚性总指数平均得分由 6.41 上升到 10.29，提高 3.88 分，说明中西部大都市的集聚程度绝对提高。其中，成都、南宁、贵阳、西安集聚性总指数得分提高幅度较大，分别提高 6.23、6.07、5.63、4.95，高于平均提升幅度，见图 4-1。

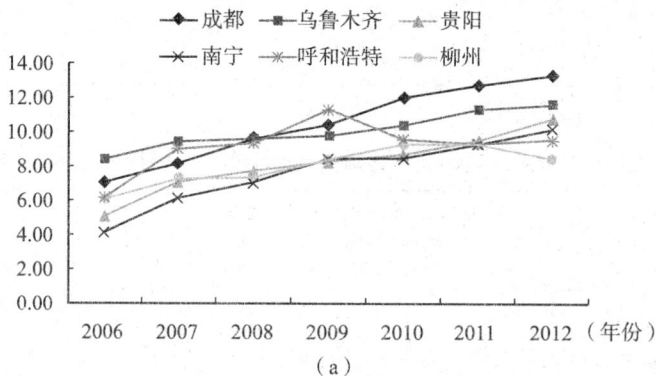

（a）

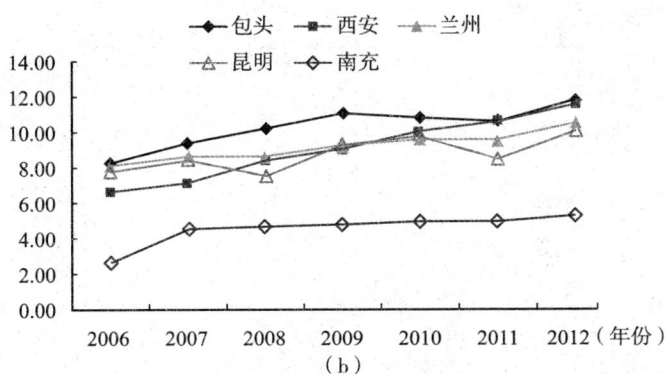

图 4 - 1　2006 ~ 2012 年西部大都市集聚性总指数得分及其变化

第四节　西部大都市集聚程度分类

将 2012 年西部大都市经济集聚性指数、基础设施集聚性指数、环境集聚性指数、社会集聚性指数四个一级指标得分作为 4 个变量，以 12 个西部大都市为对象，见表 4 - 6，按照最远距离法，利用软件 Spss 19.0 进行系统聚类分析，见图 4 - 2。

表 4 - 6　　　　　　　2012 年西部大都市集聚性总指数和方面指数

城市	集聚性总指数		经济集聚性		基础设施集聚性		环境集聚性		社会集聚性	
	得分	排名	得分	排名	得分	排名	得分	排名	得分	排名
成都	13.27	1	5.12	2	1.97	4	3.99	1	2.20	1
包头	11.76	2	5.29	1	1.61	6	3.27	9	1.59	8
乌鲁木齐	11.62	3	4.27	4	2.21	2	3.53	8	1.61	7
西安	11.60	4	4.03	5	1.53	7	3.90	3	2.14	3
贵阳	10.76	5	3.75	6	1.36	8	3.60	7	2.05	4
兰州	10.58	6	3.04	10	1.74	5	3.65	5	2.15	2
南宁	10.15	7	3.47	8	1.09	9	3.61	6	1.98	5
昆明	10.08	8	3.20	9	2.03	3	3.76	4	1.10	11
呼和浩特	9.50	9	4.32	3	2.67	1	1.27	11	1.24	10
柳州	8.49	10	3.62	7	0.84	10	2.38	10	1.66	6
南充	5.32	11	0.05	11	0.00	11	3.93	2	1.34	9

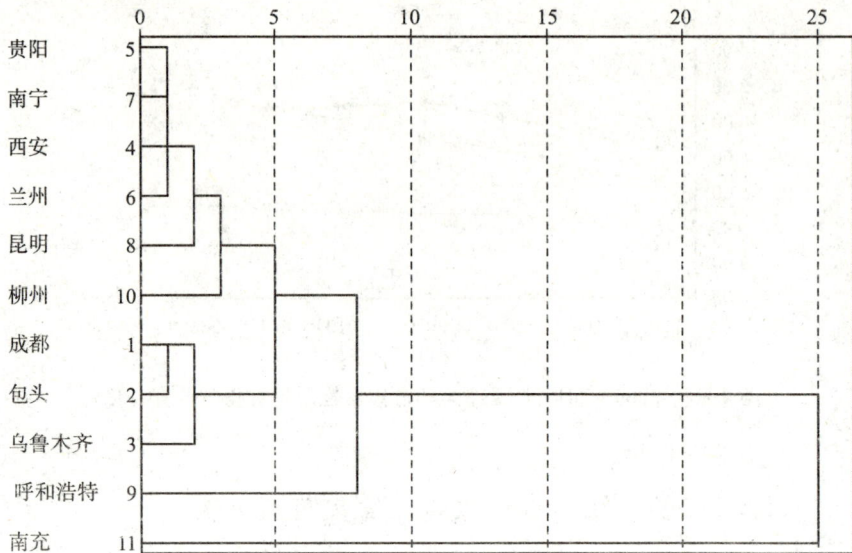

图4-2 2012年西部大都市集聚程度聚类系谱

注：使用完整连接的树状图重新调整距离聚类合并。

根据图4-2和表4-6中城市集聚性总指数的得分，将西部11个大都市的相对集聚程度分为五大类，见表4-7。

表4-7   2012年西部大都市集聚性聚类结果

类别	城市	类规模
一类	成都、包头、乌鲁木齐	3
二类	西安、贵阳、兰州、南宁、昆明	5
三类	呼和浩特	1
四类	柳州	1
五类	南充	1

第一类包括成都、包头和乌鲁木齐，相对集聚程度高。从表4-6中看出，这3个城市集聚性总指数排名前3位，各方面指数排名也相对靠前，与西部其他城市相比集聚程度高。从表4-3也可以看出，与全国其他地区相同人口规模的城市相比，这些城市的集聚性总指数和各方面指数排名靠前，相对集聚程度高。

第二类包括西安、贵阳、兰州、南宁、昆明，相对集聚程度较高。这类城市的集聚性总指数排名，在西部大城市中相对靠前，除昆明市外，其余城市的集聚性总指数得分均高于平均水平。

第三类包括呼和浩特，相对集聚程度较低，且集聚不均衡。西部11个城市中，呼和浩特市集聚性总指数排名第9位，经济集聚性指数和基础设施集聚性指数排名第3位和第1位，而环境集聚性指数和社会集聚性指数排名第11位和第10位。

第四类包括柳州市，相对集聚程度低。集聚性总指数和各方面指数排名均靠后，集聚性总指数得分均低于平均水平。

第五类包括南充市，相对集聚程度最低，集聚不均衡。集聚性总指数、经济集聚性指数、基础设施集聚性指数在西部11个城市中均排名最后，环境集聚性指数则排名第2位。集聚性总指数得分5.32，远低于平均水平10.29。

第五节　结论与政策含义

（1）与中国其他地区相同人口规模的大都市相比，西部大都市的相对集聚程度低，集聚不足。

本章选取全国建成区常住人口超过100万人的44个大都市作为研究对象（其中，西部地区11个），按人口规模分为7组，每组都包括1~3个西部城市，结果显示，除成都、包头、乌鲁木齐在其所在组中集聚性总指数排名靠前外，其他都在最后。

（2）2006~2012年，西部大都市的集聚程度明显提高，城镇化过程以集聚为主。虽然从集聚性总指数排名看，部分城市（成都、贵阳、南宁）的集聚性总指数排名明显上升，西部部分城市（兰州、昆明、柳州）明显下降或基本没有变化（包头、南充），但从集聚性总指数得分可以看出，西部大都市的集聚程度显著提高。2006~2012年，西部大都市集聚性总指数平均得分由6.41上升到10.29，其中，成都、南宁、贵阳、西安集聚性总指数得分提高幅度高于平均水平。

（3）2012年，中国西部11个大都市按其相对集聚程度可以分为五大类，第一类包括成都、包头和乌鲁木齐，相对集聚程度高；第二类包括西安、贵阳、兰州、南宁、昆明，相对集聚程度较高；第三类包括呼和浩特，相对集聚程度较低，且集聚不均衡；第四类包括柳州，相对集聚程度低；第五类包括南充，相对集聚程度最低，集聚不均衡。

　　研究结果为我们提供了若干政策含义：其一，随着东部较发达地区城镇化增速下降，城镇化率偏低的中西部地区增速将保持较高水平。在此阶段，必须十分重视城市的集聚性问题，对城市的集聚程度（或相对集聚程度）不能仅从表面作简单定性的表述，而要尽可能精确地测算，判断其是集聚不足，还是集聚过度，为大都市区管治提供政策依据。其二，在判断一个城市的集聚程度时，不仅要考虑城市集聚性总指数，而且要分析各个方面指数及各个指标的具体情况，探究引起一个城市（大都市区）集聚程度高或低的深层次原因，这样才能为城市管理者提供决策参考。其三，要注重对城市集聚性的纵向比较，即研究不同年份城市集聚程度变动趋势及原因，对这种变动趋势的性质作出判断，并能够从根源上促进或抑制这种趋势的继续发展。其四，从目前状况来看，经济集聚性在很大程度上决定着一个城市的集聚程度。因此，城市管理者和决策者在对城市集聚性进行调控的时候，就应当从构成经济集聚性的指标着手。也就是说，通过改变经济集聚性包括的指标，来促进或抑制城市集聚。其五，在今后的发展中，城市政府应高度重视环境问题，设法提高城市环境集聚性。这样，一方面，可以改善城市环境，另一方面，也表明通过环境集聚调控城市集聚程度有较大的提升空间。

参考文献

1. 蔡孝箴. 城市经济学（修订版）南开大学出版社，1998.

2. 蓝英，徐邓耀. 南充市产业结构与经济增长的实证研究. 西南石油大学学报（社会科学版），2010，3（2）：77 – 79.

3. 张琦. 城市经济学. 经济日报出版社，2007.

第五章

管治中存在的问题及管治理念

"西部大开发"以来，西部大都市区得到了相当快的发展，大都市区管治也取得了一定成效。但是，与迅猛推进的城镇化相比，西部大都市区管治的进展却严重滞后，大都市区管理体制依然存在许多突出问题，亟待完善和调整，从而直接影响到大都市区管治的效率和效果，本章在对大都市区管治中存在的问题分析的基础上，提出大都市区管治的理念。

第一节 存 在 问 题

"西部大开发"战略实施以来，西部地区城镇化进程加快，大都市区得到了相当快的发展，各种城市规划、管理的法规相继出台，大都市区的管治正在向法治化、民主化、科学化的方向发展。但是，伴随着大都市区的迅猛发展，不断涌现出城市蔓延、交通拥堵、环境恶化等城市问题。

一、"重建轻管""重宏轻微"的管治理念

当前中国的城市（大都市区）建设和管理中，主导思想仍然是比较注重城市管理的"硬件"——城市基础设施，而忽视城市管理的"软件"——人文环境的保护和人的素质的提高（杨成标，2005），西部地区表现尤为明显。"重建轻管"导致城市的无序蔓延、"城中村"的出现、资源浪费、交通拥堵

等问题的产生。以西安市为例，西安市有城中村 326 个，人口 46 万人，土地面积 960 公顷。截至 2009 年底，共完成 98 个整村 1800 万平方米的拆除整治工作（洪增林，2010），但仍有 228 个村子等待改治。截至 2009 年 5 月底，西安市常规公交拥有营运线路 188 条（含合作线路 48 条），线路总长度 3837.95 千米，线网密度 2.3km/km^2，营运车辆 5310 辆（含合作线路车辆 1401 辆）；出租汽车 12756 辆，经营企业 75 家（刘亚洁，2010）。另外，地铁 1 号线、2 号线分别于 2011 年、2013 年正式通车运行。尽管如此，西安市区几条主干线路的路段或者路口在交通高峰期交通拥堵状况十分严重。虽然导致西安市交通拥堵的原因是多方面的，但城市规划引起的公交线网布局不合理、交通管理不善等难辞其咎。

"重宏轻微"是指，注重宏观层面的管治，而忽视微观层面的管治。当前西部区域治理主要集中于整体规划等宏观层面，而对于大都市区周围地区，特别是村的治理等微观层面管治较少，致使有些都市外围地区形成二元结构。比如，双流县紧邻成都市中心区，但没有很好地与成都市的经济社会发展紧密结合，更没有充分利用双流国际机场的优势条件。另外，与成都市城区相比，县域内的社会基础服务设施和公共服务设施发展还不到位。除了东升、华阳的商业、文化娱乐、教育、医疗、体育等公共服务设施较为齐全外，其他乡镇公共服务设施配套缺乏，水平低。东部丘陵区各乡镇乡村公路的建设滞后，通达度不高。全县尚有 76 个行政村未通水泥路（王开泳等，2007）。

二、"后果导向"和"管家式"的管治模式

大都市区问题的解决，有两种不同的思路（诸大建，2004）：一种是针对事件的治标性的对策思路；另一种是针对原因的治本性的思路。治标性的对策思路把重点放在问题出现之后，往往采取突击的方式进行整治，也就是后果导向的大都市区管治模式。当大都市区的问题发生之后，迅速地采取应急措施予以解决是重要的，但如果没有把问题产生的原因搞清楚，那么，类似的事情还会不断发生。目前，中国西部地区对许多大都市区问题的处理就是这样的，其结果是清理时轰轰烈烈，但清理之后一切依旧。虽然我们目前应对大都市区发生的许多突发事件，都建立了应急预案，这与过去相比是一个巨大的进步。但是，这种思路依然是"后果导向"式的。治本性的决策思路则是把重点放在问题发生之前，强调针对大都市区各种问题（尤其是重复出现的问题）产生的根源，从源头上预防，这是一种"原因导向"的管治模式。这种模式特别

注重防止问题的再次发生。目前，中国西部地区大都市区管治，还没有从"原因导向"管治模式过渡到"后果导向"管治模式。

"管家式"的管治模式，即相当于我们通常所说的"好管家"，政府就充当这个"好管家"的作用，通过自上而下的垂直方式，包括对涉及城市经济发展各方面进行各种规制，如土地利用、环境保护、发展战略，并且提供各种基础设施和公共服务。但是，面对巨大的社会变革，信息社会的推进和全球化的深入使城市政府在原有的管理体制中越来越力不从心，已无法应对瞬息万变的社会。这种管理的滞后，已经给大都市区的发展带来了很大的负面效应，事实上，目前中国西部地区大都市区面对的许多问题，就是由于管理不善所造成的。

西部大都市区管治要适应新的形势，必须改变大都市区的管治模式。具体而言，就是要实现两个转变：由"后果导向"式管治转变为"原因导向"式管治，以建立大都市区的长效管理机制；由"管家式"管治转变为"企业家式"管治，形成以地方政府为首，广泛联合社会各个部门、阶层以及市民参与，最终形成一个多样化的大都市区管治结构。

三、不完善的管治体系

西部大都市区管治体系，可以从水平和垂直两个方面加以分析。西部大都市区在水平管治体系方面，主要存在的问题有：

第一，部分大都市区水平管治行政主体缺失。

大都市区的发展，一般经历三个阶段（谢守红，2004）：以集聚城镇化为主的大都市区形成阶段；集聚与扩散并行的大都市区形成阶段；多个大都市区的空间联合阶段。大都市区的规模在不断扩大，当超出了一定行政范围之后，就出现了没有明确行政主体的大都市区，由此导致大都市区管治主体的缺失。大都市区行政管治主体的缺失，是长期以来制约区域政策作用发挥的主要"瓶颈"（莫建备，徐之顺等，2005），由此导致了各地方行政主体各自为政，恶性竞争，使发展成熟的大都市区管治处于无序状况。

从前文西部大都市区集聚性判断可以看出，尽管西部大部分大都市区集聚不足，处于集聚城镇化或集聚与扩散并行的阶段，但也有部分大都市区发展到多个大都市区的空间联合阶段，如成渝大都市区。成渝两市构成典型的双核结构，重庆市、成都市两个地域相邻、规模相近、等级相仿，经济腹地相交，再加上地理特点、文化、资源等方面存在很多相似性，因而在其各自的发展过程中，必然在城市功能、产业发展、吸引国内外投资、重大基础设施配置、腹地的争夺等方面形成直接的竞争关系（戴宾，2011）。这种竞争主要表现在两个方面，其一，市场保护。目前，很多地方政府都不同程度地存在限制外地商品进入本地市场的行为（余长惠，2010）。

第二，管治的监督机制薄弱。

现行的监督机制大多是内部的自查、自纠，对权力的监督主要以行政体系内部的自纠自查、自我监督为主，其中，包括上级对下级的监督和部门的自我监督，而这两种监督的衔接和自身监督又不甚完善。尽管有些部门已经实行政务公开制和网上公开财务状况，但监督制度本身具有的缺陷、信息的不完全透明以及对新闻媒体严格的管制制度等，基本上没有形成对大都市区管治有效的监督约束，不可避免地在实施过程中因行政干预和行政负责人更替而导致个人意识对大都市区管治的影响。

垂直管治体系，弊端主要表现为：

第一，体系内部分工权限界定不清楚，责任划分不明确（黄光宇，张继刚，2003）。

各个部门遇到"有权可图、有利可图、有费可图"的项目都伸手，都争发言权；遇到麻烦和责任，需要出力、出资、出财的项目都推诿、拖延。而这种矛盾和冲突又往往发生在业务联系紧密，最需要密切配合的部门之间，如国土局与规划局、园林局与旅游局、工商局与城管、交警与城管等。实际上，对部门利益的维护，已经被默认为一个领导工作能力甚至是"政绩"的重要参考因素，而部门之间利益的权限界定不清和缺乏管治的法定程序，又为争夺部门利益提供了空间和可能。

第二，区域管理在行政体系中没有对应机构和协调机制。

在中国的行政体系中，没有区域管理对应的机构和协调机制（黄光宇，张继刚，2003）。涉及城市与区域发展规划的有"土地利用规划""城市规划"和"区域规划"，其中，"土地利用规划"和"城市规划"分别由国土部门、住房和建设部门管理，而对城市与区域发展有重要影响的"区域规划"则没有相应的机构管理。由于缺乏区域规划强有力地指导和区域间的密切协作，城市体系规划就缺乏科学基础和依据，城镇体系规划也就很难实施。由此，导致在一定区域（尤其在一个大都市区）范围内，城市之间各自为政，而对整体效益的发挥重视不够。不仅不能实现区域资源的优化组合与配置，而且影响到区域生态环境的平衡、污染的治理，以及城市特色的维护。

第三，大都市区县级政府自主权在扩大，对市县之间的行政隶属关系产生冲击。

在计划经济体制下，城市政区之间的经济联系，主要发生于有隶属关系的上下级行政区之间，城市政府对下级县（市、区）有经济干预权。而经济体制改革后，生产要素在地域之间可以相对自由地流动，中心城市和下属的县（市）均成为独立性较强的利益主体。在经济发达的地区，中心城市下属的县（市）拥有较强大的经济实力，而不再愿意被中心城市所支配，要求在行政上有更大的自主权（顾朝林等，1999）。在市场、资源、人才等方面，市县（含县级市）之间的竞争和利益冲突日趋激烈，中心城市与县之间实际上的竞争与形式上的隶属之间的矛盾在不断加深，各级政府之间要求建立的是有充分自主权、自下而上的联合与协作的伙伴关系，而不是有严格等级层次的隶属关系。

四、以政府为主的城市管治结构

由于大都市区管治理念的"单一化"，城市政府被认为是城市管理的唯一主体，这是中国大都市区管治中存在的普遍现象，西部地区表现尤为明显。在以政府为主的城市管治体系下，面对涉及经济、社会、环境等方面的城市问题时，政府经常会出现"管不好""管不了"和"不该管"的现象，而企业、个人、社会组织等则没有能够有效地参与大都市区管治。

（一）政府的"越位""缺位"和"错位"

大都市区管治中，普遍存在着"越位""缺位"和"错位"的现象（杨成标，2005），即所谓"有利的事争着管，无利负责任的事没人管"。"越位"是政府插手不该管的事情，以及运用本部门的权威和其他便利条件，制定某些符合部门利益的规章制度，管了许多不该管的事。"缺位"是政府部门应该管理的领域却又没有部门管理，如建立和完善社会信用秩序，给失业者、贫困者等社会弱势群体提供最低收入保障，提供充足的公共品和各种社会服务，政府的工作却经常不到位。"错位"是政府与企业、市场分工不清，行使了一些不该由政府行使的职能。政府管理虽然达到了预期目标，但投入与产出比例失调，管理成本高昂（周捷等，2001）。

（二）非政府组织独立性不强

在"强政府、弱社会"的城市管理体制下，城市各类社会组织发育相对迟缓，各种功能也不够健全。有些社会组织是在政府管理部门培育和推动下产生的，由于这些组织与政府部门有千丝万缕的联系，社会组织很难拥有独立的意志和活动，不得不将相当一部分时间和精力用于完成本来需要政府部门完成的工作，而在发动市民参与城市管理方面又相对有限；非政府组织的独立性大于依赖性；对政府部门的挂靠过紧；社会角色的多重性，营利性与非营利性集为一体；自我规范性不够，自律性不强，社会监督缺位。其结果是难免有部分非政府组织违法乱纪现象严重（安瑞娟，屈巍，2004）。

（三）公众参与度不高

公众参与是对大都市区进行良好管治的一条重要途径。尽管城市居民由于素质的提高，参与城市管理的意识也有了较大增强，但是，由于受传统文化等因素影响，绝大多数市民的行为仍呈现出明显的顺从性与依赖感，没有形成良好的公众参与机制，加之受权限的约束，公众参与仅限于有限范围之内，所采取的程序非常复杂，而参与形式又很单一；公众参与的深度不够，除了少数大集团外，无论是市民、利益集团以及规划人员只有参议权，而没有决策权；公众参与机制不健全，现有的公众参与在很大程度上还停留在向公众公示、告知的阶段；公众对参与各种城市管理活动，缺少主动性和积极性，"事不关己，高高挂起"，不愿意付出金钱与精力，更不愿意发起参与城市管理活动。

（四）灾害应急处理机制不完善

应急机制是指，为有效预防、及时应对和减少突发公共事件危害而建立的应急体系和公众运行机制，是应对给人类生存和公共利益造成重大威胁和灾难性后果事件的控制系统，是国家抵御各类自然灾害和技术性灾难等防御系统中的有机组成部分。纽约市的危机管理办公室、柏林的多级别应急管理体系在城市治理中都发挥了重要的作用，但中国西部地区应急管理体系还不太完善。

五、管治手段单一，管治技术落后

与"重建轻管"的管治理念和"管家式"的管治模式相对应，西部地区城市以行政工具为大都市区主要的管治手段，行政管理方法深入大都市区管治的各个方面，而对于法律的、咨询的、规划的、信息的等管理方法重视不够

（叶南客，李芸，2000）。

大都市区管治中对行政手段的过分依赖，既造成了权力过于集中，不利于发挥企业、非政府组织、市民等的积极性和主动性，导致这些管治主体之间缺乏沟通和联系，也容易使大都市区管治中的各种矛盾集中于政府。这就需要充分运用行政、经济、法律、咨询等各种手段，实现在管治方法上由单一性向多样化的转变。

城市管治技术是一个综合性概念，它包括硬件和软件两个方面。随着信息时代的到来，城市治理的智能化程度越来越高，并处处给城市居民带来方便。例如，在国外发达城市一般都建立有电子泊车系统，收费路桥建有电子收费系统，垃圾处理方面实行分类收集，多形式处理处置，并且同资源的再生利用相结合，等等。与此相比，西部地区在城市管治技术方面的差距较大，一方面，是受到经济发展水平的制约，许多硬件跟不上；另一方面，软件则更落后，这就造成已有硬件设施不能充分发挥其效用。

六、城市多民族社区增加，社区民族工作难度加大

城市多民族社区，是指由两个或两个以上具有一定人口规模的民族居民构成的地域性社会生活共同体，并且作为组成部分的任意一个民族，能够参与社区共同的社会生活，以本民族特色对社区生活产生影响（单菲菲，2011）。从新中国成立至20世纪90年代，城市多民族社区主要为历史形成的传统多民族社区和"单位制"形成的多民族社区。前者指一些少数民族历史迁徙过程中在一些城市内聚居生活而形成的社区，如北京市牛街、南京市"七家湾"社区、西安市的回民街等。后者指计划经济时期，中国城市基层实行了"单位制"管理体制，职工住房由单位进行分配，使得一些有较多少数民族职工单位的住宅区成了多民族社区，这种现象在民族地区多民族聚居的城市更为普遍。20世纪90年代后，城镇化进程迅速推进，使得城市多民族社区存在形态更为多样，出现了三类新型城市多民族社区：（1）"转制"多民族社区。指政府为了推进城镇化发展，对"城中村"及城市周边村镇进行改制的一种过渡性社区。由于一些"城中村"及城市周边村镇本身就是多民族社区，所以也就转变为城市多民族社区。（2）住房制度变革产生的多民族社区。随着"单位制"的消解，单位福利分房也被住房的商品化和社会化替代。商品房的自由经济属性和利益性，决定了一些少数民族居民在购房时最关注的是房价和舒适度，而不是民族因素，使得城市中出现了一些多民族社区。（3）少数民族流动人口

聚集形成的多民族社区。一些少数民族流动人口在所流入城市长期生活，并且因为血缘、宗教等因素聚居相对集中，也促使当地的社区多民族化（单菲菲，王学锋，2014）。

"西部大开发"推进了西部地区城镇化进程，再加上本身少数民族众多，使西部大都市区内的多民族社区迅速增加。与单一民族社区相比，城市多民族社区成员具有不同宗教信仰、不同风俗习惯和不同兴趣爱好，异质化程度较高，社区内民族关系日益复杂、敏感，发生摩擦、冲突的概率较大。正确处理社区民族工作，是新形势下西部大都市区政府不可回避的重要问题。

第二节 管治理念

当大都市区管治重点由"经济主导型"向"社会主导型"转变之后，大都市区管治的手段和方法也由单一性向多样化转变，从国外大都市区管治的经验以及中国大都市区发展趋势看，当前中国大都市区管治的理念将不断地趋向于市场化、民主化、柔性化、信息化（杨戌标，2005；叶南客，李芸，2000）、"人本化"和"能本化"。

一、市场化

管治的市场化，就是要引入市场化机制，作为建立在市场化基础上的大都市区管治，必须适应和服从市场化要求，同时，市场化要求也几乎可以覆盖大都市区的全部领域（吴旭，2002）。新公共管理理论认为，市场不仅在私营部门存在，也在公共部门内部存在；政府不再是凌驾于社会之上封闭的官僚机构，而是负有责任的企业家，公民则是其"顾客"和"客户"。政府要树立以顾客为导向的市场营销和社会营销意识，大都市区管治的目标也不再是单纯地维持城市的秩序稳定或单纯地增强城市经济活力，而是达到大都市区秩序与活力的协调统一。政府要退出直接的市场竞争，把大都市区管治推向市场，通过行政的、法律的、经济的、咨询的等各种手段为纳税人提供协调与服务。政府不再是所有经济、社会资源的唯一控制者和一切经济、社会活动的唯一组织者，而是以一个矛盾协调人、服务者的身份出现在企业、团体和市民面前，让更多的私营部门参与公共服务的供给。

二、民主化

管治的民主化，在某种程度上也就是管治的社会化，即将大都市区管治的公共行政权力向非政府组织和市民转移。托马斯·杰弗逊说过："我不相信世上有比把权力放在人民手里更安全的做法。如果我们认为人民没有足够的智慧去行使权力，解决的办法不是把权力拿走，而是开启他们"。① 中国传统的大都市区管治是单线型的政府行为运作，而随着城市法治化、民主化进程的加快，现代大都市区管治越来越需要市民和非政府组织的参与，而市民和非政府组织参与城市管治的积极性也不断增强。因此，必须加快简政放权的步伐，把大部分城市公共管理和公共服务的权力转让给市民和非政府组织。

确立管治民主化的理念，首先，要明确大都市区的主体是市民，管治目标也是市民，市民既是管理者也是被管理者，既是问题产生的原因也是问题解决的办法；其次，市民参与大都市区管治必须要有一定的组织和渠道，如各类社团、行业协会、社区组织等；最后，市民的参与是大都市区管治的基本条件，民主理念下的大都市区管治，强调的是对话、调和、双赢，大都市区管治作为一种直接面向公众的管理，其形式必须是双向的、互动的，离不开公共参与。大都市区管治的民主化过程一般通过两种方式实现：一是群体社团的集体参与；二是市民志愿者的个体参与。

社区民众参与大都市区管治的理念，就是强调"使用者参与"，主张可能会被这个规划和管理决策所影响的人，都应该进入决策过程之中，使大家能获得平等的发展机会，并且共同创造一个满足使用者需求的环境。这种"使用者参与"的理念，对于参与者及其所处的社会也将产生正面效用，由于参与是造就健康生活环境的工具，居民经由与其他个体共同塑造邻里合作的经验中，改善了邻里居民间共同工作的能力，更强化了集体行动的能力，而有机会形成一个强而有力的参与性社区或邻里；另一方面，对于城市发展而言，参与有助于社区建设的深化即规划目标与策略的正确性，符合以市民价值为主的社区目标，从而提高大都市区管治水平。

管治的民主化，其实质是政府单一主体向多方参与的转变，这是大都市区发展中各部门协作的结果。其他因素在很大程度上也影响了这种利益相关者模式的成功。其先决条件是吸收所有的参与者并达成协议，每个参与者在合作关

---

① 杨成标. 中国城市管理研究：以杭州市为例. 经济管理出版社，2005.

系中都有自己的利益。缺乏透明度、不信任和腐败的出现，都会减少管治联合方式成功的可能性（曼纳·彼得·范戴克，2006）。

三、柔性化

柔性化理念，意味着更加突出以人为中心的发展。管治的柔性化，包括两方面的内容：一是服务型的亲和管治；二是更加强调人的素质、文化品位的提高。

服务型的亲和管治，既是一种新的管治理念，也是一种具体的管治方法（杨成标，2005）。与计划经济时期的管治方式相比，柔性化的管治理念以市民需求为导向，更多关注市场规则的完善和环境的维护，为社会的正常运转提供良好的服务和保障；从广大市民的切身利益出发，缩短与市民之间的距离，尤其是面对目前大都市区比较突出的弱势困难群体，在管治过程中不能将其作为管治的对立面，而是通过大量的说服教育工作，在生活上给予更多的关心和帮助。

与过去工业化社会中注重物质生产，忽视精神生活，注重统一格式的大批量制作，忽略个性化、多元化要素的生长相区别，大都市区的柔性化管治，不仅重视城市硬件的建设管理，更加强调人的素质、文化品位的提高和精神生活质量的改善，更加重视信息、服务等非物质的价值，以及更多样化的、多功能的、个性化的附加价值。

四、信息化

管治的信息化是指，依托现代化信息技术，用数字化、网络化的手段来处理、分析大都市区管治中出现的问题，管理整个大都市区，确保大都市区的人流、物流、资金流、信息流能够高效运转，使大都市区接近最佳管理状态。国外较早的管理理论认为（白冰冰，2003），城市管理的对象是人、财、物、生态四大要素，后来又加上了信息和时间，现在又加上了城市文化和管理方法等新的要素。近几年来，城市学者普遍认为，要解决越来越复杂的城市管理问题，就要靠现代化的综合计划和控制方法、手段。大都市区管治中呈现的科学化、信息化、法治化、系统化的特征和趋势，既是管治现代化的重要标志，又是信息社会对大都市区管治理念转变的必然要求。大都市区管治的信息化，主要是针对政府而言的，通过管治的信息化，加强信息的获取、处理、分析能力，提高科学决策水平，建立起完善的政府信息数据库、专家决策咨询体系，提高政府决策的科学性和民主性。

（一）政务运行从封闭到公开

政务运行从封闭到公开，首先，是实现城市管理部门的政务公开。将部门职能、管理法规、办事程序、办理时限等政务信息在城市管理公众信息网上公开发布并定期更新，方便市民了解和监督。其次，是城市管理的重要信息和重大项目公开，增进市民在城市规划、建设管理上的知情权、参与权、监督权、选择权。城市管理运行的公开化，有利于建立"公众参与、社会监督"的良性机制，广泛动员人民群众参与到大都市区管治中来，使城市建设与管理活动在"公平、公正、公开"的原则下进行。

（二）信息指向从单向到互动

从"以人为本"的角度出发，市民应成为大都市区管治活动的参与者和管治成果的受益者。在传统管治模式下，管治信息主要表现为单向流动，即管理部门（尤其是政府部门）居于信息形成和发出的主动方，市民和社会单位主要作为被管理对象而存在，是信息的被动接受者。这一方面，使管理信息只注重政府意愿的表达，而忽视市民、非政府组织和企业等管治主体意愿的表达，使大都市区管治缺少民主参与，最终形成以行政手段为主的单一主体的管治结构；另一方面，由于这种传递的单向性特征和传递手段的落后，在管治工作中一些具体问题的解决和业务工作的开展，都需要双方"面对面"，交易成本高，沟通效率较低，客观上影响了大都市区管治的效率。信息化条件下的大都市区管治，通过管治主体之一——城市政府管理机关办公系统与公众网的结合，实现政府管理部门和市民间互访和网上信息交换，有助于这些部门与市民之间建立迅速而便捷的沟通机制，实现网上申请、审核、审验、注册等电子政府目标，通过管理者和服务对象的在线交互工作，减少办事过程中的人为干扰，有利于实现从"管理"至"服务"的政府职能转变。

五、"人本化"和"能本化"

管治是建立在管理理论基础上的，现代西方管理理论先后经历了"经济人—社会人—能力人"的转变（顾朝林，2001）。西方第一代管理理论，是以"经济人"假设为基础和前提的"物本"管理，即认为人是"经济人"，是经济动物，只要满足人对金钱和物质的需求，就能调动其积极性。基于这种认识，管理理论注重实行"物本"管理，特点是见物不见人，重物轻人，把人当作工具和物来管理。第二代管理理论，是以"社会人"假设为基础和前提的"人本"管理，认为企业不再单纯是一种经济组织，人不单纯是创造财富的工具，人是企业最大的资本、资产和财富，是企业的主体，因此，管理应采取"以人为本"的企业文化方式。在西方发达国家，人们对物质方面的兴趣开始淡薄，而对人的创造能力的关注日益增长。作为人的最高需求的自我实现正成为西方人追求的重要目标。要实现这个目标，就是挖掘人的潜力，发挥人的创造能力和智力，把人塑造成为"能力人"。据此，大力开发人力资源，充分调动人的智力因素，培养和发挥人的工作能力，营造一个能发挥人的创造能力的环境，成为第三代管理理论的重点。在这种背景下，鉴于中国大都市区管治所处的阶段，一方面，要注重经济手段的发挥，另一方面，要适应国际管治形势的变化，及时实现管治理念由"物本化"向"人本化"和"能本化"的转变。

参考文献

1. 安瑞娟，屈巍. 中国非政府组织发展中现存问题分析. 哈尔滨商业大学学报（社会科学版），2004（2）：78 - 80.

2. 白冰冰. 论现代信息技术与城市管理理念转变. 前沿，2003（2）：27 - 30.

3. 戴宾. 成渝经济区合作需要处理好两个关系. 中国西部，2011（1）：34 - 37.

4. 顾朝林. 发展中国家城市管治研究及其对我国的启发. 城市规划，2001，25（9）：13 - 20.

5. 顾朝林等. 经济全球化与中国城市发展——跨世纪中国城市发展战略研究. 商务印书馆. 1999.

6. 洪增林. 城中村改造模式及效益研究——以西安市城中村改造为例. 西安建筑科技大学学报（自然科学版），2010，42（3）：431 - 436.

7. 黄光宇，张继刚. 中国城市管治研究与思考. 载于顾朝林，沈建法，姚鑫等. 城市管治——概念·理论·方法·实证. 东南大学出版社，2003.

8. 曼纳·彼得·范戴克. 新兴经济中的城市管理. 中国人民大学出版社，2006.

9. 莫建备，徐之顺，曾骅等. 大整合·大突破——长江三角洲区域协调发展研究．上海人民出版社，2005．

10. 单菲菲．试析社会资本与城市多民族社区治理．北方民族大学学报（哲学社会科学版），2011（3）：76－79．

11. 单菲菲，王学峰．城镇化背景下城市多民族社区认同研究．中南民族大学学报（人文社会科学版）2014，34（5）：27－31．

12. 王开泳，陈田，袁宏等．大都市边缘区城乡一体化协调发展战略研究．地理科学进展，2007（1）：109－111．

13. 吴旭．引入城市管治理念　创新城市管理思维．城乡建设，2002（2）：20－21．

14. 谢守红．大都市区的空间组织．科学出版社，2004．

15. 杨戍标．中国城市管理研究：以杭州市为例．经济管理出版社，2005．

16. 叶南客，李芸．战略与目标——城市管理系统与操作新论．东南大学出版社，2000．

17. 余长惠．成渝经济区地方政府合作探析．长江师范学院学报，2010，26（2）：119－122．

18. 周婕，龚传忠．基于管治思维的中国城市建设行政管理体制．城市规划，2001，25（9）：29－33．

19. 诸大建．管理城市发展：探讨可持续发展的城市管理模式．同济大学出版社，2004．

第六章

管治结构与模式

《中华人民共和国国民经济和社会发展第"十三五"个五年规划纲要》提出，把深入实施西部大开发战略放在优先位置，更好发挥"一带一路"建设对西部大开发的带动作用。发展西部经济，搞好西部大都市区管治工作是"十三五"期间，乃至更长时期深入实施区域发展总体战略、走新型城镇化道路的重要体现。城市管治强调各种社会力量之间的权利均衡与互动，分析大都市区管治的构成要素及其相互关系，以及不同层级、不同主体之间的权利互动关系，从管治对象、管治目标、管治主体、管治过程等方面提出西部大都市区的管治结构；在借鉴国内外大都市区管治模式的基础上，总结提出西部大都市区管治的模式。

第一节 管 治 结 构

大都市区的形成是城镇化发展到一定阶段的必然产物，它的良好发展需要有一个科学的城市管治结构作为基础，其主要由管治对象、动机（目标）、主体、体系、过程、绩效等方面组成，跨国公司、非政府组织、政府间组织以及市民等以其所拥有的"公共资源"，逐渐成为大都市区管治的重要参与者。

一、管治对象

基于管治的含义和中国大都市区管治的特殊性（安树伟，2007），西部大都市区管治的对象是面向西部大都市区公共物品和公共事务的管治，这一管治对象涉及经济、社会、环境、空间等各个方面。由于中国西部地区整体经济发展水平低，由此导致西部城市基础设施建设乏力，基础设施落后，迫切需要从根本上提高居民的生活水平，促进就业，创造良好的人居环境。因此，经济管治、社会管治、环境管治，都将是西部大都市区管治的重点。其中，经济管治是搞好其他方面的基础。

二、管治目标

西部大都市区管治的总目标，是不断提高大都市区管治的现代化水平，达到经济效益、社会公平、生态和谐的兼顾，努力建设成为特色优势产业发展的重要基地、统筹城乡改革与发展的示范区域、生态文明建设的先行区域，实现西部大都市区经济社会的全面、协调、可持续发展。

具体目标有：（1）优化西部大都市区的产业结构，遏制其呈现逆向调整的状态，将经济发展由粗放、高碳型向集约、节能型转变，大力发展西部地区现代产业体系；（2）针对西部大都市区城乡二元结构问题和农村贫困问题突出的状况，努力缩小城乡差距和区域差距；（3）完善大都市区的基础设施，围绕建立贯通国内外的大枢纽和大通道，加快构建西部现代化基础设施体系；（4）加大西部生态环境保护和建设的力度，积极推动清洁发展、循环发展、安全发展，构建适宜人类居住的生态环境；（5）发展成为以改善民生为重点的西部大都市区，切实解决教育、医疗卫生、就业、社会保障领域存在的突出矛盾，提高大都市区的公共服务水平；（6）着力解决西部大都市区中多民族聚居区存在的突出问题和特殊困难，构建和谐的西部大都市区；（7）增强西部大都市区的辐射能力，从而带动整个西部地区的经济社会等各个方面的协调发展；（8）构建适应西部大都市区发展的管治体系，降低政府的主导力，增强社会组织、市民等的参与性；（9）建立良好的大都市区形象，发展西部优势产业和特色产业，提高核心竞争力，寻求其在全国乃至全世界的地位；（10）协调好西部大都市区之间的合作竞争关系。

三、管治主体

目前，中国西部大都市区的管治，单纯地依赖于政府，通过政府可以调动大量的资源，利用行政指令、政策对大都市区的经济、社会事务进行管理。这种单一主体的管治模式的好处在于，可以集中力量办大事，在一定发展阶段体现了高效率、高速度的优势，尤其是对重大活动和重大项目的举办，如2011年西安世界园艺博览会，优势尤为明显。但随着城镇化的发展，传统的政府主导的城镇化管理模式也会出现犹如"政府失灵"等问题。这一政府单一主导的管理模式，已不能适应城市的发展，它不能满足市民等对公共产品日益多样化的需求，并且由于政府事务众多，也会造成所提供的公共产品质量差、管理成本高等一系列问题。此外，"西部大开发"推进了西部的城镇化进程，大量的少数民族人口进入城市，城市内多民族的社区增加，社区民族关系日益复杂和敏感，对城市社区民族工作提出了挑战，正确处理社区民族工作是新形势下西部城市政府不可回避的重要问题。因而，需要通过引进私营企业、第三部门等新的组织要素，建立由政府、企业、社会组成的多元化主体的大都市区管治结构，可以有效地弥补市场失灵和政府失灵。

（一）政府

在现代社会中，政府不再是唯一的管理者，而是有着自己利益追求的重要参与者。在多元化主体的大都市区管治结构中，政府依然处于核心地位，是大都市区管治中最为重要的主体。由于职责所在，政府是大都市区管治当中不可替代的组织者、引导者、维护者（王佃利，2009），政府的行为决定和影响着其他大都市区管治主体的活动方式和活动效果，要充分发挥政府的调控作用。饶会林（2003）从城市管理系统观念出发，结合城市管理的最新发展，把城市管理职能归纳为导引、规范、治理、服务和经营五大职能。城市政府在大都市区管治中也应承担这五大职能，中心职能是协调。

在市场经济体制下，政府在城镇化中的最大作用，是生成、催化与提升市场力量。结合中国西部的实际，政府应根据城市功能对城市环境的要求，通过市场机制，对城市中可用来经营的资源和资产进行重新组合和优化配置，以实现这些资源和资本最大化与最优化使用，从而实现城市建设投入和产出的良性循环和城市的可持续发展。

另外，要在西部大都市区构建服务型政府。首先，服务型政府是一个法治政府，也就是说，政府应该依法行政，在法律规定的范围与领域内行使职权；其次，服务型政府是一个"掌舵型"政府，也就是说，政府核心职能是公共决策与公共领导，因此，厘清政府与市场的界限，转变政府职能，将可以由市场调节的职能交还给市场，通过市场调节来发展大都市区经济，与此同时能够带动大都市区内部、外部经济发展；再次，服务型政府是一个"民本"政府，也就是说，政府应当把市民视为服务对象，在行使政府职能过程中秉承"以民为本、以客为尊"的服务理念，尽量满足民众的服务需求，以民众的满意度为考核政府政绩的重要标准，为居民提供良好的公共产品与服务；最后，服务型政府还是一个责任政府，也就是说，政府作为利用公共资源行使公共权力的机构，在明确权限的同时，也要承担相应的责任，做到权责一致，并且要接受广大民众的监督（赵曦，2010）。

（二）盈利组织

在管治的市场化理念下，过去一直承担私人产品与私人服务的生产和经营任务的以私营企业为代表的盈利组织，也开始有条件地承担一定的公共产品和公共服务的生产责任，成为大都市区管治的一个主体。企业参与城市（大都市区）管治，就是企业与政府及市民社团建立合作伙伴关系，运用其技术、管理、资本等各方面优势，在社会福利、环境保护、教育等领域支持公益事业、参与公共事务、参与基础设施建设或提供公共服务等（孙荣，徐红，邹珊珊，2007）。

政府作为公共权力的载体，长期以来在公共事务管治中占据着主导地位，扮演着社会福利和其他公共服务的提供者，而企业及非政府组织一直处于城市（大都市区）公共事务管治的边缘地带（陶希东，2005）。随着区域竞争日趋激烈，地方政府往往需要大量投资以发展经济，所以会面临财力不足的问题，需要企业及非政府组织的协助。作为经济领域的主导者，企业参与大都市区管治，一方面，是企业社会责任的要求，另一方面，也是维护其利益的重要措施。大都市区管治需要企业在经济方面的支持，也需要企业履行其社会责任。企业作为大都市区管治的主体，正发挥着越来越重要的作用。

以营利为目的的私营企业，可能使民营化的公共服务在"最高效率、最低成本"的指导下，忽略了社会责任和公共利益。因此，在现代大都市区管治过程中，必须注意强化以营利为目的的私人企业的公共责任（钱振明等，2005）。

中国西部大都市区经济实力与中部、东部相比，差距依然较为明显，因而如果单纯地依靠政府来提供公共产品将会存在较大的压力。以企业为代表的盈利组织的引入，不仅可以分担政府财政方面的压力，而且，可以提高城市管理的效率和效益。以企业为代表的盈利组织的特点是，这类组织所控制的资源归企业的所有者，因而是一种非公共资源（诸大建，2004）。企业在城市管理中的职能主要是经营，配合政府为城市管治提供更多的公共物品和服务，从而克服政府包揽公共事务管理的传统弊端。同时，企业在提供公共产品和服务的过程中，要承担对员工、社会和环境的责任，不能以损害社会公众的利益来取得经济效益。具体而言，企业的这一职能主要包括两个方面：一是承担城市作业任务。如对城市运行过程中所产生的各种垃圾进行及时打扫和清运，对涉及大都市区运行的各种管线进行日常维护，对城市的绿地进行日常的浇灌和整理等。二是投资和经营城市公用设施。企业在政府指导下与政府合作或者单独投资于城市基础设施建设，并根据与政府的协商从而享有对公共设施一定程度的经营管理权。由于私营企业介入公共物品领域，不可避免地会与政府公共物品经营实体发生竞争，这实质上有利于公营企业提高经济效益，不断完善自己的供给行为，从而为消费者获得更好的产品供给和稳定公共物品价格创造良好的基础。

（三）社会组织

社会组织就是国外所说的"第三部门"，[①] 广义的第三部门通常包括两类（诸大建，2004）：一是公共事业组织，如各类学校、科研机构、社会福利机构等，这些传统的公共事业组织，由于与政府有直接的联系，有人也把它们归入广义的公共组织之中。二是非政府组织（Non - Government Organization，NGO）和社会中介组织等，这些组织具有行业性较强的特点，为本行业及社会其他成员提供各种服务，在政府和社会之间起着中介桥梁作用，如行业协会、社区自治委员会、志愿者组织等。

社会组织参与是大都市区管治的重要特征。由于"政府失灵"和"市场失灵"，人们逐渐认识到政府和市场都不是万能的，大都市区管治需要寻找一种新的力量。社会组织的特性，决定了它们是大都市区管治的主体之一。当政府和市场同时失灵时，社会组织的参与可以弥补政府强制手段和市场价格机制的不足。中国的社会组织虽然起步较晚，但是发展极为迅速，已经成为大都市区管治不可缺少的主体。

社会组织运作的主要激励机制，是成员的兴趣、热情和奉献精神，职能主要是协调、处理与组织成员密切相关的事务。在城市（大都市区）管治方面，社会组织的优势是贴近基层、灵活高效，在组织体制和运行方式上有很大的弹性和灵活性，便于根据不同情况及时作出调整，民间性强，官僚化程度低。在现代大都市区中，非政府、非盈利的第三部门，在一定程度上已成为公众参与决策的组织者和代表。这类组织一般从事政府和私营企业"不愿做、做不好、

---

① "第一部门"指政府，"第二部门"指企业。

不常做"的事。相对盈利组织,社会组织则要站在客观、公众的立场参与大都市区的治理,有足够的公信度和话语权。他们的基本功能就在于,把一个限定范围内的各种资源有效地整合在一起,并寻找出参与解决或处理面临的各种难题的最佳途径,使受助者获得最大化的帮助(杨成标,2005)。将这类组织引入大都市区的管治结构,不仅可以减少西部大都市区政府的工作量,而且可以增加市民、社区与政府的协商谈判能力。

非政府组织在参与城市治理方面具有不可替代的优势,能够在政府难以有效履行职责的方面发挥重要的作用(卢金慧,2013)。第一,非政府组织在城市治理中具有参与和监督作用。首先,它能够充分地表达和综合社会组织及其他利益群体的意见,可以非政府组织的名义充当大众代言人维护公众利益。其次,它在政府决策的制定和实施过程中扮演着重要的角色。再其次,非政府组织是监督政府行为的重要主体,能够利用舆论的压力和社会的力量规范政府行为,遏制政府滥用职权。最后,非政府组织的发展壮大,有利于增强民众的参与意识,促进社会政治文明的建设。第二,非政府组织参与城市治理可以提高治理的效率,降低治理成本。政府在城市治理中需要大笔财政支出,花费大量的人力、物力,而且效果也不能保证是最好的。通过非政府组织的参与和协调,不但能够节省公共财政支出,而且非政府组织以其民间性更便于号召公众参与城市的治理。第三,非政府组织参与城市治理,有利于提升依法治市的水平。依法治理城市,既包括依照《中华人民共和国宪法》和有关法律法规治理,也包括非政府组织和公民的自律。一方面,非政府组织可以依据法律法规表达公众的利益诉求,监督政府权力,将政府行为限定在法律法规所许可的范围内;另一方面,通过非政府组织和公民自律,能够推动"观念法律"向"现实法律"转化,使观念上的秩序变成现实的秩序,提升依法治市的水平。

然而,社会组织在西部大都市区的数量较少、多数组织的规模较小,缺乏专业人才和竞争力,在业务运作中存在不规范行为,均制约了社会组织发挥其作用。另外,由于行政部门裁量权过大,一些社会组织受到了双重甚至多重管理,这些都抑制了社会组织的发展。因此,要逐步建立和完善社会组织登记管理的法规体系,探索行之有效的激励机制;要加强社会组织自身能力建设和社会组织的宣传与公信力,逐步建立起规范的自我管理、自我发展、自律诚信的机制,树立起良好的社会组织形象;推进社会组织工作人员职业化,提高自律性、诚信度和服务意识;政府要积极帮助和扶持社会组织,逐步把政府的一些社会管理和协调职能委托给社会组织去执行,以发挥社会组织的社会协调作用。

（四）市民

大都市区管治直接影响居民的利益，因此，在大都市区管治中，居民应承担参与管理的职能。同时，虽然社会组织能部分反映居民的利益，但并不能完全取代居民，而且社会组织并不能覆盖所有的居民（孙兵，2007）。

市民作为城市管理的基础细胞，在西部大都市区管治中应承担参与管理的职能，他们的广泛参与可使城市管理的机制从被动外推转化为主动内生，是现代化城市管理的一股重要动力。市民参与大都市区管治的作用，主要体现在如下方面，能够提高政治系统的代表性和回应能力；增进政府与市民之间的相互了解和信任，消除二者之前的疏离感；增进政治团结和社区整合，通过合作网络实现地方公共事务的共同治理；促进政府政策的制定和执行的合法化，并使市民更加理解和服从公共政策；发展市民个人的思想感情和行动力量，体验公共生活的价值，引导和促进市民参与政治文化的发展（孙柏瑛，2004）。

社会公众应该在强烈主体意识下主动去参与城市治理，并且要认识到自己参与治理的最终目的是获得更好的治理效果，由被动外推转变为主动参与，这样任何一项城市治理措施才能更好地实施。2011年，西安世界园艺博览会园区内，无论是在公共休息区内还是在场馆排队通道都有大量的垃圾桶，然而，地面上仍有许多垃圾出现。反观日本静冈世界园艺博览会，人所过之处连一片纸屑都找不到，正是因为日本政府平时注重对市民在环境保护上的教育和引导。由此可见，市民参与到管治中比政府一味承担管治重担有更大的效益和更持续的影响。

然而，西部地区人力资源素质整体特点是：人力资源总体素质水平较低，低层次劳动力大量存在，具有较高知识水平和技能素质的劳动力数量相对较少。改革开放以来，西部人才大量外流，少数地方甚至呈现下滑现象。究其原因，一方面，是人力资源教育投资相对不足，另一方面，是缺乏留住人才、吸引人才的机制和环境。另外，由于受传统文化因素的影响，市民在参与城市管治方面还存在很大的不足。

因而，西部大都市应该选择以市场为导向的人才观，具体来说，就是以市场的手段把人才的价值体现出来，主要就是利用政策对人才施以作用。比如，利用资金、土地、房产、信贷、养老、教育资源等方式，让人才留得住、用得上。在这方面，可以借鉴东部的经验。之前杭州市出台了类似的政策，高端人才在杭州市买房可以获得大幅度的优惠（杨成标，2005）。这个政策的实际效应可以折射出融人才与其他诸多要素于一炉的市场理念，抓住了问题的主要矛盾。从长远的发展来看，为高素质人才提供优惠的自用住房，必将吸引大批有用之才。人才是高端的劳动力，而劳动力又是可以不断增值的，尤其是高素质人才，必将推动当地经济的创新、持续发展。统筹考虑多种因素，建立一套吸引人才的制度，为地区发展提供稳定的智力支持。资金、信贷、土地等一些要素，都可以有条件地用来吸引人才，这是一般吸引人才的政策所不具备的优势。建立灵活的市场化人才利用机制，用政策调动人才，用"看得见的手"通过"看不见的手"来作用于人才，必将优化人力资源。同时，政府应该加大对大都市区市民的教育投资，提高市民的整体素质和水平，这样才能更好地参与到大都市区的管治当中。

（五）少数民族

在多民族聚居的西部，随着城镇化进程的加速，大量少数民族人口进入城市，城市内多民族的社区增加，社区民族关系日益复杂和敏感，少数民族参与到大都市区的管治中非常必要。当然，从理论上讲，少数民族参与大都市区管治不仅可以以个体身份参与，也可以以团体形式参与。现实中交织了个体身份与团体形式，不可能严格区分。鉴于前文已经论述了政府、盈利组织、社会组织和市民等主体，其中，不乏有少数民族参与其中。此处，为了突出少数民族，故将其单列。

少数民族参与大都市区管治，有利于实现各民族间的沟通。构建和谐民族关系，需要各民族之间广泛沟通与协调，民族沟通的前提在于广泛的利益表达，利益表达能够有效地反应少数民族的诉求，为实现各民族之间良好的沟通提供了条件。在沟通的基础上，各民族能够有效地调整彼此之间的行为，从而促进民族关系的良好发展。

少数民族参与大都市区管治，有利于作出正确决策。任何决策都必须以准确、全面、及时的信息收集为前提。利益表达是民族工作决策收集信息的主要渠道，而且它是一种主动性的信息反映，因此，能够提供很多有价值的决策信息。依据少数民族参与所反映的信息作出有效的决策，必然能够更好地解决民族问题，进而促进和谐民族关系的构建。

（六）农民工

农民工参与城市管治的合理性和必要性，主要体现在三个方面（杜静静，2007）：

第一，农民工市民社会主体地位的确定。

农民工不同于纯粹依附于土地的农民，他们已经进入城市，同样遵循着市场经济规则，利用自己的劳动为城市创造着财富，为城市建设做出了巨大的贡献，他们作为市民社会的主体，应该确立农民工的市民社会主体地位（张更全，2006）。而市民是城市治理的重要主体，农民工市民社会主体地位的确立，为农民工治理城市提供了理论依据。

第二，农民工参与城市管治，是农民工实现民主权利、维护自身利益的现实需求。

当前，农民工实现自身民主权利的主要途径，是通过参加其户籍所在地的村民委员会选举，但是，由于种种原因导致农民工村民委员会的选举参与率较低。相比之下，工作和生活在城市的农民工，他们为城市的建设做出了巨大的贡献，权益却得不到保护，他们的切身利益与城市更为密切。在城市中，他们需要一些途径来表达自己的利益需求，通过对城市治理的参与来实现自身的民主权利、维护自身的利益。

第三，农民工参与城市管治，是城市政府实现对农民工更好管理的需要。

农民工已经成为城市建设中一支重要的力量，城市治理的众多方面中也包含着对他们的管理和服务。农民工参与城市治理，可以让政府更快、更全面地了解农民工的真实状况和需求，更有效地作出更加科学的与农民工相关的决策，在更大程度上获得农民工的支持和认可，从而有助于实现对农民工更好地管理。同时，农民工参与城市治理的一些途径（如组织化参与、社区参与等）本身就实现了对农民工的有效管理。将农民工纳入城市治理的主体中来，城市政府就必然要为农民工提供有效的参与途径，从而促使将农民工纳入一些正式组织、非正式组织中来，或是提高其组织化程度，这个过程本身就实现了对农民工更好的管理，从而更有利于城市治理。

鉴于目前中国西部大都市区管治中存在的政企不分、非政府组织的独立性不强、公众参与度不高等问题，应该从政府为主的管治体制转变为政府、盈利企业、社会组织和包括农民工在内的市民共同参与的"多元化管治主体"结构。

四、管治体系

西部大都市区管治体系，可以分为垂直管治体系和水平管治体系，见图6-1。垂直管治体系，即以政府部门内部实行层级管理和规章制度式管理的科层制。水平管治体系，指非隶属关系的机构，如何通过参与、沟通、制定契约等方式实现对公共事务的管理（武建奇，母爱英，安树伟，2008）。

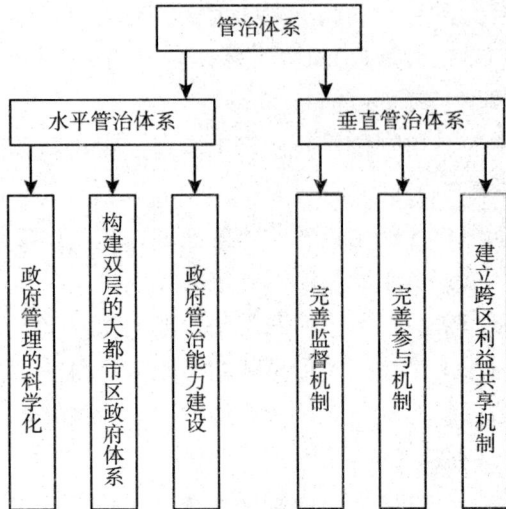

图6-1 西部大都市区管治体系的构建

（一）垂直管治体系的构建

西部大都市区垂直管治体系出现的问题，主要体现在管治体系中分工权限责任划分不明，界定不清。因而，要处理好这一问题，就要明确政府管理的科学化问题，构建双层的政府体系，加强大都市区管治能力的建设。

1. 政府管理的科学化问题

大都市区（城市）政府在管治中的职能，是导引、规范、治理、服务和经营，科学的政府管理要求城市政府职能从生产性向调控性转变。从管治的观点看，西部大都市区政府应该由"划桨的政府"向"掌舵的政府"转变。政府应该对大都市区管理进行宏观调控，从宏观上把握和分析城市发展的总体态势；而对具体的微观领域，应该尽可能地退出，引入市场机制，鼓励更多参与者进入。

为了强调政府的服务职能、理顺大都市区上下级关系，可以考虑：①减少划块，提高效率。减少划块，本质上是减少部门利益的条块分割，其目的在于减少部门之间的扯皮、推诿、摩擦和脱节，理顺工作程序，明确各自工作范围和法定的义务和责任。减少部门划块还涉及部门立法的问题，以解决一个部门一个法、立法过多等浓厚的部门利益与部门权力色彩。②政府相近部门就近设置、联合办公、信息共享、协同应对各类问题（谢永琴，2002）。

2. 构建双层的西部大都市区政府体系

构建双层的西部大都市区政府体系，明确划分大都市区政府和地方政府的职责范围，大都市区政府管理超出地方政府范围的公共服务，如区域供水与排水、垃圾处理、公路交通等基础设施的协调建设，以及环境保护、农业发展、区域空间开发管理、战略规划编制及实施监督等；地方政府负责所在区域的日常社会服务职能，如消防、治安、教育、卫生、交通、福利和文化娱乐等，而将交通、水利、土地、环境等规划管理职权交给上层政府。这样，西部大都市区政府体系内职责划分相对明确，避免了相互干扰，行政效率也可以大大提高。

3. 加强政府对西部大都市区管治能力的建设

加强政府对城市（大都市区）管治能力建设，包括三个层面内容（诸大建，2004）：①政府要赋予各社会主体参与大都市区管治的能力。政府通过采取鼓励性措施而不是抑制性措施，激发大都市区发展中的多元主体（如社会组织、盈利企业、市民等）的积极性，结成伙伴关系共同为推进大都市区经济效益、社会公平、生态和谐的兼顾而管理。②在政府内部引进私营企业的管理办法，以刺激政府提供更有效的管理。大都市区政府的公共部门可以利用私营部门经常采用的绩效管理、目标管理、人力资源管理等方法提高公共部门的效率，从而为社会提供更好的管理和服务。③加强有利于西部大都市区管治主体多元化的法治建设。要用法律的严肃性确定各类主体参与大都市区管治的地位，同时，对政府主导作用和主要职能作出法律条文上的规定；在运用市场竞争机制，尤其是允许私营部门参与竞争的公共物品和服务的供给上，要保障公平竞争的环境；在政府体系内要强调依法行政，防止权力的滥用和错用。

（二）水平管治体系的构建

1. 完善水平管治体系中的监督机制

充分发挥非政府组织的监督作用。非政府组织一方面，通过有序的参与来实现和表达利益，并在此过程中监督和控制政府权力，成为政府的一种制衡力量，把它限定在法律所许可的范围内；另一方面，通过非政府组织和社会成员自律使自己的行为合法合规，两者的合力推动了"观念宪法"向"现实宪法"的转移，因而观念上的秩序也就变成了现实的秩序，大都市区的依法管治水平自然得到了极大的提高（李建勇，程挺，2004）。

在水平管治体系主体中，非政府组织、个人与企业的参与度不高，这是现今不仅西部大都市区，乃至整个中国范围内都市区在水平管治中存在的明显特征。因而，政府需要通过采取鼓励性措施而不是抑制性措施，激发大都市区发展中的多元主体（如社会组织、盈利企业、市民等）的积极性，结成伙伴关系共同为推进大都市区经济效益、社会公平、生态和谐的兼顾而管理。

2. 完善水平管治体系中的参与机制

要培养公众参与大都市区管治的意识，乐于发表自己的观点和建议；要有信息流动的渠道，可通过媒体、网络、听证会、电话、信件等形式收集公众的意见；要有信息反馈机制，让公众知道政府是否采纳了他们的建议，采纳后的效果如何，或者为什么没有采纳等，以此来真正实现公众的参与。

就目前中国西部的情况而言，公众参与如何展开、推行，采取怎样的程序和形式，参与的深度与权限的约束，均应适合西部的实际情况，同时着眼国际和未来。西部大都市区的发展，尚处于以集聚城镇化为主，并伴随分散化特点的大都市区形成阶段，公众参与尚处于起步阶段，尚没有对决策产生实质性的影响，所以公众参与的形式和程序还需要规范，公众参与的地位与权限尚需要法律认定。公众参与的形式可以通过新闻媒体公告，也可以采用团体代表咨询会、网络、电话、信件等方式，针对不同的阶段或内容确定具体对应的形式。

3. 建立跨行政区利益共享机制

在一个单一的区域内，不同的利益主体在跨行政区界限的区域经济合作中，常常会遇到利益分配冲突问题。这也是城市与城市之间，城市与县乡之间差距大的主要原因。通过对投资主体跨行政区的横向经济联合、投资或产业转移等经济活动，相关的地方政府可按投资比例共同分享产值、销售收入和税收，从而构建城市圈区域利益共享机制，促进各地政府鼓励本地企业积极参与区域合作与竞争，使各城市利益能真正得以共同实现。

五、管治过程

大都市区管治不是一套规章制度，而是一种综合的社会过程。这一过程的基础不是控制，而是协调，它既涉及公共部门，也包括私人部门，是公共部门与私人部门以及广大公众之间的协调和持续互动。协作的重要性，关注的是过程而不是正式的结构安排。过去，过程被看作数据分析和规划的目标，但是如今所强调的过程注重的是制定区域的远景和目标，在关键的利益相关者中形成一致意见，并且最终使用资源来实现这些目标。中国西部大都市区要实现"善治"，必须由"后果导向"式管治转变为"原因导向"式管治。

（一）"原因导向"式管治的机制是前馈控制

"原因导向"式管治的合理性，在于前馈控制机制。前馈控制是施控系统根据被控系统在未来运行中可能有的偏差，提前调整被控系统的输入，以避免系统未来运行对给定状态的偏差。因此，前馈控制的特点在于，它是根据被控系统的未来结果或可能性偏差来调整被控系统的未来行为。

（二）"原因导向"式管治的策略

"原因导向"式管治，在解决大都市区发展中的各种问题时有两种基本对策：一是抑制原因的对策，其重点是防止产生问题的原因再次发生；二是切断原因的对策，其重点是假如产生问题的原因再次发生，可以防止它对问题的影响。

"原因导向"式管治的成功，取决于各方面的因素：一是对于系统所处的外部环境规律性的认识；二是对于外部环境作用于被控系统规律性的认识；三是对于被控系统输入输出规律性的认识。对于大都市区管治而言，就是要对大都市区的规划、建设和管理有一个整体全面的认识，把工作重点由"规划、建设"转到"管理"上来。

第二节　管治模式

当前在区域管治模式划分上，国内外学术界普遍采纳让－皮埃尔（Jon－Pierre）定义的四种城市管治模式，即管理模式（managerial）、社团模式（corporatist）、支持增长模式（progrowth）、福利模式（welfare）（罗震东，张京祥，罗小龙，2002）。而且，还有学者对这四种模式在中国的适用性进行探讨，认为这四种模式都存在一定的缺陷，将西方城市管治模式照搬到中国的实践是极为不妥的。将这些模式作为基础，结合中国西部的实际情况，目前主要以支持增长型的管治模式为主，并且城市管治应进一步完善与运作管理模式和社团模式，同时加强多种管治模式的交互与整合。

一、管治模式随着社会的发展需要不断变化

经济社会发展，是一个由低级水平向高级水平发展的动态过程，它决定了

任何大都市区管治过程也必须具有相对的动态性，在经济社会的不同发展阶段应该施行不同的管治政策。美国的城市（大都市区）管治大体经历了四个阶段：①20 世经 50 年代，以行政为指导，属于政府推动型；②20 世纪 70 年代，属于向市民让利、让步型；③经济危机后，由政策保守转向福利型；④20 世纪 90 年代开始，侧重于政府创新，转向企业型（史健洁，2003）。美国大都市区管治阶段的变化经验表明，中国大都市区管治的阶段也会不断变化，阶段的变化必然导致模式的变化。同样，中国西部大都市区应该在不同的阶段采取不同的管治模式。目前，西部地区城镇化尚处于快速增长的前期，聚集发展远未完成，因而，遵循城镇化发展的内在规律，促进人口和产业在一定地域空间的聚集发展，以提高区域经济活动的效率，这是后发展地区经济起飞的必然选择。

成渝经济区、关中—天水经济区、广西北部湾经济区、呼（和浩特）包（头）银（川）经济区等西部重点多中心—外围城市群都处在发展初期，中心城市和外围城市之间的差距较大，城市规模等级分散，中间层次城市规模等级结构缺失，目前尚为城市集聚发展阶段（吕国庆，汤茂林，姜海宁，2009），因而重点就是利用中心城市的辐射力以支持增长型管治模式促进外围城市的发展，逐渐缩小差距。当都市区发展到一定阶段，各重点城市群内部整合完成，实现城市群的全面协调互动发展之后，依托更具科学性的制度安排，以社团模式和管理模式，推动西部大都市区发展，将成都、重庆、西安、兰州四大中心城市作为整个西部地区的中心。

二、实行多元化的管治模式

中国广大西部地区城镇化水平仍然较低，因而就要以快于东部的速度推进，这样才能够缩小东西部之间的差距。迄今为止，这里主要还是依托与区域中心城市和交通干线城市呈带状空间格局，城镇之间横向的经济联系以及城乡经济联系仍比较薄弱，甚至西藏、青海以及新疆、内蒙古、宁夏、甘肃的大部分地区，城镇发育仍停留于"点"的状态（李晓曼，2011）。

因而，对于中国西部的多数大都市区，则应该以"支持增长模式"为主。充分利用西部特有的自然资源，以产业布局为重点，能源、交通、原材料和旅游资源的开发为动力，注意以线串点，以点带面，以主要交通干线为发展轴（如河西走廊、川渝高速公路以及贵昆、成昆沿线，等等），形成以特大城市和大城市为核心，中小城市和小城镇为支撑的"多极网络式结构"。同时，有重点地发展大城市，充分发挥大城市的经济带动作用。大城市发展速度快于中小城市，是世界城镇化发展的潮流。在未来相当长的一段时期内，大城市作为西部经济发展的主要方向，仍然具有很强的"拉力"。因此，西部省区将继续发挥大城市的集聚和辐射带动作用，完善区域性中心城市功能。特别指出，对成都、西安等地的老工业基地实行以"福利模式"为主的管治，促使其复兴。

虽然西部地区目前不是以"管理模式"与"社团模式"为主，但并不是说这些地区不需要大力完善公众参与机制。恰恰相反，是要积极加快政府职能转变，减少政府直接参与经济的程度，加强政府宏观调控能力的建设，实现政府办公、立法与执法高效廉洁、公开透明、公正公平；培育参与大都市区管治的多元化主体，完善参与机制，使之逐渐地转变为"管理模式"与"社团模式"。

三、"促进增长模式"的完善与运作

经济社会的发展，是在一个开放的环境下进行的，需要不断地通过引进吸引投资来促进经济的发展。"促进增长模式"就是商界精英和推动经济发展过程中分享利益的高层官员直接参与的，通过有利于推动经济发展、吸引外资的广泛手段特别是公私伙伴关系，来促进经济增长的城市管治模式。它重在促进城市经济的建设。由于中国西部地域辽阔，地貌特征各异，经济发展不平衡，呈现出东密西疏的特点。西南部一些以耕作业为主的地区（如四川、重庆等），人口密度相对较高，城镇也相应较多，规模相对较大，而西部广大牧区（如新疆、青海、西藏等），城镇数量少、规模小（赵曦，2010）。这种布局结构在一定程度上会加大区域内经济社会发展失衡，拉大西部与东部的差距。因此，完善"促进增长模式"无疑是中国西部大都市区管治模式的主要方向之一。为此，就要提供各种优惠政策措施，创造良好的投资环境，不断地吸引来自国内外的投资来促进本区域的经济发展。

"促进增长模式"的城市管治，过于依赖以私人资本作为税收的基础，造成吸引私人投资的竞争十分激烈，并且该种大都市区管治模式的参与者较少。因此，在完善这种管治模式时，要建立完善的公众参与机制，将社会主要利益集团纳入城市（大都市区）管治的决策过程，不仅发挥各种非政府组织的积极作用，使市民享有充分的民主，而且要保证通畅的政策执行渠道。

四、多种管治模式的交互作用与整合

中国西部地域辽阔，城市发展存在较大差距，特大城市、大中城市以及小城镇之间的经济极不平衡。因而，在以"促进增长模式"对城市进行管治的同时，也应该兼顾"管理模式"与"社团模式"。针对西部城市的具体城市特征，采取不同的城市管治模式。对于特大城市（如成都、重庆、西安等），以"管理模式"和"社团模式"为主，对于大中城市以"促进增长模式"为主。城市（尤其是大都市区）是一个有机的系统，简单的结合并不能真正有效地解决城市问题，况且不同的结构、不同的模式，存在着广泛的相互作用与影响。只有充分地协调各种模式之间的关系，使其有机地结合于城市（大都市区）的管治这一系统中，才能充分发挥各种模式的优势，趋利避害，促进城市（大都市区）的健康发展。

总之，大都市区发展是中国城镇化发展的必然趋势，大都市区的发展对西部地区政治、经济发展将会起到重要的推动作用。大都市区是一个复杂的系统工程，政府必须在充分认识大都市区的地位和作用的基础上，提高治理的能力，解决西部地区大都市区发展过程中所遇到的问题，从而推动整个西部地区的城镇化进程及城市社会发展。

参考文献

1. 安树伟. 中国大都市区管治研究. 北京：中国经济出版社，2007.
2. 杜静静. 城市治理中的农民工参与途径探析. 黑河学刊，2007（3）：142-144.
3. 郭鹏. 多中心视野中的民族工作主体多元化研究. 南开大学博士学位学位论文，2012：5.
4. 李建勇，程挺. 非政府组织在城市治理中的作用、问题和对策. 法治论丛，2004，19（2）：52-56.
5. 李晓曼. 我国西部城镇化发展历史进程研究. 改革与战略，2011，27（3）：128-131.
6. 卢金慧. 浅析我国城市治理中的非政府组织参与. 中共珠海市委党校、珠海市行政学院学报，2013（5）：44-46.
7. 罗震东，张京祥，罗小龙. 试论城市管治的模式及其在中国的应用. 人文地理，2002，17（3）：9-12.

8. 吕国庆，汤茂林，姜海宁．中国八大都市区管治阶段的判定．人文地理，2009（3）：37－41.

9. 钱振明等．善治城市．中国计划出版社，2005.

10. 饶会林．中国城市管理新论．经济科学出版社，2003.

11. 沈建法．全球化世界中的城市竞争与城市管治．载于顾朝林，沈建法，姚鑫．城市管治——概念·理论·方法·实证．南京：东南大学出版社，2003：80－84.

12. 史健洁．论城市管治与地方政府的作用：以镇江市机构改革为例．载于顾朝林，沈建法，姚鑫．城市管治——概念·理论·方法·实证．东南大学出版社，2003：224－231.

13. 孙兵．区域协调组织与区域治理．上海人民出版社，2007.

14. 孙荣，徐虹，邹珊珊．城市治理：中国的理解与实践．复旦大学出版社，2007.

15. 陶希东．公私合作伙伴：城市治理的新模式．城市发展研究，2005，12（5）：82－86.

16. 王佃利．城市治理中的利益主体行为机制．中国人民大学出版社，2009.

17. 武建奇，母爱英，安树伟．京津冀都市圈管治模式与协调发展机制探讨．河北师范大学学报（哲学社会科学版），2008，31（4）：36－40.

18. 谢永琴．中国现代城市管治体系论纲．学术研究，2002（3）：63－66.

19. 杨戌标．中国城市管理研究：以杭州市为例．经济管理出版社，2005.

20. 张更全．城镇化进程中农民工的市民主体地位研究．中国民商法律网http://www.jcrb.com/zyw/n71/ca480453.htm，2006－04－18.

21. 赵曦．中国西部大开发战略前沿研究报告．西南财经大学出版社，2010.

22. 诸大建．管理城市发展：探讨可持续发展的城市管理模式．同济大学出版社，2004.

第七章

管治手段与协调机制

　　管治是大都市区经济社会发展的动力、条件与保证，科学的管治手段是西部大都市区运行的调控机制与重要保障。西部大都市区是一个复杂的系统，其管治的手段必然是多样性的，诸如行政的、法律的、经济的手段，等等，良好的大都市区管治要求综合运用上述各种手段。

第一节　管治手段的效果比较

　　大都市区管治的手段，通常分为经济手段、行政手段和法律手段，三种手段各有利弊。随着市场经济的发展和进一步完善，法律手段越来越体现出了优越性，而中国各种政策手段中，行政手段明显多于法律手段，见表7-1。

表7-1　　　　　　　　　　大都市区主要管治手段对比

类别	行政手段	经济手段	法律手段
执行主体	行政机关	立法机关和行政机关	立法机关、司法机关和行政机关
表现形式	行政命令、行政文件、行政会议等	货币政策、财政税收政策等	法律条文
特点	权威性、强制性	利益性、间接性、多样性	规范性、强制性、稳定性

　　资料来源：安树伟，刘晓蓉．区域政策手段比较及我国区域政策手段完善方向．江淮论坛，2010（3）：36-40.

行政手段是指，城市政府依靠行政组织，按照行政方式直接对管理对象施加影响，即采用命令、指示、指令性计划、制定规章制度等对城市各个系统的运行及其要素功能的发挥进行控制。行政手段的运用，以管理者与被管理者之间存在着组织上的隶属关系为前提，下级对上级的命令和指示必须无条件服从。经济手段不仅包括利用价格、税收、利率等杠杆间接调节城市关系，而且也包括直接制定财政、投资、金融等方面的城市管治政策。这种手段的运用，以社会主义市场经济的存在和发展为前提，政府有关管理部门对企业和其他经济组织及公民的经济活动，不直接下达必须要其接受的指令性计划。法律手段就是通过立法形式对城市中的各项活动实施强制调控，其运用以存在健全的法律、法规体系、强有力的执行机构和监督机构为前提。

在大都市区管治中，运用管治手段和工具必须从一定的客观依据出发，对管治手段和工具的选择应尽可能符合功效性、可操作性、可行性、公众参与度，并且手段的使用要考虑到社会成本的承担以及实施效果的大小。大都市区管治的三种主要手段，在使用上差别较大，见表7-2。

表7-2　　　　　　　　大都市区管治手段实施效果比较

效果	行政手段	经济手段	法律手段
时效性	强	较强	弱
稳定性	弱	较弱	强
公众参与程度	低	较高	高
短期成本	低	较低	高
长期成本	高	较高	低
实施效果	差	较好	好

资料来源：安树伟，刘晓蓉．区域政策手段比较及我国区域政策手段完善方向．江淮论坛，2010（3）：36-40.

一、时效性

行政手段由行政机关直接作出，措施颁布简便灵活、见事早、反应快，措施出台迅速，直接作用于调节对象，因此可以较快地达到预期效果。

经济手段一般不是直接作用于调节对象，措施要通过市场机制起作用，调节措施的提出较迅速，但是实施效果的出现却需要较长时间才能体现，而且结果不一定符合预期。

法律手段在相关法律的制定时需要相当长的时间，执行主体包括立法、执法和行政机关的集体参与。法律的起草、颁布到正式实施，需要很长的讨论商议，甚至等到针对相关问题的法律颁布出来已时空转换，时滞太长，造成政策调整效果不佳。

二、稳定性

行政手段由政府"红头文件"形式出现，由于政策制定者本身也是社会中的一个特定利益群体，政府的自由裁量权过大，随着市场环境的变化以及决策者本身的有限理性，最容易"朝令夕改"，即稳定性最差。

经济手段的执行主体，决定了调控手段也具有一定的不稳定性。行政手段与经济手段都容易造成市场参与主体的预期不稳定，造成人们短期性决策行为的发生。

法律手段则在法律颁布之后相当长时间内不会发生改变，作为一种行为规范形式存在，政策的稳定性最好。

三、公众参与程度

行政手段采取命令、规划等的方式提出，在市场化程度、人们法治意识不断提高以及舆论、网络等飞速发展的情况下，行政手段越来越多地引起公众的思考与讨论。政府机构臃肿、管理链条过长，造成信息传递不畅甚至失真，横向沟通困难等引发交易效率的低下。而且，用公民的税收供养的公务员的行为，在人民主权意识不断提高的今天更多地引起了公众的关注和质疑。

经济手段通过物质利益诱导的方式间接地对市场主体的生产经营产生影响，是市场化的调节手段，公众参与度最高。

法律手段则在其规范性上为公众广泛接受和认可，法律就是在限制人的某项自由的基础上给人的行为以最大的自由。通过立法工作，确定城市主体利益准则和利益关系。此外，企业和居民的地位和民主权利，也要通过法律制度来保障。

四、成本的承担

（一）短期成本

行政手段由行政机关直接命令的形式出现，具有反应迅速、简便灵活的特性，"拍板定案"，短期内不需要很大的成本投入。

经济手段的执行主体，是立法机关与行政机关，以物质利益为基础，通过国家对经济活动的间接干预实现其职能，从而间接影响市场主体经济行为的选择，通过货币政策、财政税收政策等，明确向市场主体传达信息，短期内投入的成本比行政手段高。

法律手段由行政机关、立法机关和司法机关三者执行，短期内相关法律的起草、颁布与实施需要投入很大的成本，而且由于法律的出台总是基于一定的不和谐现象出现之后才加以规范，时间成本很大。

（二）长期成本

行政手段由决策者根据及时观察到的有限的信息作出判断。虽然可以迅速达到短期预期目标，但是长远来看效果不一定好，经常出现为了解决眼前的问题，而产生若干年后比眼前的问题还要更严重的问题。而且，不加规范的行政行为有可能只是行政官员"拍脑袋"的结果，却让社会承担所有成本。产生的原因主要有两方面，一是政策制定者不能完全获取所有信息，且具有有限理性；二是决策不科学及官员偏好所致。由此导致，在大都市区管治的三种手段中，行政手段的长期成本更高。

经济手段通过经济政策间接调节，体现了市场经济的作用方式，但是，它的制定也是政府相机抉择的结果，善变和随意风险较大。

法律手段则稳定规范，一旦某项相关法律制定之后，它的实施则是依照固定规范、明确标准进行衡量和调整，长期边际成本几近于零。

五、实施效果

行政手段可以迅速达到预定目标，短期效果显著，然而由于地方领导是"对领导负责"而不是真正"对公众负责"，可能给城市的长期发展带来较多负面作用。如某些地区政府官员为了完成招商引资指标，推出"零地价"政策，使生产要素成本大大扭曲，造成资源大量浪费。同时，行政手段的科学性与政府管理者的素质密切相关。如果管理者主观主义太甚，就会由于独断专行而造成决策的严重失误（白冰冰，2003）。

经济手段以物质利益为基础，能够有效地调动积极性、主动性，它的效果显现需要一个较长时间的机制转换，作用领域主要限于经济领域，不能解决社会需求和精神问题。

法律手段可以有效地规范城市主体行为，实施效果稳定、连续，有利于形成稳定预期，维系城市健康运行。

第二节 管治手段

由于地理、历史等诸多因素的影响，中国西部地区的经济发展水平长期落后于其他地区，国家先后出台了针对西部地区开发的政策，这些政策主要依靠行政手段来加以贯彻实施。同样，在西部大都市区管治中，与"重建轻管"的管治理念和"管家式"的管治模式相对应，除采取部分经济手段外，法律手段近乎于零，大多数采用的是行政手段，均以通知、通告、意见、决定、建议、办法、规划等形式提出。行政管理方法深入到大都市区管治的各个方面，如在控制城市人口增长方面的《呼和浩特市控制城市人口机械增长管理办法》《重庆市人民政府关于严格控制市区人口机械增长的通知》；在减轻城市交通拥堵方面的《成都市关于实施二三环路之间区域汽车尾号限行交通管理措施的通告》《西安市三年（2012~2014年）城市交通缓堵方案》《西安市机动车停车场建设管理办法》《重庆市轨道交通控制保护区管理办法（试行）》，等等。

一、西部大都市区管治手段存在的问题

西部大都市区管治涉及经济、社会、生态等各个方面。同时，西部大都市区管治的主体，也涉及政府、盈利组织、社会组织、市民等多元主体的参与。因此，作为大都市区管治的手段必然要多样化。大都市区管治的手段，主要有行政的、经济的、法律的、行政区划的合理变动，以及宣传咨询、公众参与、城市规划的创新等。目前，西部大都市区管治的手段存在的问题有（安树伟，2007）：

（一）管治手段单一

西部大都市区管治手段主要以行政手段为主，其具体方法是采用指示、命令、规章制度和指令性计划等直接进行管治。行政手段的优势在于，可以有效地发挥管理职能，其针对性强、适用性高，便于更有效地处理特殊问题和有效地指导下属职能部门。其局限性在于，由于其权力过于集中，不利于大都市管治的其他主体发挥其主观积极性，也得不到其他主体的有效监督，更不利于各

主体之间的横向联系。

（二）法律手段亟待完善

近年来，国家有关城市管理的《中华人民共和国规划法》《中华人民共和国物权法》《中华人民共和国土地法》等相继出台，各个城市也制订了一些管理条例，但有关法规并不配套。一方面，在执法过程、执法建设和管理中存在死角和盲点，甚至有些找不到相对应的行政司法依据。另一方面，区域中政府执法机构过多，层级过多及行政执法职能交叉使执法效率降低。此外，由于执法机构的经费主要依靠收费和罚没收入，这一体制所造成的直接后果是为了追求个人私利而只管罚款而不管制止，只管多收费而不管秩序。

二、西部大都市区管治手段偏重行政手段的原因

（一）公众参与程度落后

公众参与政策制定，是克服政策腐败现象、促进政策合理化以及法治化、民主化的重要途径。然而，中国政策制定的公众参与程度却远远不足，公众参与意识弱，政策制定信息不完全公开。参与制度安排的缺失、参与程序的非规范化、社会利益结构的分化、公众自身状况及现代物质技术手段引发的参与无序等，使当前中国公众参与政策过程面临一系列困境。西部大都市区管治，也同样存在着公众参与度不高的问题。

（二）传统治理方式的传承

中国政府对种种问题进行"批示治理"是惯常做法，先是问题一级一级往上报，再是治理的办法一级一级往下批，"批示治理"甚至近乎一种"路径依赖"。中国在城市治理方面同样秉承了渐进道路，应该说，正是这种渐进性导致了中国城市治理手段的选择依赖：一系列政策的实施，进一步强化了政府在城市治理中的主导作用。国家先后出台了针对西部地区的开发政策，这些政策也主要依靠行政手段来加以贯彻实施。

虽然行政手段有很多缺点，但多数执行成本都是由地方政府和企业、居民承担，高层政府作为一个"经济人"自然会更多运用行政手段。并且，行政手段简单灵活、时效性强，在面对突发问题时更有其自身的优势。如

2008 年"汶川"大地震后的灾后重建项目的启动实施，行政手段就发挥了很大的作用。

（三）官员的任期及升迁导致的行政短期行为

首先，政府官员在某一特定岗位的任期一般为 5 年，[①] 而在这段时间内要出政绩最便捷的途径就是权威式的强制快速行政手段，至于副作用则是下任领导的事了，这在相当大的程度上可以解释我们经常为了解决一个问题，而产生若干年后比眼前问题还要更加严重的问题。其次，中国特色的政府官员任命制即只有原位不动和升迁，这促使官员们积极营造"政绩工程"，短期见效迅速。

（四）经济发展还处于较低阶段

西部地区经济发展还处于初级阶段，市场化程度除重庆和四川发展相对较高外，其他 10 个省（自治区）均处于全国落后水平，见图 7-1，公众市场意识不强，需要政府引导进行资源的合理配置。法律手段的效果时滞太长，而大都市区治理问题又处于不断变化之中。并且，目前西部民众的法律意识还很淡薄，执法力度还不够，司法不独立，即使有健全的法律，也很难保证其实施结果与预期结果相符。在这个阶段，需要行政手段快刀斩乱麻。

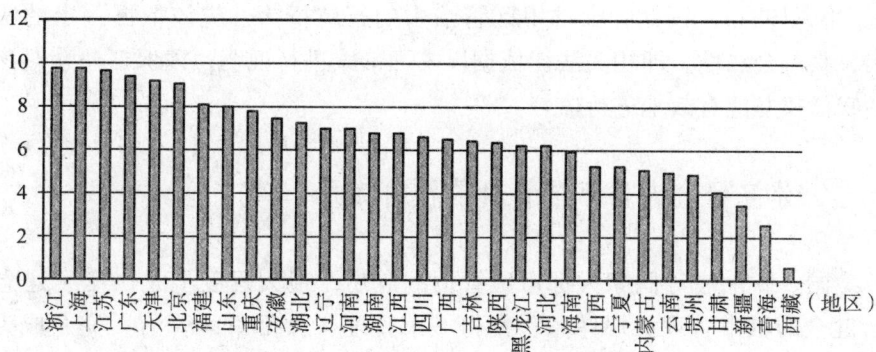

图 7-1 2014 年各省（区、市）市场化指数

资料来源：王小鲁，余静文，樊纲．中国市场化八年进程报告．财经，2016（4）．

---

① 事实上，很少有单位的正职能达到这一任职年限。

第三节　管治手段完善方向

各种大都市区管治手段的比较分析可以看出，法律手段在大都市区管治中的绝对优势，而且，西部地区城镇化的快速推进要求我们重视对法治的建设与完善。西部地区大都市区管治手段，应由行政手段为主尽快过渡到以法律手段和经济手段为主，以保证大都市区管治的科学性和高效性。

一、合理界定政府边界

改革"全能政府"，明确倡导政府"掌舵"而非"划桨"的职能，政府少作具体的事务和作业，多作监督者、倡导者和执法者（安树伟，2007）。市场经济中"市场"是主角，政府应该退居其次，扮演一个服务性机构，减少行政手段的使用，加强经济手段及法律手段的完善和使用。

二、建立行政行为合法性说明制度

行政手段之所以能起作用，是因为法律赋予政府有关部门发布行政命令、指示来对社会进行管理的职权，没有法律规定，行政手段的运用就无从谈起（陈剑平，1994）。因此，大都市区管治中的行政行为，应该依据一定的法律做出，具有合法性，即相关法律依据以书面形式进行说明，以保证公众对该行为的知情权并能有效地进行监督。

三、建立健全大都市区管治的法治体系

美国、新加坡等国家大都市区管治的成功，很大程度上是由于它建立了一套健全的城市管理法规体系，使得城市管理（大都市区管治）完全成为一个法治化的过程。近年来，中国有关城市管理的《中华人民共和国规划法》《中华人民共和国土地法》《中华人民共和国房地产法》和《中华人民共和国物权法》等虽然相继出台，各个城市也分别制定了一些管理条例，但有关法规并不配套，尤其是在相对落后的西部地区，相应的执法及执法体系建设和管理存在死角和盲点，还需要在大都市区（城市）治理法规方面下功夫去

补充和完善，使大都市区（城市）治理真正能够做到有法可依。大都市区管理体制与大都市区立法体系应统一起来，以权威、正式的法律来规范大都市区管理体制；以权威、正式的法律，来明确大都市区各治理主体的职能分工和权责利归属。以社会组织的发展为例，现阶段西部地区发展社会组织最重要的是加强法律保障，改革和完善社团组织管理办法，致力于建立法治秩序，撤销严格而烦琐的审批手续，实行方便的申请登记制度。这样，既有利于使各种非营利性的社会组织取得合法性，也有利于把它们纳入法治化的轨道。

四、多渠道完善经济手段

经济手段不仅包括利用价格、税收、利率等杠杆间接调节地区关系，也包括直接制定财政、投资、金融等方面的区域差别政策和倾斜政策（安树伟，刘晓蓉，2010）。虽然"行政区经济"在短期内无法消除，但可以通过建立土地使用指标交易、产业转移利益补偿、基础设施的共建共享等一系列制度安排，运用经济手段来部分消除"行政区经济"对跨区域大都市区管治产生的一些负面影响，提高管治效果。

（一）建立土地使用指标的交易制度

为保证土地的足量开发和有效保护，应在大都市区内建立土地使用指标的交易制度。土地使用指标的交易制度，应该具有比农田保护区的异地保护更为广泛的内容，如工业用地使用指标通过补偿形式进行交易，或者工业用地通过相应的行政区划用地调整最终达到异地安置。

（二）建立有利于产业转移的利益补偿制度

补偿制度如果是大都市区内双方政府自愿达成协议，双方无任何异议，可以按照协议共同分享迁出企业的利税；如果是私营企业在市场的作用下自发行为，则迁出地政府不应该对企业实行干预，更不应该提出分享利益的要求；如果是迁出地的国有企业扩散，迁出地可以考虑在迁入地同意的情况下，与两地共同分享企业创造的利税。

（三）建立基础设施的共建共享制度

在市场化改革进程中，应逐步在地方与地方之间建立基础设施的共建共享机制。如设立关中—天水经济区交通基础设施建设协调基金，由区域内各城市参股的形式构成，用来引导区域性交通设施的规划和建设投资，避免财团投资中短期利益和商业利益为上的投资趋向。

五、健全社会手段

遵循权利与义务对等的原则，吸纳尽可能多的成员参与大都市区治理机构。除了各城市代表外，需要吸纳各省直部门、商业联合会等民间机构参与，以保证决策主体的广泛性和决策的科学性二者协调机制的建立。要遵循可追溯性原则，保存相应的处理结果；同时，要做好向各成员以及社会公众公开展示的结果。

六、运用现代管治技术

新技术和通信手段的出现，改变了城市和城市管理职能的实施。现代化的大都市区管治，要求加强以城市管治信息系统建设为主要内容的技术支撑。在信息化的时代，大都市区管治强烈地依赖大量、及时、准确的信息流通，信息网络的完善程度已经成为衡量大都市区管治现代化水平的一个主要标志。发达国家的经验也表明，先进的管治手段特别是科技手段，是降低管治成本、提高管治效率的重要因素（孟延春，2004）。

大量案例说明，信息技术的应用能够促进公众参与。其中一个方面就是，现有数据可能处理的问题（或目的），能够在一个战略规划实践中得以拓展。荷兰阿姆斯特丹的数字城市向各种各样的机构提供互联网服务。如使居民通过网络组成讨论组的应用系统，还有允许人们投票或进行支付的应用系统（Delvecchio，1999）。

现代技术可以提高管治效率。如果运输部门拥有优良的信息系统来掌握交通动态并使用工具进行控制，城市交通拥挤问题的处理将会简单得多。菲律宾宿务市使用了一套计算机化的交通指挥系统，它将交通灯的控制作为交通流量的函数，例如，在高峰期将马路转换为单行线；如必要，还可以在几百个测量点测得关于交通流量的信息，重新进行更改。计算机使管理机构处理城市交通问题变得更加充分和全面，减少了由于交通堵塞产生的空气污染和员工上班迟到的现象（曼纳·彼得·范戴克，2006）。

第四节 管治的协调机制

城市之所以产生这样或者那样的矛盾和无序，究其根源是城市各主体（包括政府、社会组织、市民、企业等）之间目标函数的差异以及各主体在追求自身利益时所产生的集体非理性。席恒（2003）曾经以目的—手段来分析城市管治中的各主体的性质，政府是以强制性手段追求公益，企业则是一种以自愿性手段追求公益的形式，非营利组织就是一种以自愿性手段追求公益的机制。管治主体这种价值观的内在矛盾以及利益实现手段的差异，决定了各个主体在面对公共问题时产生不同的利益需求并形成不同的利益实现方法，造成了彼此之间的利益冲突。尤其应该注意的是，城市管治所强调的分权、参与、透明等原则更加激发了利益表达的要求。因此，从本质上说，城市管治是对各方利益的协调，通过减少各利益方的机会主义行为，实现城市公共利益最大化，从而最大限度地减少城市问题的发生（饶会林，2003）。

大都市区协调的内涵是多方面的。从协调的层次看，可分为同级协调和上下级协调；从协调的内容分，可分为产业协调、基础设施协调、制度协调、管理协调和规划协调等；从协调的主体来分，可分为政府主导型、企业主导型和社会组织主导型等。中国大都市区协调主体尽管已经逐渐多元化，但鉴于西部地区的实际情况，政府在大都市区协调结构中依然处于主导地位。我们依据协调主体将协调机制划分为：政府与政府、政府与社会组织、政府与盈利组织、政府与市民四种。

一、政府与政府之间

中国是典型的中央集权制国家，其主要特征是上级政府对下级政府的"控制"和下级政府对上级政府的"服从"，而同级政府之间缺乏必要的"沟通"。在传统的上下级地方政府之间"控制"与"服从"的思路下，涉及低级行政单元利益和高级行政单元利益的协调时，低级行政单元政府往往出于对"局部利益服从整体利益"原则的遵循而回避协调，更不可能出现"谈判"；同级地方政府之间也常常抱着"超越管辖范围便没有权力"的观念，而对对方的协调不感兴趣或至少抱着不积极的态度。

从大都市区发展经历的三个阶段来看，西部大都市区大多处于以集聚城镇化为主的大都市形成阶段和集聚与扩散并行的大都市区形成阶段，政府间的协调更多地表现为上下级协调（谢守红，2004）。进行适度行政区划的调整，尤其是都市区的中心城市不断对周边地区进行兼并成为政府间上下级协调的重要手段。尽管西部大都市区尚没有达到多个大都市区的空间联合阶段，但是都市区外更大范围的政府间协调（区域规划）亦对都市区的发展有重要的指向作用。

（一）进行适度的行政区划调整

超越行政界线，是大都市区中心城市发展的必然趋势。而为了克服行政分割，能够有效地贯彻实施某些涉及大都市区整体利益的决策，适度的行政区划调整就是一种直接而重要的手段。其中，最常用的方式是兼并或市县合并。早在1997年，国家就划重庆市为中国第四个直辖市，之后西部地区就展开了多次大规模的行政区划调整。如2002年9月，陕西省长安县撤县改区；2003年8月，广西崇左县撤县升格为地级市；2004年9月，南宁市撤销了城北区、永新区和邕宁县，设立了西乡塘区、良庆区、邕宁区，城区面积由原来的1834km² 扩大为6559km²，人口增加了90多万人。当前，行政区划调整主要有两种形式：一种是兼并，如撤县设区以扩大中心城市范围；另一种是相邻两个县市或几个县市合并。随着西部城市的都市区化，进行适当的行政区划调整对整合发展空间和提高资源利用效率具有重要作用。

（二）构建具有一定行政职能的专门协调委员会

行政区划调整，是中心城市在不断向市郊扩展过程中的一种协调方式。由于中国特有的行政体制，市郊地区多为中心城市所在的政府管辖，行政区划调整遇到的行政阻力较小，但是在两个或多个同级别城市的交界地带进行行政区划调整则很难，"行政区经济"和"行政区边缘经济"使得行政区边缘地区受到整个体制框架的刚性约束，生产要素流动受阻，从而大都市区的中心城市很难有效地发挥其作为区域经济中心的作用。在此现实需求下，构建具有一定行政职能的专门协调委员会，就成为都市区政府间协调的重要方式。这方面可以借鉴美国大都市区政府或特别区设置。面对单一城市政府的力量无法解决的协调区域性矛盾时，有的大都市区在城市政府之上探索建立了具有较高权威性的区域政府。另外一种是具有单一功能的"特别区"。这种特别区是根据特定的管理需求，在都市区内划出一定的范围，然后在这个范围内成立专门的管理机构。该管理机构旨在调节该特别区的利益冲突，使特别区内能够实现资源共享。建立具有一定行政职能的专门协调委员会，类似美国的特别区，就专门某一项职能进行协调，负责跨行政区划公共服务的生产和提供，如资源勘探开采、大型水利工程、交通基础建设、大江大河整治、生态环境保护等职能。建立区域信息共享协调机制，包括联合会议制度、定期和不定期召开的通报会、通气会或决策会，不仅实现城市之间直接的信息交流，而且具有协调功能。另外，重大决策双方协调机制、重大事项定期通报机制等途径加强城市之间的信息交流与合作。从产业布局、城市规划、基础设施建设到社会事务管理、基本公共服务等领域必须加强城市之间、城镇之间多层次、多方位的紧密合作机制，实现信息的共享。

（三）发挥区域规划和城市新区规划的导向作用

区域规划是美国大都市区进行区域协调管理成效最为显著的一种协调方式。一般来讲，各类行政组织都把区域规划作为最主要的政策工具，尤其是在协调各类跨区域的公共事务时更是如此。由于区域规划涉及的重大问题，具有全局性、战略性和长远性，并且这些问题常常是单个地方政府无法解决的难题，一般不会对地方具体事务有所干涉，所以地方政府能够接受（陆瑶，2007）。国内的区域规划，是以跨行政区的经济联系紧密的地区为对象编制的规划，是国家总体发展规划或省级总体规划在特定经济区的细化和落实，应强调以人为本，促进全面、协调、可持续发展；在规划体系上，突破行政区概念，把编制和实施区域规划放在突出重要的位置；应着眼于打破地区分割，发挥各自优势，与周边地区一起统筹重大布局和生态环境建设，提高区域的整体竞争力。

近年来，国家涉及西部地区的区域规划有《广西北部湾经济区发展规划》《关中—天水经济区发展规划》《成渝经济区发展规划》。这三项区域规划涉及都市区多，包含范围广，并结合所辖城市特点，为各城市功能做了相应定位；专业化的扶持政策为各都市区未来的发展奠定了方向，使得都市区对周边地区的辐射力更具指向性。此外，国家在西部地区还先后批准设立了重庆两江新区、四川天府新区、贵州贵安新区、陕西西咸新区、甘肃兰州新区、云南昆明滇中新区，这些新区对于拓展西部大都市区的发展空间具有重要的作用，也有利于在宏观政策指引下合理配置区域内的经济资源，形成专业化的产业结构和空间布局，发挥中心城市的科技优势和高经济势能，推动区域经济的高速发展。

二、政府与社会组织（非营利组织）

在城市管治中，政府、企业与社会组织三类组织形态尽管在作用方式、作用重点方面存在很大差异，但他们在发挥作用中都应该结成一种伙伴关系，这种伙伴关系的形成从城市政府横向地向企业和社会分权开始。在传统的城市管治模式中，城市政府是唯一的公共物品和服务的提供者，同时也是社会的管治者，企业和非营利组织不仅弱小而且处于附属的地位。城市管治的发展，表现为权力在政府、企业和非营利组织之间的重新分配，其分配方向就是由政府向私人企业、社会组织转移（王佃利，王桂玲，2007）。政府向社会组织分权，是一种社会化分权，政府不仅低成本地转移了部分职能以减轻政府的负担，而且有效地激发了非营利组织和公众参与的积极性，这对于调动城市市民自组织的力量，增强其自我责任意识都具有重大作用。

在大都市区管治中，急需建立各种行业性的跨城市协调组织。随着专业化和分工的不断深化，城市之间的矛盾和冲突显然是不可避免的，各行业之间的协调变得越来越重要。通过建立各种行业性的协调组织，汇聚信息，互通信息，提供求同存异的平台，提供多方谈判机制，有助于降低城市之间的交易成本，促进跨区域问题的解决。因此，在大都市区仅成立一个区域协调机构仍然不够，还需要成立各种行业性的协调组织，如可以成立各种产业、环境协调组织。各种行业性协调组织，主要解决跨区域的基础设施建设、环境保护、产业发展等问题，促进政府、企业与民间的合作与交流。各种行业性协调组织既可以是官方的，也可以是半官方和民间的，从而形成多种利益集团、多元力量参与、政府组织与非政府组织相结合、体现社会各阶层意志的新公共管理模式。

如今，社会组织在中国西部还有很大的发展空间，对于未来的社会发展目标应该是建设以"小政府、大社会"为特征的现代公民社会，由此大量社会组织将得到发展。在政府职能转型向社会组织分权后，这些社会组织将会承接政府组织下放的部分职能，为社会奠定一个广泛的社会组织网络基础。因此，在西部大都市区管治中，不应该完全依靠政府指令，而应该在市场经济的指挥棒下，更多通过民主协商作出有利于大都市区整体利益的决策。引导社会组织参与大都市区的协调管理，可以避免政府对于大都市区发展的过分干预，同时，又能够实现协调职能，使大都市区在发展成长的初期便显示出良好的"民主"基调（陆瑶，2007）。

三、政府与企业（盈利组织）

政府向企业的分权是一种市场化分权，主要是通过政府保护产权、放松管制、赋予企业自主经营的权力等方式，借助于市场组织固有的对个人偏好显示敏感的优势，发挥市场和企业组织在资源配置中的更大作用。企业不仅获得更多自主经营的权力，而且有机会参与到一部分公共产品和服务的过程中，运用市场竞争的力量，提高公共服务的供给能力和品质。通过这种分权，企业才能够和政府成为平等的合作伙伴。因此，就企业组织在城市中的定位，作为独立的经济利益主体，可以在公私伙伴关系中参与到城市公共服务的提供中，对利润的追求并不能妨碍其成为城市管治的主体，同时，它也要通过积极地履行社会责任，承担起相应的公共责任。这两个方面的有效结合，才能确保企业持续稳定地发展，并积极地推动城市管治的发展（王佃利，王桂玲，2007）。

大都市区管治中，要充分发挥企业在协调中的基础作用。在市场经济的初、中级阶段，打破行政区经济的限制，推进城市产业扩散和产业链的延伸，实现经济或产业的一体化是大都市区协调的重要内容。因此，要加快市场机制的建立与完善，充分发挥企业在资源要素配置中的基础性作用，尤其是要重视发挥企业集团的作用。企业集团的跨地区、跨行业、跨所有制的组建和发展，能有效地打破行政壁垒、打破条块分割，推动生产要素市场的一体化。同时，企业集团根据市场规律运行，不仅有利于企业成为经济活动和市场竞争的主体，而且可以促使各级地方政府更新观念，实现政企的进一步分开和区域经济一体化的形成。因此，跨地区、跨行业、跨所有制的企业集团，是大都市区协调发展的基础组织。西部大都市区的经济一体化，必须充分重视"三跨型"（跨地区、跨行业、跨所有制）企业集团的组建与发展。要集各城市之长，以大型骨干企业为核心，组建一批"三跨型"企业集团，才能提高区内支柱产业在规模、成本和技术方面的竞争力，才能与区外、国外同类型的先进大企业相抗衡，才能确立都市区的比较竞争优势与知名品牌，才能实现区域资产优化重组。因此，政府职能要从权力型政府向服务型政府转变，为企业的"三跨型"发展创造良好的制度环境。

需要说明的是，分权后的城市政府并非意味着责任的减少。在新的城市管治环境中，虽然企业和非营利组织都积极有效地参与到城市公共物品和服务的提供中，分担原本由政府承担的许多职能，但这并不意味着城市政府将无所作为。按照新公共服务的理论，城市政府不仅要从原来的"划桨者"转变为

"掌舵者"，更应该成为一个"造船者"，为企业、非营利组织提供优质的服务，推动城市管治的良性发展。在城市管治的背景下，城市政府治理公共事务的关注点、层次、视野以及行为方式都发生了很大的变化，它日益从原来具体而繁多的公共物品的提供甚至直接生产中，走向宏观的地方战略管理和社会资源整合；从日常的事务性管理，走向决策和协调管理；从自上而下的命令和指挥，转向维系社会资本、促进社会多元治理主体之间的斡旋与合作，发展地方治理网络体系（王佃利，王桂玲，2007）。

四、政府与市民

城市政府在大都市区管治过程中的作用固然重要，但没有广大利益相关者的积极参与，大都市区管治的成本将十分高昂，效率将非常低下。西方发达国家无一例外地特别重视听取民声，重视城市管理中的公众参与。大都市区管治中的公众参与，就是公众参与那些与他们的生活环境息息相关的政策和法规的制定、决策、实施和监督的全过程（邵任薇，2003）。政府决策要保障市民的知情权、参与权。

对于西部大都市区管治而言，重视公众参与，首先，政务要公开透明，这是公众参与的前提条件。政府应及时公布有关规划的政策、法规和管理程序，增强公众在大都市区规划、建设和管理上的知情权、参与权、表达权和监督权，增强决策透明度。政府的某些会议可以吸引市民参与，政府办公场所也可以实行开放日，以缩短政府与民众的距离，增强政府对民众的亲和力。

其次，完善公众参与机制，构建协商民主的公众参与方式。协商民主通过调动群众参与的主动性、积极性、创造性，促使政府职能转变，形成政府管理与社会自治的有效衔接，呈现出突出的协商结构、路径和功能。因此，它实际上就是把民主的各种协商形式融入人民在城市生活的各个方面中去，形成了一种民主的生活方式（林尚立，2012）。协商民主在现代城市管治中提供了一种社会各个阶层参与的基本方式，从自上而下的角度观察，政府试图以民主的方式、民主的程序和民主的力量来解决民生难题，让社会民众通过协商的方式来享受民生问题解决后的便利（郎友兴，2009）。

在具体的参与制度模式上，可借鉴杭州市形成的"四问四权"的工作机制：问情于民，落实知情权；问需于民，落实选择权；问计于民，落实参与权；问绩于民，落实监督权（韩福国，2013）。这样可以保证政府在城市管治方面作出的决策，从制定、执行到评估监督都有市民参与的机制和程序。例如，2009 年杭州市整合了"社情民意信息直报点""社会舆情信息直报点""草根质监站""和事佬"等各个政治和社会协商平台，建立了中国第一个街道（社区）民主民生互动平台"湖滨晴雨工作室"。"红楼问计"等举措，也有针对性地把重大城建设计方案"送出去"展示，让市民主动走进市政工程建设的现场，提出意见。

　　总之，在西部大都市区管治中实现政府决策的公民参与，就要使市民有机制、载体和途径参与其中，从而实现决策中的协商民主。另外，市民直接参与城市管治，不仅有助于打破公共决策的封闭状态，提高管治的效能和制度水平，也可以在不断的实践中提高自身的民主素养。

参考文献

1. 安树伟. 中国大都市区管治研究. 北京: 中国经济出版社, 2007.

2. 安树伟, 刘晓蓉. 区域政策手段比较及我国区域政策手段完善方向. 江淮论坛, 2010 (3): 36 - 40.

3. 白冰冰. 论现代信息技术与城市管理理念转变. 前沿, 2003 (2): 27 - 30.

4. 陈剑平. 论法律手段与行政手段、经济手段的关系. 上海大学学报（社科版）, 1994 (4): 21 - 22.

5. 韩福国. 作为嵌入性治理资源的协商民主——现代城市治理中的政府与社会互动规则. 复旦学报（社会科学版）, 2013 (3): 156 - 164.

6. 郎友兴. 浙江杭州"以民主促民生": 以社会民主为重点的民主政治建设之路. 学习时报, 2009 - 08 - 04.

7. 林尚立等. 复合民主: 人民民主促进民生建设的杭州实践. 中央编译出版社, 2012.

8. 陆瑶. 大城市群发展中的政府协调机制研究. 西南交通大学硕士学位论文, 2007. 5.

9. 曼纳·彼得·范戴克. 新兴经济中的城市管理. 中国人民大学出版社, 2006 (180): 33 - 34.

10. 孟延春. 美国城市治理的经验与启示. 中国特色社会主义研究, 2004 (3): 40 - 43.

11. 饶会林. 中国城市管理新论. 经济科学出版社, 2003 (144): 38 - 40.

12. 邵任薇. 国外城市管理中的公众参与. 江海学刊, 2003 (2): 100 - 105.

13. 王佃利, 王桂玲. 城市治理中的利益整合机制. 中国行政管理, 2007

（8）：13 – 17.

14. 王小鲁，余静文，樊纲. 中国市场化八年进程报告. 财经，2016（4）.

15. 席恒. 公与私：公共事业运行机制研究. 商务印书馆，2003：128 – 29.

16. 谢守红. 都市区的概念及其对我国城市发展的启示. 城市，2004（2）：6 – 9.

17. Delvecchio，D. Amsterdam：The hook-up city. Urban age，Vol. 7，No2.

第八章

管 治 重 点

　　现代化的大都市区管治，主要包括大都市区发展战略、经济发展、公共秩序提供（如治安、诚信）、公共事业管理（如住房、交通、教育、环境、就业、福利、能源）等方面，这是任何一个大都市区在发展过程中必然面对的问题。但是，不同的国家、同一国家不同地区、处于不同发展阶段的大都市区管治重点有所不同。从目前来看，中国大都市区管治的重点领域，集中在城市经营、城市营销、城市形象设计、城市更新与"城中村"改造、空间管治、城际关系协调等方面（安树伟，2007）。除涉及中国大都市区管治的一般领域外，西部大都市区管治有其特殊的领域。

第一节　城市经济发展

一、西部大都市区经济发展水平较低

　　大都市区的经济发展，直接牵动着地区经济发展。2012年，西部12个大都市区①市辖区地区生产总值33156.8亿元，占西部地级及以上城市市辖区地区

---

　　① 这里特指，建成区常住人口100万人以上的城市，按此标准2012年西部大都市区包括重庆（850万人）、成都（390万人）、西安（380万人）、昆明（322万人）、贵阳（257万人）、兰州（206万人）、乌鲁木齐（201万人）、南宁（190万人）、包头（163万人）、柳州（148万人）、呼和浩特（130万人）、南充（103万人），共12个城市。

生产总值的 59.4%，占西部地区生产总值的 32.3%；市辖区规模以上工业增加值的 34447.4 亿元，占西部地级及以上城市市辖区的 52.2%，占西部地区的 29.8%；市辖区固定资产投资 24383.2 亿元，占西部地级及以上城市市辖区的 60.5%，占西部地区的 30.4%；市辖区地方财政一般预算内收入 2805.6 亿元，占西部城市市辖区的 65.9%，占西部地区的 32.1%。总体来看，12 个大都市区市辖区的经济总量占西部 87 个地级及以上城市市辖区经济总量的一半以上，占整个西部地区经济总量的将近 1/3，大都市区经济发展的重要性显而易见。

西部地区相对落后，人均地区生产总值、人均规模以上工业总产值、在岗职工平均工资、人均地方财政一般预算内收入，均低于东部、中部和东北地区，与东部地区相差最大，以上指标仅分别相当于东部地区的 78.0%、51.3%、73.2%、54.5%；受"西部大开发"政策影响，人均固定资产投资较高，仅低于东北地区；三次产业结构中，第一产业比重偏高，由于第二产业不发达导致第三产业也存在"虚高"现象，见表 8 - 1。

表 8 - 1　　2012 年东、中、西、东北地区大都市区（市辖区）主要经济指标比较

地区	人均 GDP（元）	人均规模以上工业总产值（元）	人均固定资产投资（元）	在岗职工平均工资（元）	人均地方财政一般预算内收入（元）	产业结构
东部	127894.0	202135.6	53710.2	64731.7	15509.6	1.3:43.7:55.0
中部	102133.0	131160.4	69279.0	48652.0	11050.0	1.3:48.9:49.8
西部	99802.4	103686.9	73393.6	47363.5	8445.0	3.0:46.4:50.6
东北	108023.0	154215.7	81858.3	49154.1	10664.6	2.0:51.7:46.3

资料来源：根据国家统计局：《中国城市统计年鉴（2013）》，中国统计出版社，2014 年，整理。

另外，从第 4 章西部大都市集聚性研究也可以看出，除乌鲁木齐、呼和浩特、成都和包头外，西部其他大都市的经济集聚性均低于中国其他地区相同人口规模、相同行政级别的城市。

二、面临的机遇

（一）国家战略的新布局

"十二五"以来，国家实施了几项重大空间战略措施，包括"一带一路"、

长江经济带、珠江—西江经济带以及沿边开发开放规划。过去，国家更多的是对西部地区内部的扶持，而新的战略布局更充分地体现了区域联动性和国际开放性的特点。如长江经济带和珠江-西江经济带的建设，将比较发达的长江三角洲、珠江三角洲与欠发达的长江上游、西江上游地区紧密地联系在一起。通过交通通道的建设，发达地区的资本、技术和企业能够转移到欠发达地区。"丝绸之路"经济带，则很好地体现了大开放的思想，必然加大对交通基础设施建设的投入，从而降低产品的运输成本。西部地区凭借毗邻"丝绸之路"经济带沿线国家的区位，容易获得在运输成本上的优势，成为国家向西开放格局中的前沿阵地（魏后凯，2016）。

（二）国家继续实施"西部大开发"战略

2010年7月，国家明确指出推动"西部大开发"的决心不动摇，扶持"西部大开发"的政策不改变，支持"西部大开发"的力度不减弱。《中华人民共和国国民经济和社会发展"第十三个"五年规划纲要》提出，把深入实施西部大开发战略放在优先位置，更好发挥"一带一路"建设对西部大开发的带动作用。加快内外联通通道和区域性枢纽建设，进一步提高基础设施水平，明显改善落后边远地区对外通行条件。大力发展绿色农产品加工、文化旅游等特色优势产业。设立一批国家级产业转移示范区，发展产业集群。依托资源环境承载力较强地区，提高资源就地加工转化比重。加强水资源科学开发和高效利用。强化生态环境保护，提升生态安全屏障功能。健全长期稳定资金渠道，继续加大转移支付和政府投资力度，加快基本公共服务均等化。加大门户城市开放力度，提升开放型经济水平。这为西部城市发展提供了难得的历史机遇，特别是为大都市区跨越式发展带来了新的机遇。

（三）国家新型城镇化战略的实施

《全国新型城镇化规划（2014~2020）》指出，直辖市、省会城市、计划单列市和重要节点城市等中心城市，是中国城镇化发展的重要支撑。中西部城镇体系比较健全、城镇经济比较发达、中心城市辐射带动作用明显的重点开发区域，要在严格保护生态环境的基础上，引导有市场、有效益的劳动密集型产业优先向中西部转移，吸纳东部返乡和就近转移的农民工，加快产业集群发展和人口集聚，培育发展若干个新的城市群，在优化全国城镇化战略格局中发挥更加重要的作用。加快培育成渝等城市群，使之成为推动国土空间均衡开发、引领区域经济发展的重要增长极。西部大都市区应以新型城镇化发展为契机，提升经济发展水平，加快经济发展速度，增强对中小城市及整个地区的辐射带动作用。

三、重点任务

（一）构建大都市区新型的产业分工格局

在大都市的中心区要着重发展公司总部、研发、设计、培训以及营销、批发零售、商标广告管理、技术服务等环节，由此形成两头粗、中间细的"哑铃形"结构；大都市区郊区（工业园区）和其他大中城市侧重发展高新技术产业和先进制造业，由此形成两头小、中间大的"菱形"结构；而周边其他中小城市、县城和重点小城镇则专门发展一般制造业和零部件生产，由此形成中间粗、两头细的"棒形"结构，见图8-1。

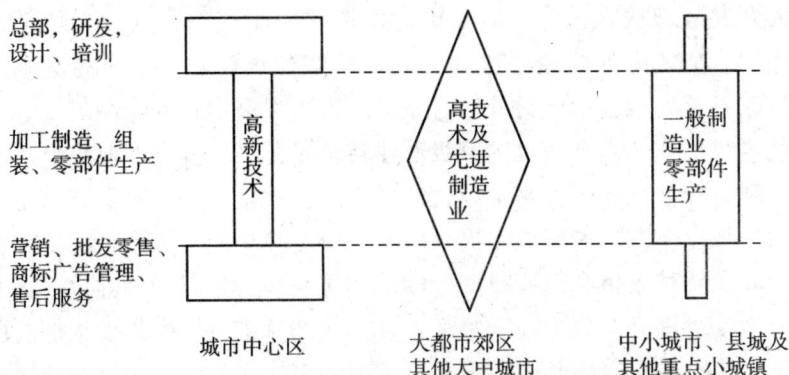

图8-1　新型的中心城市—周边地区的产业分工格局

资料来源：魏后凯. 大都市区新型产业分工与冲突管理——基于产业链分工的视角. 中国工业经济，2007（2）：28-34.

（二）积极承接东部产业转移

西部大都市区要抓住东部地区产业向中西部地区转移的机遇，制定承接产业的有效政策，加强基础设施建设，以工业园区为载体，依托产业优势、资源优势、成本优势和区位优势，主动承接相关产业转移；要抓住节能减排政策的机遇淘汰落后产能，限制发展污染严重的重工业，大力发展战略性新兴产业与服务业，促进大都市区产业结构的调整升级。

从注重数量扩张向数量质量并重转变，有选择、有条件地进行产业承接，鼓励承接技术含量高的产业、非资源依赖型产业，以及为本地特色产业延伸配套加工的产业，同步实现承接产业转移与推动产业升级。防止对环境资源的破坏，注重节能降耗，保护土地资源，对污染十分严重、处理能力不强、处理成本过高、节能降耗不达要求的企业与项目坚决拒绝落户。在国家区域发展战略布局指导下，加强区域内的统筹协调，因地制宜、因时制宜，结合各地实际，找准定位，培育发展特色产业，避免恶性竞争（李国平等，2016）。

（三）加大 R&D 经费投入，吸引创新人才

西部大都市区实现跨越式发展，人才是关键。要把人才工作放在突出位置，不断加大 R&D 经费投入，推动西部大都市区经济发展向依靠科技进步、劳动者素质提高和管理创新转变。在不断完善基础设施建设的同时，抓好软环境建设，营造和优化能吸引人才的政策环境、法治环境以及工作生活环境，创新人才引进机制，增强大都市区的自主创新能力。

（四）大力发展城际交通

西部特大城市、大城市（大都市）辐射和扩散功能弱，相当程度上源于这些城市与中小城市之间的距离较远、空间可达性差（戴宾，2000）。西部大都市区以及整个西部地区经济发展的关键在于，强化特大城市、大城市与中小城市之间的社会经济联系。发展城际交通，建立城际间快捷、高效而成本低廉的城际交通运输网络体系，促使大都市区相对集聚的产业和生产要素向中小城市及更为广泛的地域转移和扩散，加速劳动力、产品在城市间的流动，从而促进西部城市经济和区域经济整体发展。

第二节　农民工市民化

一、必要性

2013 年，中央城镇化工作会议提出："要以人为本，推进以人为核心的城镇化，提高城镇人口素质和居民生活质量，把促进有能力在城镇稳定就业和生活的常住人口有序实现市民化作为首要任务"。推进以人为核心的城镇化，首

要任务是农民工市民化。西部大都市区之所以将农民工市民化作为管治重点,一是由于国际金融危机影响与中国发展战略重点转移,西部地区吸纳农民工数量有较快增长;二是西部地区农民工市民化成本相对较低,应尽量使西部地区农民工在西部大都市区实现市民化。

(一) 西部地区吸纳农民工数量增长较快

受 2008 年国际金融危机影响,东部地区用工数量明显减少,加上中国发展战略重点向中西部地区转移,使得中西部地区开始吸纳更多的农民工。2009年,东部地区吸纳农民工数量出现负增长,吸纳农民工数量占农民工总量的比重下降了 8.7 个百分点,而中西部地区吸纳农民工数量则增多,吸纳农民工数量占农民工总量的比重分别上升了 3.7 个、4.7 个百分点;2010 ~ 2012 年,西部地区吸纳农民工数量的增长率均高于东部和中部。吸纳农民工数量占农民工总量的比重,东部呈下降趋势,西部则呈现逐年上升趋势,见表 8 - 2。

表 8 - 2   2008 ~ 2012 年全国按就业地分农民工地区构成

年份	东部			中部			西部		
	人数 (万人)	比上年 增长 (%)	占总人 数比重 (%)	人数 (万人)	比上年 增长 (%)	占总人 数比重 (%)	人数 (万人)	比上年 增长 (%)	占总人 数比重 (%)
2008	9964	—	71.2	1859	—	13.3	2165	—	15.5
2009	9076	- 8.9	62.5	2477	33.2	17.0	2940	35.8	20.2
2010	16212	4.1	66.9	4104	7.2	16.9	3846	9.3	15.9
2011	16537	2.0	65.4	4438	8.1	17.6	4215	9.6	16.7
2012	16980	2.7	64.7	4706	6.0	17.9	4479	6.2	17.1

注:东部地区农民工数量包含辽宁,中部地区农民工数量包含吉林和黑龙江。
资料来源:国家统计局. 全国农民工监测调查报告 (2008 ~ 2012). 2013.

(二) 西部地区农民工市民化成本较低

农民工市民化的成本,指地方政府为农民工享有与本地户籍人口相同的公共服务所需付出的成本,包括随迁子女义务教育成本、养老保险成本、医疗保障成本、保障性住房建设成本、公共设施建设成本、其他社会管理费用,等等。中国不同地区经济发展水平不同,教育、医疗、社保事业完善程度不同,现有基础设施完备程度不同,农民工市民化的成本也有所不同。张国胜

（2009）对中国不同地区38个大城市的农民工市民化成本进行了测算，通过分地区汇总发现，西部地区农民工市民化的人均总成本最低，分别相当于东部、中部、东北的66.0%、77.9%、88.4%。从各项成本来看，西部地区仅人均城市生活成本高于东北，人均基础设施成本高于中部和东北，其余成本均低于其他地区，见表8－3。

表8－3　　　　　　　　　　不同地区农民工市民化社会成本比较　　　　　　　单位：元/年

地区[1]	人均城市生活成本	人均教育成本	人均社会保障成本	人均城市住房成本	人均基础设施成本	人均社会总成本
东部	7047.3	561.3	1349.3	49242.3	19348.6	59406.9
中部	5551.8	208.3	813.2	33950.0	9795.0	50318.3
西部	5060.5	207.0	639.1	26739.8	10177.2	39219.2
东北	4433.0	308.0	859.8	28959.8	9819.8	44380.3

注：[1] 东部城市包括上海、南京、无锡、苏州、杭州、温州、广州、深圳、珠海、佛山、东莞、惠州、福州、厦门、北京、天津、青岛、石家庄、济南；中部城市包括武汉、长沙、合肥、南昌、郑州、太原；西部城市包括西安、成都、重庆、南宁、贵阳、昆明、呼和浩特、兰州、乌鲁木齐；东北城市包括大连、沈阳、长春、哈尔滨。

资料来源：张国胜. 基于社会成本考虑的农民工市民化：一个转轨中发展大国的视角与政策选择. 中国软科学，2009（4）：56－79.

二、重点任务

随着户籍制度的改革，阻碍农民工市民化的因素，已经开始从形式化的户籍制度转向嵌入户籍制度中的就业、社会保障、土地、教育等福利性的制度安排（黄锟，2011）。未来农民工市民化的创新重点，是对农民工权利和待遇具有实质影响的各种制度创新。改革和完善土地产权制度、流转制度和征地制度，在解除土地对农民工市民化束缚的同时，提高农民工合法的土地承包、土地流转和土地补偿收益；尽快建立农民工完善的和城市居民基本相同的社会保障和流动人口社会保障的可转移问题；制订解决外来务工人员住房的长期政策，采取多种渠道增加农民工住房的有效供给；强化农民工的职业技能培训和其他多种形式的成人教育、继续教育，提高农民和农民工的教育程度。输入地政府要承担农民工子女教育的责任，不应该有任何歧视。

（一）提升城市功能

一般来说，城市功能包括人口集聚功能、产业功能、吸纳就业功能和公共服务功能（闫程莉，安树伟，2014）。人口集聚功能可用建成区常住人口数衡量，吸纳就业功能可用非农产业就业人员比重衡量，公共服务功能可用每万人拥有的普通中小学数量、普通中小学师生比以及每万人拥有医院（卫生院）数、医生数、医院（卫生院）床位数等来衡量。与其他地区大都市区相比，西部大都市区城市功能较弱，见表8-4。从人口集聚功能看，2012年西部大都市区平均建成区常住人口226.3万人，仅高于中部地区，人口集聚能力弱。从吸纳就业功能看，西部大都市区非农产业从业人员比重为25.1%，仅高于东北地区，说明其吸纳就业能力也弱。从公共服务功能看，虽然每万人拥有的普通中小学数是最多的，但师生比（教师为1）则是最高的，说明其教师相对缺乏，这里还没有考虑教师素质的高低；每万人拥有医院（卫生院）数、医生数、医院（卫生院）床位数都是相对较高的，若考虑到医疗水平高低，西部地区则是最低的。可以这样说，西部大都市区公共服务数量不少，但质量不高。

表8-4　　2012年东、中、西、东北地区大都市区（市辖区）城市功能比较

地区	建成区常住人口（万人）	非农产业从业人员比重（%）	每万人拥有的普通中学（所/万人）	每万人拥有的小学（所/万人）	普通中学师生比（教师为1）	小学师生比（教师为1）	每万人拥有医院（卫生院）数（所/万人）	每万人拥有医生数（人/万人）	每万人拥有医院（卫生院）床位数（床/万人）
东部	360.1	34.0	0.5	0.8	12.5	18.9	0.4	68.0	39.9
中部	202.4	25.9	0.5	1.0	13.0	20.0	0.5	84.9	36.5
西部	226.3	25.1	0.6	1.1	14.7	20.4	0.5	83.1	44.0
东北	241.8	23.4	0.5	0.8	11.4	14.4	0.6	79.9	37.9

资料来源：国家统计局. 中国城市统计年鉴（2013）. 中国统计出版社，2014.

西部大都市区城市功能弱，存在较大提升空间，从而为农民工市民化提供了更多可能。西部大都市区要立足自身经济资源、经济腹地，促进产业发展和人口集聚，完善城市体系，提高经济社会发展水平，在提升自身城市功能的同时，为农民工市民化创造条件。

（二）完善农民工社会保障市民化的途径

推进农民工社会保障市民化，需要相关主体的利益协调和共同努力，因此需要从农村退出、城市进入和社会融合视角，构建农民工社会保障市民化的途

径（蒋长流，韩春虹，2015）。在推进农民工市民化的过程中，政府肩负主导责任，主要体现在三个方面：第一，在农村退出环节，政府是农村土地流转政策的制定者；第二，在城市进入环节，政府监督、激励和约束企业为农民工缴纳保险费，保护农民工合法权益与促进农民工稳定就业；第三，在社会融合环节，政府直接提供城市基本公共服务、社会福利和社会保障。企业的核心作用，体现在城市进入环节，企业作为农民工的雇佣方，直接参与农民工的各项保险费分摊。由于信息不对称，企业比农民工更加了解自身行业的特殊性和潜在风险的影响因素，应当积极为农民工办理各项社会保险，有效分担各项保险费，改善农民工的社会保险服务。农民工本人在城市进入环节扮演关键角色，其参保意愿和参保能力直接决定自身社会保障的参保比例情况，见图 8-2。

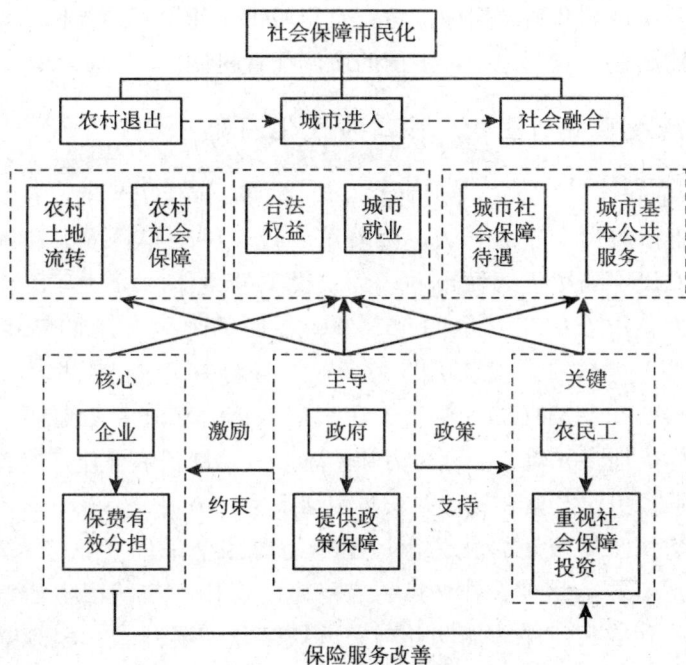

图 8-2　农民工社会保障市民化的途径

资料来源：蒋长流，韩春虹．利益非一致性与农民工社会保障市民化的政策支持研究．经济体制改革，2015（1）：95-99.

（三）构建基本公共服务投入成本的财政分担机制

农民工市民化的核心内容，是基本公共服务均等化，基本公共服务供给模式无论是政府直接提供还是政府向社会购买，供给的责任主体是政府，投入成本主要是财政成本。财政投入成本中涉及不同财政主体之间的成本分担机制，主要包括中央政府与地方政府、地方各级政府、输入地与输出地政府的分担机制（余雅乖，2014）。中央政府与地方政府应建立对农民工输入省区市的财政转移支付制度，重点对子女教育、医疗卫生、社会保障、住房保障等方面给予支持。省级政府要建立农民工市民化专项基金，通过财政转移支付的方式，重点对省区市内跨市县迁移的农民工公共服务投入提供支持。城市政府要承担农民工市民化过程中扩建城市所需的公用设施、基础设施、社会设施投资成本，配套支付农民的教育、医疗、社会保障、住房保障等基本公共服务支出。输入地享受了农民工的人口红利，输入地各级政府应更多地承担农民工市民化成本，并加强对农民工主要来源地的经济援助和对口帮扶，将农民工随迁子女教育纳入教育发展规划和财政保障范畴。对于城镇化建设用地指标，可实施农民工输入地与输出地建设用地指标平衡的协调配置机制。

（四）高度重视新生代农民工市民化问题

"新生代农民工"主要指 20 世纪 80 年代、90 年代出生的，在城镇从事非农产业的一群阶段性青年农村人。随着第一代农民工年龄增大和逐步返回农村，新生代农民工陆续进入城市并成为农民工的主体。2013 年，新生代农民工 12528 万人，占农民工总量的 46.6%；在西部地区务工的新生代农民工 2155 万人，占新生代农民工总量的 17.2%。与老一代农民工相比，新生代农民工受教育程度普遍偏高，主要集中在大中城市，在外务工更倾向于就地消费，人生目标更加多元化，心理压力和困惑加重，缺乏农业生产经验，但维权意识不断增强，更愿意留在城市并长久生活下去。

新生代农民工要真正转化为市民至少需要四个条件（张华，2011）：要有好的教育或者技能培训；在城市要有稳定的工作和与城市生活相匹配的收入水平；新生代农民工个人城镇化与家庭城镇化需要同步；城乡壁垒需要打破乃至消除。西部大都市区政府应尽量为新生代农民工市民化创造良好的条件。

第三节 城市安全保障

城市安全给社会、经济和政治秩序提供了保证；这些秩序又使得城市得以不断壮大，社会持续繁荣。从群众反映突出的城市环境、社会保障、纠纷调解、食品卫生以及生产、交通安全等方面的问题看，城市安全往往是人们关注的焦点之一。城市管理部门若忽视或不能有效地解决居民安全保障问题，就得不到群众的理解和支持，城市政府也就难以赢得人民群众的信任和拥护。实施有效的城市管治，对于城市安全问题的解决意义重大。

从基本内涵来说，城市安全已经远非狭义上的城市治安安全，而是涵盖了政治、经济、社会、环境等一切因素。一般而言，城市安全被理解为基于城市管理组织机构、志愿者群体以及全体城市社会成员共同意志和努力所建立起的一种安全机制，其内涵包括城市生产生活安全、休闲娱乐安全、医疗安全、用水安全、食品安全、交通安全、环境安全和教育安全等诸多方面（刘军奎，2010）。以全球化背景下世界城市面临的情况看，能源安全、信息系统安全、生态环境安全、恐怖主义袭击和其他暴力活动等非传统安全表现也已进入了城市安全范畴之内（金磊，2005）。城市安全几乎涉及所有类型的灾害威胁、破坏与伤害，涵盖了所有种族、性别、年龄、阶层的人类群体和所有物质空间与环境条件，见表8-5。

表8-5 威胁城市安全的因素

类型	主要内容
自然灾害	地质灾害：地震、火山爆发、断层滑坡、地面塌陷
	气候灾害：风灾、雪灾、雷击、洪灾
	复合性自然灾害：海啸、泥石流
人为灾害	火灾、毒气泄漏、毒液泄漏、核泄漏、光辐射、电波干扰、建筑物倒塌、交通事故、传染病、食品安全、水污染
袭击破坏	空袭、爆炸、纵火、防毒、抢劫、偷盗、其他犯罪

资料来源：董晓峰，王莉，游志远，等. 城市公共安全研究综述. 城市问题，2007（11）：71-75. 略有改动。

一、西部地区城市安全状况

近几年来，在经济全球化、社会复杂化、自然环境不断恶化的背景下，导致中国城市不安全的事件突发不断。

2008 年年初，低温雨雪灾害波及面积大，随后发生了"5·12"汶川大地震、玉树地震，等等。

从地区分布看，影响城市安全的因素，在西部地区发生的频率更高。以地震灾害为例，中国西南地区的川西和云南大部分地区，西北地区的汾渭地堑、天山南北、祁连山地、银川平原及甘肃东部等地均为地震活动区，历史上曾发生过多次强烈地震，见表 8-6。

若以宝鸡、贵阳一线为界，西部的地震活动频次与东部的比例为 67：1，地震所释放的能量之比为 25：1。地震活动水平最高的 4 个省（自治区）是西藏、新疆、云南和四川，其次是青海、河北、宁夏、甘肃，地震活动最强的 8 个省区中，西部占 6 个、东部仅占 2 个。

表 8-6　　　　　　　　20 世纪中国西部地区发生的大地震

年份	地点	震级	年份	地点	震级
1913	云南玉溪	7.0 级	1950	西藏察隅	8.6 级
1917	云南下关	7.5 级	1970	云南通海	7.7 级
1920	宁夏海原	8.5 级	1988	云南澜沧	7.6 级
1923	四川炉霍	7.3 级	1995	中缅边界	7.3 级
1925	云南大理	7.0 级	1996	云南丽江	7.0 级
1927	甘肃古浪	8.0 级	1997	新疆伽师	7.0 级
1938	四川叠溪	7.5 级			

资料来源：万鹏. 我国西部城市主要自然灾害防治对策与防灾规划研究. 华中科技大学硕士学位论文，2007.

二、引发西部地区城市不安全因素的主要原因

进入现代社会以来，影响城市安全的各类灾害发生了变化，即引起城市不安全的因素由以自然灾害为主向以人为灾害为主转变（段华明，刘敏，2000）。

自然灾害是客观存在的，引发人为灾害的原因大体上可分为客观因素与主观因素两大类：客观因素与一个城市经济社会发展水平、民族宗教问题等有关；主观因素主要与政府处理突发公共事件的应急能力密切相关。

（一）经济社会发展水平

经济社会发展水平低，是影响西部地区城市安全的主要原因之一。2014年，东部地区城镇居民人均可支配收入 33905 元，西部地区 24391 元，东部是西部的 1.39 倍；东部地区农村居民人均纯收入 13145 元，西部地区农村居民人均纯收入 8295 元，东部是西部的 1.58 倍；东部地区人均地区生产总值 67109 元，西部地区人均地区生产总值 37487 元，东部是西部的 1.79 倍。经济社会发展水平低，导致人们生活水平较低、受教育程度相对较低，只能从事较为简单的工作，容易对社会产生不满情绪。

（二）政府处理突发公共事件的应急能力有待提高

整体水平上，西部城市政府对突发公共事件的重视程度和在危机中的反应速度并不低于东部城市，但就对突发公共事件的防范意识、预警能力和处置水平而言，西部城市还有较大的差距（孙元明，2005）。

如前文所述，影响城市安全的自然灾害比重相对下降，人为灾害比重日益上升。既然人为灾害是影响城市安全的主要因素，那么，从理论上讲，就可以通过预防和监控来制止灾害的发生，保证城市安全。因此，城市管治对于确保城市安全显得十分关键。只要城市政府能够逐渐转变城市管治模式，有效地加强对人为性灾害的预防与控制，依照灾害发生的规律性构建起一套稳定、可操作的制度与机制，充分发挥专门的防灾减灾规划的作用，实现城市安全、社会稳定就是可能的。

三、积极应对城市公共安全问题

科学、可行的城市公共安全规划，是提高公共安全保障与应急管理水平的源头，可以减少突发事件的发生及其带来的损失。西部大都市区政府，应高度重视公共安全规划，通过认真分析与评估大都市区的公共安全现状，以系统科学的风险理论为指导确定城市公共安全规划目标，研究城市公共安全的风险消除或减弱技术及措施，建立城市公共安全的应急救援系统、应急救援预案及信息管理系统，研究、设计并制定城市公共安全规划及实施方案，以期实现城市灾害事故的预防、预警、应急救援、事故与灾害控制及灾后处理等系统化的安全管理模式。因此，在城市公共安全规划实施过程中，加强城市公共安全法治化建设和公民的防灾减灾意识。

第四节　城市环境污染治理

伴随着工业化、城镇化的快速发展，城市环境污染不断加剧是当今中国面临的重大问题。近年来，城市环境污染出现了新的特点（王晓玲，2003）：一是污染结构由工业污染向工业污染和生活污染并存过渡，生活污染排放总量所占比重迅速上升；二是污染区从特大城市和大城市向中小城市转移，并出现从东部向西部转移的趋势。西部大都市区面临人口与经济双高速增长导致的环境污染问题，将日益严重，积极探索解决城市环境污染的有效手段刻不容缓。

一、环境污染状况不容乐观

2002～2011年，西部人均固体废弃物排放量、人均二氧化硫排放量均高于中东部地区。2011年，西部地区工业二氧化硫、工业烟粉尘、工业固体废物排放总量的增长率，分别为7.8%、6.3%和78.7%；与全国的各项污染排放总量相比较，工业二氧化硫、工业烟粉尘、工业固体废物排放量占全国的比重分别是35.7%、30.4%和33.0%，远超过了该地区GDP占全国的比重，单位GDP的工业污染排放量均高于全国水平；全国万元GDP能耗水平最高的10个省（区市）中，西部地区有7个（齐飞，2014）。1999～2010年，各地区环境污染及破坏事件累计发生次数最多的广西壮族自治区，达到2245件（成娟，2011）。

从大都市区环境状况看，2012年，西部大都市区一般工业固体废物综合利用率、污水处理厂集中处理率、生活垃圾无害化处理率分别为78.0%、81.0%和94.7%，其中，一般工业固体废物综合利用率低于中东部地区，略高于东北地区，污水处理厂集中处理率在全国东、中、西、东北四大区域中最低，生活垃圾无害化处理率均高于其他地区；单位GDP工业烟（粉）尘排放量、工业废水排放量、工业二氧化硫排放量分别为16.6t/元、3.3万t/元和42.5t/元，其中，单位GDP工业烟（粉）尘排放量仅低于东北地区，单位GDP工业废水排放量与其他地区相比最低，单位GDP工业二氧化硫排放量均高于其他地区，见表8-7。

表 8–7　　　　2012 年全国各地区大都市区（市辖区）主要环境指标比较

地区	一般工业固体废物综合利用率（%）	污水处理厂集中处理率（%）	生活垃圾无害化处理率（%）	单位 GDP 工业烟（粉）尘排放量（吨/元）	单位 GDP 工业废水排放量（万吨/元）	单位 GDP 工业二氧化硫排放量（吨/元）
东部	88.4	86.3	92.1	11.8	4.2	23.1
中部	83.2	87.7	86.8	15.7	4.3	38.4
西部	78.0	81.0	94.7	16.6	3.3	42.5
东北	75.7	84.7	90.0	17.2	3.6	29.0

资料来源：国家统计局. 中国城市统计年鉴（2013）. 中国统计出版社，2014.

二、环境污染的影响

环境污染给城市经济发展造成了巨大的经济损失，更为严重的是直接影响居民健康。长期生活在空气质量劣Ⅲ级标准的环境中，身心健康将会受到损害。空气污染降低人体的免疫功能，诱发或加重多种疾病（如上呼吸道炎症、哮喘、支气管炎、肺气肿等）的发生。20 世纪末，世纪银行的一项研究表明，中国肺气肿及慢性支气管炎是死亡的首因，而大气污染是其主要根源之一。

由于汽车尾气的排放贴近地面，对空气的污染以及由此对居民身体健康造成的危害特别严重。尤其是含铅气雾漂浮在离地面 1m 左右的空间，对儿童的伤害更为严重。近几年，中国一些城市儿童的血液含铅量增加，有的甚至超标几十倍，这主要是因为汽车排放的废气中含铅所致。而铅中毒会损伤儿童的脑神经，影响儿童智力的发育。除废气之外，汽车还产生了严重的噪声污染。

对人体健康影响最严重的是入肺颗粒（PM2.5），PM2.5 浓度上升已成为中国城市重大的民生问题。PM2.5 就是指，空气中直径 2.5 微米的小颗粒，它是个载体，可以含有硫酸盐、硝酸盐，甚至一些病毒等。PM2.5 的害处就是一直进到人的肺部终末的肺泡，有一部分自己会出来，但是多数存积在肺泡里，存积在肺泡的 PM2.5 多数是被肺泡里吞噬细胞吞噬的，吞噬以后就永远留存在肺部了。所以，只要 PM2.5 含有化学物质、致癌物质或者其他物质，或者含有病毒，在肺泡里它的感染会厉害，对人体的危害会比较大，首当其冲的是，对肺产生明显影响。其次，对血管、神经系统、妊娠妇女，特别是肿瘤尤其是肺癌都会造成比较大的影响。

研究表明，当 PM2.5 浓度增加 $10\mu g/m^3$，心脏病的发生率增加 3 个百分点；有心脏病的居民病史会增加 20%；低体重的新生婴儿会增加 10%；对呼吸系统的影响就更加严重了。美国用 26 年对 18.8 万人进行了检测，发现 PM2.5 浓度每增加 $10\mu g/m^3$，肺癌的患病率增加 15% ~27%；日本用 8.7 年观察了 6000 多个肺癌病人，发现 PM2.5 浓度每增加 $10\mu g/m^3$，肺癌患病率大概增加 24%。

大气中 PM2.5 浓度的上升，是形成雾霾天气的最重要原因。大量研究表明，雾霾对人体呼吸系统、脑神经系统、心血管系统等产生威胁，特别是会导致肺癌患病率明显上升（安树伟，2013）。

三、环境污染的主要原因

西部地区环境污染既与其脆弱的生态环境有关，但更主要的是由于经济发展等人为因素造成的。首先，与中东部地区比较，西部地区经济基础薄弱，政府有"重经济增长、轻环境保护"的政策取向。其次，西部地区经济发展主要依靠资源消耗的粗放型工业发展方式（高新才，马丽，2014）。1998 年，西部地区工业增加值占 GDP 的比重不到40.0%，2011 年，工业对 GDP 增长的贡献率达到 65.2%，伴随第二产业蓬勃发展的是对自然资源的依赖程度提高，所要求的资源消耗量大。最后，西部中小企业环境污染问题突出，规模小、设备落后、工艺陈旧、操作水平低、生产能耗高、经济效率低，任意向环境排放各种未经处理的废弃物。

四、治理环境污染的对策

为解决环境问题和由此导致的经济低效率与社会不公平，现代经济学者提出了一系列治理措施，总括起来主要有三种方式（王齐，2004）：一是命令控制手段。如强制关停污染严重的企业、加强环境质量监管、限制私人汽车等；二是环境经济政策。即按照市场价值规律的要求，运用价格、税收、信贷、收费、保险等经济手段，调节或影响市场主体行为，以实现经济建设与环境保护的协调发展；三是产权管理途径。政府作为社会代表及环境资源的所有者，可以出售排放一定污染的权力，污染者可以从政府那里购买这种权力，也可以从某种利益出发，在持有污染权的污染者之间交换。这样，通过购买实际或潜在的"排污权"或出售"排污权"，就建立起了排污权交易市场。西部大都市区解决环境污染问题关键要注意以下几点。

（一）尽快转变环境污染治理手段

从环境管理的角度看，中国已经有《环境影响评价制度》《"三同时"制度》《超标排污收费制度》《环境综合整治定量考核制度》《目标责任制》《排污许可证制度》《污染集中控制制度》《限期治理制度》和《企业环保达标制度》等制度，但这些制度多数属于行政性法规。要从根本上解决西部大都市区的环境污染问题，必须以行政手段为主尽快转变到以法律手段和经济手段为主，以保证治理污染政策的科学、连续、高效和透明。

（二）征收环境税

市场作为资源配置的一种方式，根本上是价格机制发挥作用。环境问题存在的主要原因，是环境资源没有被恰当地纳入价格体系中，征收环境税可以解决这一问题。环境税实施的最大难点，在于税负水平的确定，可借鉴西方国家的经验，选择次优税率，即大于污染治理成本的税率水平，迫使排污企业积极防治污染。美国自 20 世纪 70 年代实施环境税以来，二氧化碳排放减少了 20%、一氧化碳排放减少了 39%、二氧化硫排放减少了 42%、悬浮颗粒减少了 70%。另外，逐渐将环境税收扩展到消费领域，将消费过程中产生的负外部性通过税收内化到价格体系中，对环境不友好的产品、行为征税，如电池税、旧轮胎税、垃圾税等（黄志基，马妍等，2013）。

（三）推广排污权交易

排污权交易是指，排污者将环境监管部门发放的排污许可证进行交易的一种制度，这一制度的前提是承认企业排污是一种产权或者权利。当需要减少排污总量时，监管部门可以通过买进一定数量的排污权，从而使市场上可交易的排污量减少。民间环境保护组织也可以通过购买排污权的办法，来实现他们保护环境的目的。排污权交易所体现的也是一种政府控制下的市场调节机制（安树伟，2013）。目前，世界上已有 10 多个国家设立了排污权交易制度。1976年，美国开始实施这一制度，可交易的许可证主要包括空气污染许可证、汽油含铅量许可证和向水体排放污染物许可证。西部大都市区应在借鉴国外经验的基础上，在试点的基础上推广排污权交易。

（四）促进人口与经济活动集聚

城市密度与城市污染排放存在倒"U"形关系。尽管在一定时期内，随着城市规模扩大可能增大污染排放总量，但最终会提升环境控制效率，显著降低城市污染排放强度（黄志基，马妍等，2013）。城市环境污染并不一定是城市规模扩大的结果，不能一味地强调要控制大城市规模。相反，城市规模的扩大有利于污染治理，应促进大都市区人口和经济活动的进一步集聚，建设紧凑型大都市区。

第五节　城市新区建设

城镇化发展必然带来城市空间扩展，即经济、人口、信息等在城市快速集聚，在空间上直接表现为城市规模扩大、腹地空间增大、城镇数量增多。2008～2012年，中国大都市区建成区面积快速增长，东部、中部、西部、东北大都市区建成区面积分别增长12.5%、19.4%、28.0%、18.5%，西部大都市空间扩展速度最快。

城市新区建设作为城市空间扩张的一种形式，是中国改革开放后城镇化进程的重要支撑和空间表现（朱孟珏，周春山，2013）。2010年后，中国出现了城市新区规划与开发建设的热潮。截至2016年9月，中国有国家级城市新区18个，其中，只有3个新区是2010年前批准设立的，见表8-8。

表8-8　　　　　　　　中国国家级城市新区概况

新区名称	规划面积（km²）[1]	所在省（市）	国务院批准时间
浦东新区	1210	上海市	1992年10月
滨海新区	2270	天津市	2006年5月
重庆两江新区	1200	重庆市	2010年5月
舟山群岛新区	1440	浙江省	2011年6月
兰州新区	806	甘肃省	2012年8月
广州南沙新区	803	广东省	2012年9月
陕西西咸新区	882	陕西省	2014年1月
贵州贵安新区	1795	贵州省	2014年1月

新区名称	规划面积（km²）[1]	所在省（市）	国务院批准时间
青岛西海岸新区	2096[1]	山东省	2014 年 6 月
大连金普新区	2299	辽宁省	2014 年 6 月
成都天府新区	1578	四川省	2014 年 10 月
长沙湘江新区	490	湖南省	2015 年 4 月
南京江北新区	2451	江苏省	2015 年 6 月
福州新区	1892	福建省	2015 年 8 月
云南滇中新区	482	云南省	2015 年 9 月
哈尔滨新区	493	黑龙江省	2015 年 12 月
长春新区	499	吉林省	2016 年 2 月
江西赣江新区	465	江西省	2016 年 6 月

注：[1] 指陆域面积。
资料来源：根据各城市新区规划整理。

一、西部城市新区建设的特征

（一）数量多，面积大

18 个国家级城市新区中，西部地区就占了 6 个，占新区总数的 33.3%，总面积 6743 平方千米，平均每个新区 1124 平方千米。

（二）新区建设多为"整合"模式

从行政区划关系上看，城市新区建设模式有三种（方创琳，马海涛，2013）：一是"合一"模式，如浦东新区、天津滨海新区、舟山群岛新区等；二是"内含"模式，即新区位于行政区内部的特定区域，如郑东新区、铁西新区等；三是"整合"模式，即新区跨相邻几个行政区的特定区域。西部城市新区建设多为"整合"模式，如两江新区跨重庆江北、渝北、北碚三区，贵安新区跨贵阳、安顺两市所辖四县，西咸新区和天府新区也都跨多个市、县、区。"整合"模式形成的城市新区各种行政关系错综复杂，协调成本高、难度大。

二、城市新区建设中存在的问题

(一) 土地浪费严重

在城市新区建设热潮中，新区规划面积不断增大，西部 6 个国家级城市新区面积均超过现有城市建成区面积。部分新区占用大量的农用地、耕地和基本农田，既不符合城市总体规划，也不符合土地利用规划。"圈而不建"现象普遍存在，一些地方政府打着新区建设的幌子，实为谋取国家在税收、政策、土地等方面的优惠政策。

(二) 基础设施重复建设，浪费严重

一方面，城市新区虽然在很大程度上缓解了老城区的住房、交通、环境、资源等巨大压力，但新区与主城区功能趋同，并未形成相互支撑的格局，造成严重的设施重复建设，增加了地方政府财政、管理等负担；另一方面，西部城市新区建设普遍超前，人口规模偏小，不仅制约交通、供水、供电、信息、污水和垃圾处理等基础设施的建设，同时造成已建成基础设施的资源浪费和低效利用，而且不利于商业、教育、医疗、餐饮、娱乐等服务设施和功能进入和壮大，难以形成持续扩大和升级的消费需求与服务需求，造成新区在很长时期内缺少人气和商气，违背新区设立的目标（方创琳，马海涛，2013）。

(三) 产业基础薄弱

国内正在建设的一系列城市新区中，有的依托老城的产业基础，有的依托各种级别的产业开发区，有的甚至没有任何产业基础，在一片未开发土地上重新培育产业体系。尽管地方政府制定了新区产业发展规划，但在招商引资、产业选择、与主城产业竞争等方面存在很多不确定性和风险因素。相当一部分城市新区由于基础设施条件相对较差，产业配套能力不足，短期内难以形成有竞争力的产业体系，也就不能创造稳定的就业和吸引人口聚集，新区的生产与服务功能难以持续培育和发挥，新区的建设与发展缺少内在动力和有效支撑（高国力，2012）。西部地区城市新区产业基础薄弱程度比全国平均水平更低。

(四) 投资规模巨大，增加了地方债务风险

城市新区建设涉及土地征收、房屋拆迁、道路交通、水电气热供给、信息

网络、污水垃圾处理、生态绿化等，会产生巨大的投资需求；新区建设要新上产业项目、改造升级传统产业项目，也需要大量的资金投入。而新区建设涉及的重大项目往往投资回报周期长、负债规模大。巨大的资金需要和较低的偿债能力，迫使地方政府通过融资平台举债融资，负债规模急剧攀升，有些地方政府甚至严重依赖土地出让收入偿还债务，地方债务性风险不断加大。

三、管治重点

（一）加强审批监管，合理界定并严格控制新区规模和数量

面对正在掀起的新一轮"新区新扩"和"新区新建"倾向，地方政府应清理整顿在建和规划建设的各类新区，根据城市建设和产业发展需要，立足当地资源环境承载力，科学定位"新区"发展功能，提出各类"新区"科学合理的建设规模，明确产业发展方向与重点，严格按照《中华人民共和国土地管理法》和《中华人民共和国城乡规划法》的规定，纳入土地利用规划和城市总体规划之中，确保"新区"建设范围与城市总体规划建成区面积精准衔接，对已经超标建设的"新区"限期整改，对即将超标建设的"新区"立即停止建设。对于不顾资源与生态环境承载能力、肆意扩大城市建设范围、随意占用基本农田或变相调整基本农田为一般农田的相关责任人作出严肃处理。进一步统一和明确城市新区的界线和类型，从严管理各级城市随意设立、自称或改名为城市新区；制定设立城市新区的科学流程和审批程序，加强评估论证和公开公示；加强上级政府的审批和监管，原则上应只有国务院和省级政府拥有设立城市新区的审批权限，其他各级政府和部门不得审批设立城市新区，从制度上严控新区的数量；实行同级政府规划、国土、环保、产业、发展改革等相关部门协商会签制度，加强同级人大、政协、社会组织、新闻媒体等机构的监督，不断提高城市新区设立的规范性和民主性，从而提高新区建设的质量（方创琳，马海涛，2013）。

（二）优化新区建设用地，提高新区土地集约利用效率

针对城市新区土地经营粗放、空间积聚程度偏低的问题，在新区规划中整合破碎、分散的各类用地功能。在城市新区空间布局上，体现适度分散、相对集中的原则，利用公共交通引导城市开发，强调土地的混合使用和密集开发策略，集中紧凑规划城市建设用地，形成精明增长的城市发展模式（王青，

2008)。在新区开发中，充分利用城市存量空间，加强对现有建成区的再开发，以减少基础设施和公共服务设施建设的成本，保护空地。

（三）合理运用土地增减挂钩机制，为新区建设提供适度的用地保障

土地增减挂钩机制，本来是推进城乡协调发展、提高城乡土地利用效率、缓解城市建设用地的一种有效手段，但这种手段被一些地方政府作为建设新区、随意扩大新区面积的重要途径。一些地方采用这种增减挂钩机制，把从县城、乡镇中腾退出来的建设用地全部集中于城市新区，在某种程度上诱导了新区建设的用地条件。建议合理运用土地增减挂钩机制，为新区建设提供适度的用地保障，通过增减挂钩的新增建设用地要在城市市区、县城、乡镇、农村社区之间合理进行重新配置，不宜过分集中于城市新区。

（四）新区建设要体现"产城一体"要求

长期以来，以产业发展为目的形成的各类开发区，普遍缺乏人性化的服务和居住功能，难以满足人的全面发展需要，也不利于土地资源的集约节约利用。新区不是开发区，新区走的是城镇与产业、安居与乐业相结合的道路，注重城市功能与产业功能的协调发展，实现新型城镇化和新型工业化共同推进。从国内外经验看，产业对城市发展的支撑作用日益为人们所重视。伦敦、东京、巴黎等大都市新区都在政府的规划指导下发展具有产业功能的新区，城市新区开发要迅速产生城市综合性社区的功能，核心是促进城市产业成长（高波，葛杨等，2002）。城市新区应当致力于培养房地产、金融、保险、现代咨询等第三产业，大力发展高新技术产业，打造城市新的经济增长点。

第六节　城 市 更 新

一、西部城市更新中存在的突出问题

（一）改造手段单一，大拆大建

目前的城市更新改造中，城市更新被片面地理解为拆旧建新。在急功近利

的思想指导下大拆大建，导致相应的政策与法规的制定以及规划编制无法跟上，从而带来一系列严重问题，如在建设上粗制滥造等。一些城市在短短几年内就将旧城基本拆迁改造完毕，致使拆迁户安置困难、土地闲置，导致人力、物力和财力的巨大浪费。正像《北京宪章》所指出的，20世纪是一个"大发展"和"大破坏"的时代，人类对自然和文化遗产的破坏已危及自身的生存，"建设性破坏"屡见不鲜（杨勇翔，2002）。

（二）旧城区开发强度过大

随着房地产业的兴起，城市旧城区逐渐成为房地产开发的热点。城市旧城区通常是城市的中心区，人口密集、商业发达、具有很高的商业价值。在经济利益驱动下，房地产开发商在旧城区更新改造中常常不惜损害城市的整体社会效益和环境质量，进行高强度开发。片面提高容积率导致旧城区建筑容量过大，建筑密度过高，从而带来新的环境问题，使城市的整体环境质量严重下降。

（三）城市历史文化风貌和景观特色严重丧失

西部城市大多有着悠久的历史和璀璨的文化，有着独特的历史文化风貌和景观特色。但从目前来看，城市更新改造大多缺乏对城市历史文脉的尊重，缺乏对城市历史文化内涵、地方特色以及地方风情的深入研究。不注重传统街区、传统风貌的保护与继承，许多历史文化古迹和风貌在城市更新中被破坏，甚至被完全摧毁，而新建的建筑又毫无地方特色和风貌，造成"千城一貌"的局面（赵涛，李煜绍等，2006），或者被一些低级和赶时髦的东西所替代。

（四）"形象工程"盛行

在旧城改造过程中，产生了大量的形象工程。归纳起来，形象工程主要有：宽马路（或者景观大道）、大广场、移植大树进城、亮化工程、标志性建筑等。形象工程的大量出笼，对城市的健康持续发展危害很大，不仅浪费了宝贵的资金和土地，妨碍城市健康协调发展，而且消解地方文化和城市特色。一些标志性建筑完全是从天而降，与当地的历史文化、传统习俗、自然环境、城市空间模式全无关系。

城市更新中上述问题的产生，既与地方领导追求政绩的强烈冲动、决策监督机制不健全有关，也有相关法律的缺失、经济利益的驱动等原因。

二、西部城市更新的对策

(一) 制定科学合理的城市更新规划

城市的更新与保护工作涉及面广、影响因素多、情况复杂，稍有不慎就会造成无法挽回的损失。因此，必须用历史的、现实的、发展的、超前的、长远的思路来综合考虑问题，制定规划。更新什么？如何更新？保护什么？如何保护？都要经过充分的分析论证。在此基础上，编制出科学的、完善的城市更新与保护规划，使城市的更新与保护纳入法治化轨道。

(二) 保障城市更新中的公众参与

建立健全相关的法律法规和政策，使公众参与成为城市更新体系中一个必不可少的法定环节。涉及各市民阶层切身利益的决策，必须事先通过社会公示或听证会等形式听取意见或建议。从最初的应当不应当更新，更新后达到什么样的效果，采取什么更新措施，到更新结果的客观评估，要遵循公开、公平、公正的原则，保证城市更新项目的事前和事中的公众参与，避免将力量用在事后的责任追究上（姜杰，刘忠华，2005）。

(三) 建立专门机构，健全评估制度

城市更新，必须充分发挥智囊机构和专家学者的咨询、参谋作用，并以基础性、战略性研究或发展规划为依据，经过严格规范的论证评估和法律分析。城市更新的每一项工程，都必须经过专业的社会系统分析、工程功能分析和成本效益分析，建立健全决策反馈机制和决策后评估机制，形成一个科学、民主、完整的"决策链"，使城市更新建立在科学可靠的基础上。必须成立相对独立的专门机构，拥有像法国国家级城市规划师那样忠实于科学并具有否决权的专家评估队伍，规范评估程序，建立起完善而精确的评价计算标准，以科学的态度对待科学，使城市更新管理成为提高城市竞争力的有效手段。

(四) 妥善处理保护与更新的关系，保护城市个性

随着经济的发展，城市总是要发展的。但对历史文化名城，特别是历史地段、风貌协调区、文物保护单位及其附近地区来说，最迫切的不是改造，更重要的是加强保护和精心整治，即要妥善处理好保护与更新的关系。这是公认的

历史文化名城保护的国际经验（吴良镛等，2006）。

要注意保护城市的个性。保护城市个性不仅要保护那些代表地域特色的古文物和古建筑，还应当包括保护地方民俗、地域文化和地方精神。具体而言，保护和更新一要着眼于整个街区，而不是局限于几条街道立面或单体建筑的保护。二要着眼于本地区商业、文化、居住、旅游活动的复苏和发展，要采取保护整修、协调开发、开发重建等多种保护更新方法（王春玲，张继明等，2007）。

妥善解决中心城区功能性变化的同时，仍应考虑要保护旧城区文化遗产及其格局，包括对新建筑体量及高度的控制。

参考文献

1. 安树伟. 中国大都市区管治研究. 中国经济出版社，2007.

2. 安树伟，刘晓蓉. 区域政策手段比较及我国区域政策手段完善方向. 江淮论坛，2010（2）：36-40.

3. 安树伟. 近年来我国城市环境污染的趋势、危害与治理. 城市发展研究，2013，20（5）：134-139.

4. 成娟. 民族地区环境保护政策研究. 中南民族大学硕士学位论文，2011.

5. 戴宾. 西部城市经济发展与城际交通运输. 铁道工程学报，2000（4）：12-15.

6. 董晓峰，王莉，游志远，等. 城市公共安全研究综述. 城市问题，2007（11）：71-75.

7. 段华明，刘敏. 灾害社会学研究. 甘肃人民出版社，2000.

8. 方创琳，马海涛. 新型城镇化背景下中国的新区建设与土地集约利用. 中国土地科学，2013，27（7）：4-9.

9. 高波，葛扬，黄贤金. 城市新区开发的对策与政策建议. 南京社会科学，2002（11）：13-18.

10. 高国力. 科学管理和引导城市新区的开发建设. 中国发展观察，2012（12）：36-39.

11. 高新才，马丽. 基于脱钩和 EKC 理论的西部地区环境污染与经济发展关系研究. 西南民族大学学报（人文社会科学版），2014（6）：117-122.

12. 高永久. 宗教对民族地区社会稳定的双重作用. 甘肃社会科学，2003（4）：5-8.

13. 国家统计局. 2008~2012 年全国农民工监测调查报告，2013.

14. 黄锟. 城乡二元制度对农民工市民化影响的实证分析. 中国人口·资源与环境, 2011, 21 (3): 76 – 81.

15. 黄志基, 马妍, 贺灿飞. 中国城市环境污染排放的新经济地理解释. 软科学, 2013, 27 (11): 89 – 92.

16. 蒋长流, 韩春虹. 利益非一致性与农民工社会保障市民化的政策支持研究. 经济体制改革, 2015 (1): 95 – 99.

17. 姜杰, 刘忠华. 论我国城市更新中的机制因素和文化因素. 济南大学学报 (社会科学版), 2005, 15 (3): 16 – 21.

18. 金磊. 城市公共安全与综合减灾须解决的九大问题. 广州大学学报 (社会科学版), 2005 (4): 27 – 31.

19. 李国平等. 产业转移与中国区域空间结构优化. 科学出版社, 2016: 387.

20. 刘军奎. 转型背景下城市治理与安全问题探析. 北京城市学院学报, 2010 (6): 6 – 10.

21. 李青. 拉萨老城区历史演变与保护. 社会科学文献出版社, 2014. 301.

22. 齐飞. 我国东、中、西部地区经济增长与环境污染关系研究. 首都经济贸易大学硕士学位论文, 2014.

23. 孙元明. 西部城市安全与突发公共事件的应对和处置. 甘肃社会科学, 2005 (3): 3 – 7.

24. 万鹏. 我国西部城市主要自然灾害防治对策与防灾规划研究. 华中科技大学硕士学位论文, 2004.

25. 王春玲, 张继明, 等. 城市更新与城市个性化发展. 低温建筑技术, 2007 (6): 34 – 36.

26. 王齐. 政府管制和企业排污的博弈分析. 中国人口·资源与环境, 2004 (3): 119 – 122.

27. 王青. 以大型公共设施为导向的城市新区开发模式探讨. 现代城市研究, 2008 (11): 47 – 53.

28. 王晓玲. 环境税收: 解决城市环境问题的有效途径. 城市问题, 2003 (6): 57 – 60.

29. 魏后凯. 大都市区新型产业分工与冲突管理——基于产业链分工的视角. 中国工业经济, 2007 (2): 28 – 34.

30. 魏后凯. 西部大开发“十三五”总体思路研究. 经济管理出版社, 2016: 36.

31. 吴良镛等. 京津冀地区城乡空间发展规划研究二期报告. 清华大学出版社，2006.

32. 闫程莉，安树伟. 中国首都圈中小城市功能的测度与分类研究. 改革与战略，2014，30（4）：88－95.

33. 杨勇翔. 城市更新与保护. 城市建设，2002（2）：41－45.

34. 余雅乖. 农民工市民化的基本公共服务投入成本及其财政分担机制研究. 西南民族大学学报（人文社会科学版），2014（8）：127－131.

35. 张国胜. 基于社会成本考虑的农民工市民化：一个转轨中发展大国的视角与政策选择. 中国软科学，2009（4）：56－79.

36. 张华，夏显力. 西北地区新生代农民工市民化意愿影响因素分析. 内蒙古农业大学学报（社会科学版），2011，13（1）：56－58.

37. 赵涛，李煜绍，孙蕴山. 当前我国城市更新中的主要问题分析. 武汉大学学报（工学版），2006，39（5）：80－84.

38. 朱孟珏，周春山. 我国城市新区开发的管理模式与空间组织研究. 热带地理，2013，31（3）：56－62.

第九章

空间管治
——以西安大都市区为例

改革开放以来，中国城镇化进程持续快速推进，21 世纪，城市问题是整个社会全面发展的关键和必须面对的重大课题。在中国，城市是我们经济活动的中心，更是我们走向世界的窗口。但是，面对城市的数量和规模不断扩大，城市在空间发展过程中所存在的问题，引起了一系列的城市病的产生，如人口膨胀、环境污染、资源匮乏、城市间差距扩大、城际关系难以协调，等等。关中地区是中国西北的经济重心，是带动西北区域经济和综合实力发展的关键所在。目前，关中地区城镇化水平已经进入加速发展阶段，其城市的空间扩展也必将更为剧烈。

本章研究的重点是，以西安为核心，东到渭南、西到杨凌、北到铜川、南到柞水（半径约 80 ~ 100km）范围的西安大都市区。作为关中地区的紧密区，西安大都市区的发展已取得了一些突破性的进展。然而，就西安大都市区空间发展而言，存在很多尚未解决的问题：城镇等级体系中间层次缺失；城际关系的协调存在问题；西安在大都市区中的首位度过高，集聚程度与其他地区相比依然存在差距。基于此，本章结合西安大都市区空间发展存在的问题和内部管治现状的分析，研究西安大都市区的空间结构，提出西安大都市区空间管治的解决对策。

第一节　空间管治基础

中国长江三角洲、珠江三角洲、京津冀地区、辽中南地区等城市群或都市圈都已越来越重视区域整体的协调发展，越来越多的人意识到一个城市若想在竞争的大潮中保持发展或提升自己的经济地位，仅靠中心城市的努力是不够的，需要整个城市—区域的协作。例如，从 20 世纪 90 年代后期，广州市以城市管理模式的改革为先导，采用市政府联合广大市民阶层的合作方式，共同为广州出谋划策，积极进行城市形象建设，大力推行城市促销（city marketing），在短短几年时间使广州市再次站在了竞争前沿，用新型的城市管治挽救了广州。

按照《全国主体功能区规划——构建高效、协调、可持续的国土空间开发格局》，各地区根据资源环境发展潜力和承载能力，按照优化开发、重点开发、限制开发和禁止开发的不同要求，明确不同区域的功能定位，站在更高层次的角度，在逐步形成各具特色的区域发展格局的基础上打破行政区划的局限，形成区域间优势互补的互动机制，促进生产要素在区域间的自由流动。完成这一区域协调发展的合理化重组格局，需要有一个高标准、高起点并且能统揽全局的区域规划作为指导，通过区域管治来付诸实施（方创琳，2007）。

一、西安大都市区空间管治的必要性

（一）提升西安大都市区产业关联度的需要

虽然关中城市群不像"长三角"、京津冀和"珠三角"那样产业同构现象严重，但与它们完备的产业链条相比，关中城市群不但产业链延伸不足，而且产业链断裂现象也十分突出。从西安大都市区各城市来看，由于西安和咸阳支柱产业趋同比较明显，而且两者之间的经济还存在很大程度上的差异，不利于合理的产业链条的形成。西安与渭南、铜川等其他城市相比，经济落差大，这使得中小城市一方面，难以吸收大城市的辐射；另一方面，也很难形成平稳衔接的产业链。加之各城市以自身利益为核心的发展思路和缺乏合作动机，使企业与企业之间、城市与城市之间真正实现分工协作十分困难。从这一方面来说，建立良好的空间管治对西安大都市区而言十分必要。

（二）西安大都市区经济一体化的需要

从城市梯度分工的角度上分析，西安市是西安大都市区梯度最高的城市，咸阳、铜川、渭南等为第二梯度城市，小城市和城镇为最低梯度城市。在整个城镇体系中，西安市发展最好，而第二梯度城市相对发展不足。这使得西安大都市区城市群的向心作用和扩散作用的功能效应得不到有效地发挥，不能很好地完成接受中心城市的技术转移与对小城市和城镇的辐射任务。此外，对于小城市和小城镇而言，专业化程度不强和发展滞后等问题也在一定程度上影响了吸纳中等城市辐射和向广大农村递进转移的梯度职能（张思锋，2002）。从一体化的进程上分析，西咸一体化只是西安大都市区经济一体化的第一步，西安与咸阳要真正实现"交通同环、通信同网、环境同治、金融同城、信息同享"还需要走很长的一段路。同时，西安—渭南一体化、西安—铜川一体化以及各个城市之间的协调发展依然没有重大进展，加强西安大都市区的管治对推动经济一体化有重大意义。

（三）城镇化的快速推进的需要

西安市城镇化已进入一个加速发展的区间。高度的城镇化，也给社会造成了很大压力，使得经济社会发展和资源环境的矛盾日益突出，资源承载力和环境容量压力加大。此外，由于存在行政管理的分割，部门间缺乏有效的协调管理，政府的"越位""错位"和"缺位"现象普遍（顾朝林等，1999）。行政体制的分割以及各地区之间信息不畅，使得西安大都市区经济协调能力不高，中心城市承载力过大。城市空间若不进行有效地协调管治，将会严重阻碍城镇化的发展。

《西安市城市第四次总体规划（2008～2020年）》指出，西安要进一步拉大城市骨架，逐步形成"九宫格局、一城多心"的空间结构。具体而言，是将六村堡、新筑、洪庆、常宁发展成西安市周边4个组团，临潼、泾渭、阎良发展成3个新城，户县、高陵、蓝田、周至发展为中心城镇。此外，规划还将把西安大都市区建设成为以中心城市为核心、以"西咸一体化"为主体的都市区格局。在这个城市规划实施的过程中，除政府要发挥自己的主导作用之外，企业、市民与非政府组织应该加入进来，把过去由政府承担的微观管理与服务职能承接过来，以更全面、更专业的参与来促进城市与周边地区的协调发展。另外，随着西安市行政中心的北移，一方面，它加大了渭河西安城市段的经济发展，使它将来成为城市未来发展的重点区域；另一方面，行政中心与火车站的北移、北部城市的扩张将会加大城市中心区的生态环境和交通及人口等负担，大都市区的膨胀病可能会恶化。为了防止西安市区城市病的进一步恶化，政府更应重视管治在城市发展中的作用。

（四）西咸新区的规划建设的需要

2009 年 6 月，国务院批准《关中—天水经济区发展规划》，提出"加快推进西咸一体化建设，着力打造西安国际化大都市"；2010 年 2 月，陕西省推进西咸新区建设工作委员会办公室暨西安沣渭新区、咸阳泾渭新区管委会挂牌成立，西咸新区建设正式启动；2011 年 5 月，陕西省城乡规划委员会审议并原则通过《西咸新区总体规划》；2011 年 5 月，陕西省政府设立西咸新区开发建设管理委员会；2011 年 6 月，陕西省政府批复《西咸新区总体规划》；2014 年 1 月，国务院批复设立陕西西咸新区。

西咸新区位于陕西省西安市和咸阳市建成区之间，区域范围涉及西安、咸阳两市所辖 7 县（区）23 个乡镇和街道办事处，规划控制面积 882km^2，2014 年常住人口 98 万人。西咸新区是关中—天水经济区的核心区域，区位优势明显、经济基础良好、教育科技人才汇集、历史文化底蕴深厚、自然生态环境较好，具备加快发展的条件和实力。西咸新区将按照核心板块支撑、快捷交通连接、优美小镇点缀、都市农业衬托的要求，创新城市发展方式，建设现代田园城市（国家发展和改革委员会，2015）。到 2020 年，西咸新区创新城市发展方式取得明显成效，经济综合实力、创新发展能力和人民生活水平大幅提升；西咸一体化建设取得重要进展，为引领大西北发展、推进"西部大开发"、建设"丝绸之路"经济带发挥重要的作用。

二、西安大都市区空间管治的可能性

（一）良好的大都市管治理念初步形成

就国外大都市发展的经验与中国大都市发展的进程来看，良好的大都市管治理念主要包括五个方面：市场化、民主化、柔性化、信息化、"人本化"和"能本化"（安树伟，2007）。在西安大都市区发展的过程中，政府虽然还是社会经济的主导，但我们也看到了很多改善的方面。比如，政府正在逐步退出市场竞争，逐步以间接调控为主，社会经济的生产也转变为以需定产，国有制企业的改革以及在 2008 年面对雪灾、地震等重大自然灾害时，关中地区的 NGO、志愿者及企业和社区组织者都以特定的方式纷纷参与到救灾当中。他们所表现出来的主动性与专业性，不但说明其在社会经济中发展的重要作用，也表明其自我民主意识的提升。随着信息技术的发展和人们生活水平的提高，社会在柔性化、信息化、"人本化"和"能本化"方面也得到了显著的提高。

（二）关中地区"一体化"发展为空间管治的协调研究提供参考借鉴

长期以来，都市区的发展受行政界限的制约一直得不到快速的发展，而且行政管辖权上的冲突直接导致了地区发展的不协调和产业发展的不合理。《关中—天水经济区发展规划》《西咸新区总体规划》等规划的提出，实际上是以一种合作的手段来解决区域的不协调，加快了区域间的共同发展。西安大都市区作为关中城市群的核心，"一体化"的建设实践为西安大都市区空间管治的发展提供了良好的基础。

（三）完善的交通系统为西安大都市区的空间管治提供了便利的条件

西安大都市区空间管治的核心就是协调，而区域间的协调主要是以信息为基础的，从这个意义上说，便利的交通和通畅的信息至关重要。西安大都市区位于陕西省中部，公路以西安为中心形成"米"字形格局，陇海铁路、西（安）铜（川）铁路、侯（马）西（安）铁路、西（安）潼（关）高速、西（安）宝（鸡）高速、西（安）铜（川）高速、西（安）禹（门口）高速、西（安）汉（中）高速、西（安）商（洛）高速等交通干线使西安大都市区城市沿交通干线呈串珠分布，交通联系紧密，已初步形成了半径一小时左右的通勤圈。

（四）人民生活水平的提高和社会保障的完善为空间管治奠定了主体多元化的物质基础

人民生活水平和收入的提高，为空间管治主体的多元化提供了良好的物质保障。按照马斯洛的需求定理，人一旦满足了有效的消费需求，就会进一步追求个人自我价值的实现，更加关注社会的良性发展与民主参与的能力。2015 年，陕西省居民人均可支配收入约 17395 元，① 社会保障体系也日益完善，社会救助建设也取得了重大的突破，城市居民最低生活保障实现了应保尽保。政府在扩大保障范围的基础上，也加大了城市和农村低保力度，提高了保障标准。

---

① 其中，城镇居民人均可支配收入约 26420 元，农村居民人均可支配收入约 8689 元。

第二节　空间管治中存在的问题

一、空间管治的理念不够深入

虽然良好的空间管治理念已初见雏形，但在实际中仍没有走出政府传统的管理思想，习惯于依靠政府权威来制定和推行管理政策，较少考虑与作为被管理对象的不同利益群体甚至相互矛盾或者冲突的人群之间的协调和磋商。由于不同城市之间的政府过于追求政绩等原因，空间管治在实际中还是以"重建轻管"为主。这主要是指，在大都市区城市现代化建设中过分注重城市基础设施或土地的开发建设，忽视其中的管理。因"重建轻管"而产生的问题主要有：

第一，市县经济呈"二元结构"发展。

西安市是西安大都市区内最大的城市，市区集中了 70% 以上的人口、90% 以上的第二产业、第三产业，人口密度和 GDP 密度远远高于周边城镇。咸阳市作为都市区第二大城市，市区虽然只集中了 17% 的人口，但却创造了全市 40% 的地区生产总值。由此可见，市区与周边城镇的差距非常大。就西安市来说，随着中心市区产业结构的升级与转换，市区产业开始向周边组团转移，但产业转移的趋势还不明显。高陵、户县由于接近市区，是近年增长的重要支撑点，但其产业结构并没有与西安市完全接轨，区域间要素流动性差，而远郊的蓝田、周至等县的经济大部分以农业、初级资源加工业为主，受市区的直接辐射影响相对较弱，经济发展缓慢（高岩辉，2007）。

第二，"摊大饼"为主的城市扩张方式。

近半个世纪以来，西安的城市发展一直是"摊大饼"式的传统城市扩展方式。几十年来，城市建设主要集中在旧城区范围内修补，没有突破旧城区的框框（张红，2000）。如西安市政府北迁以及西安北站的建设，使得西安市的城市发展范围进一步北扩，这种扩展方式必然会加剧西安市区人、车、路发展的不协调、市区内住房紧张等问题的恶化。

第三，社会环境问题。

城市的现代化建设使居民的生活环境日益恶化，这主要体现在水污染、大气污染、低绿化度和固体垃圾处理不当四大问题上。此外，城市工业的发展也加快了城市环境的污染，这主要是由于资源的开采、消耗两个环节引起的。一方面，由于不合理开采造成资源的浪费；另一方面，由于资源消耗过度和管理不当而引起了严重的环境污染（李蓓蓓，2006）。只重视城市建设和工业的发展，忽视社会管理只会加快社会环境问题的恶化。

二、空间管治的职能划分不清

（一）政府

政府的"越位""缺位"和"错位"现象普遍，从而使政府在管理的过程中经常出现"管不好""不该管"和"管不了"的现象。

西安大都市区城镇规模等级体系不完善，大城市发展不够且县级城市发展相对滞后等问题都与政府规划中的整体协调能力有关。如西咸一体化，虽然两地政府在一体化工作上已经达成了高度共识，但区域内部行政区域的划分使得一体化在实际操作方面存在很大阻碍，如重大项目、招商引资、基础设施建设等资源的合理配置方面或多或少会遭遇行政区划的"壁垒"。

（二）非政府组织（NGO）

（1）独立性不足。第一，对民间社团的管理，采取的是双重管理制度和登记挂靠制度。因此，自NGO延生之日起就与政府间产生了一种依靠和"理不清"的关系，丧失了其独立性。第二，NGO近一半的领导人有在政府任职的经历，这说明了大部分NGO与政府之间存在密切关系，也是影响NGO独立性的原因之一。

（2）公众的认同度不高。第一，当公众有需要时往往想到的是亲友和政府，而忽视NGO。就陕西省农村残疾人社会保障而言，有关调查研究显示，在农村分别有47.4%和81.5%的人不知道残疾人联合会和慈善协会；16.1%的人认为，NGO可以在他们遇到困难时给予帮助，仅有1%的被调查者在遇到困难时愿意向NGO求助（何晔，2008）。[①] 由此可见，低认知度不仅影响了NGO在公众心中的认可度，也阻碍了NGO与公众之间的互动交流。第二，

---

① 课题组于2006年分别在陕西省的渭南、咸阳、商洛三市随机选取了三个县进行问卷调查，并对随机抽样的市、县、乡政府、残疾人联合会及村委会进行了座谈和访问，走访了280户有残疾人的农村家庭，涉及农村残疾人307人，收回有效问卷306份，回收率为99.7%。由于其研究范围中渭南和咸阳都在西安大都市区的范围内，本章在NGO现状分析时引用了其相关调研数据，以反应西安大都市区NGO的现状。

NGO 自身活动范围狭小，资金不足，支持力度不够，导致社会认知度不高。在对农村残疾人社会保障情况的调研中，有关资料显示 NGO 对陕西省农村残疾人的社会保障作用并不十分明显。18.6% 的被调查者得到过残疾人联合会的帮助，76.5% 和 4.9% 的被调查者没有得到帮助和不知道该残疾人联合会；2.9% 的被调查者得到过慈善协会的帮助，而 92.4% 和 4.8% 的被调查者没有得到帮助和不知道该慈善协会，高达 97% 的被调查者选择了没有接受过其他 NGO 的帮助（何晔，2008）。

（3）NGO 与 NGO 之间、NGO 与政府间的组织协调不够。

国内 NGO 数量多、规模小、特点鲜明，有各自关注的领域，如果它们没有良好的统一协调，一旦出现危机需要合作时就很容易出现混乱的现象。另外，NGO 与政府在社会管理事务上的联系较少，由于政府在国内依然是主要的参与者，而 NGO 相比之下就显得力量小、参与度低。

（三）企业

西安大都市区国有企业虽经改革，但体制中仍存在主权散失、政企不分等问题，而同时区域内民营经济发展缓慢，市场秩序不完善及资金不足等问题依然束缚着民营经济的发展。以西安市为例，西安市非公有经济比例占 40% 左右，而沿海一些发达地区已达到 70%~80%。国有企业仍然是西安市经济体制改革的重点和难点，也是全市国有经济布局的重中之重。目前，西安市国有企业的改革步子太小、非公有经济的比例过低、进入门槛较高、竞争的公平性缺乏以及一些已经出台的制度与政策的落实不足等方面，都是西安市经济体制改革中需要解决的问题。

三、城际关系协调障碍多

目前，咸阳、铜川、渭南具有相对独立的经济结构，在农业、工业、矿产业以及第三产业的发展中与西安没有形成相应的产业链，尤其是这三个城市的现代服务业和高新技术产业发展相对滞后、规模相对小，使这三个城市难以与西安进行直接对话和链接。另外，由于行政区划的分割，都使得大中城市与西安缺乏必然的内在经济联系，产业关联度低，无法有效地发挥城市群的向心作用和扩散作用的功能效应（张思锋，2002）。

（一）跨行政区域利益协调

西安大都市区一体化机制发展的障碍，往往产生于不同行政区域的各级行政管理政策和制度之间的相互冲突，这也是区际关系不协调的重要原因之一。行政区域利益不协调的主要原因有：第一，区域规划缺乏相应的协调。现有区域规划都以市、县范围为主，不同的地域之间包括横向的相邻地域单元和纵向的具有行政隶属关系的地域层次之间都缺乏应有的协调（保建云，2007）。第二，城市间、城乡间的利益主体不协调。城市在发展时，往往偏重个体利益，相互间协作配合不足。一方面，城市区域间往往存在着重复建设和结构协同的弊病，产生的恶性竞争常常会使两个城市两败俱伤。另一方面，各个城市间有效信息交流不足，无整体区域利益意识，使得交易成本增加，缺乏相应的地区协调发展规划。城乡间的利益冲突，主要体现在城市发展占用耕地过多，工农争地问题严重。

（二）产业协调

一个区域的经济发展总体状况、技术进步速度，乃至一个区域的整体竞争力，在很大程度上取决于一个区域主导产业的发展状况。西安、咸阳等城市在"西部大开发"的推动下，城镇化进程日益加快。但在某种程度上都缺乏从区域经济层面上的审视和规划，大多均以高新技术产业为龙头，在特色旅游等第三产业发展方面缺乏合作。受条块分割和地方政府追求各自利益最大化的影响，往往会形成产业结构雷同和低水平无序竞争的状况。尽管目前西安拥有较多的企业集团、跨国公司和众多的中小企业，产业组织的整合与协调具有一定的基础，但到目前为止，西安与相关各地区并没有形成较多的区域性行业或产业组织，这在一定程度上阻碍了区域经济的快速发展（鲁晓勋，2006）。

由于各城市之间无法很好地协调产业协作关系，在一定程度上会出现产业同构、各市之间相互竞争的情况。这又会产生地方保护主义现象，不利于西安大都市区的发展。还会造成该区域内一定的无序竞争，从而降低了区域的综合竞争力。

（三）环境保护协调

合理的都市区发展，必须坚持经济、社会和环境效益的协调统一。但是，在加快经济、社会发展的同时，人们往往会忽视环境的保护。近几十年来，西安大都市区环境和生态问题，主要源于自然资源开发和利用中的不当行为。从环境方面来看，高消耗、高污染的粗放型经济增长方式，使得西安大都市区的环境污染情况较为严重。此外，西安大都市区的耕地近年来持续减少，工农业用地的矛盾突出，特别是水资源十分匮乏，这种现实情况已经成为制约农业和经济发展的一大"瓶颈"。基于环境保护的特殊性，它的维护机制需要区域内各大城市统一协调才能建立。

（四）市场一体化

市场一体化的基础，就是要实现各个市场内、各种要素的合理配置与组合，使它们能够无阻碍地流动。西安大都市区内各城市间生产要素之间流动性的阻碍，是地区之间发展不协调的主要原因之一。体现在西安大都市区内缺乏统一协调发展的机制；西安的交通基础设施和网络化建设还不够完善，整个物流系统的建立还不够完善。

第三节 空间集聚与扩散

一、城镇体系不完善

（一）城镇体系的分形研究

以 2012 年数据为例，对西安大都市区城市体系等级规模结构进行豪斯道夫维数的测算。先对大都市区内城镇人口规模进行由大到小的排序，见表 9 - 1，并将点列（r，p(r)）作双对数散点图，见图 9 - 1，采用 Eviews 数据处理工具，通过一元线性回归分析求得：

$$\ln p(r) = 5.4623 - 1.2966\ln(r) \qquad (9-1)$$
$$R^2 = 0.9615$$

以同样的测算方法，可求得 1999 ~ 2012 年的分维值和相关系数值，见表 9 - 2。

表9-1 2012年西安大都市区各地市城镇非农业人口规模排序

城市	位序	非农业人口数（万人）
西安	1	360.05
咸阳	2	55.73
渭南	3	41.61
铜川	4	41.06
兴平	5	35.79
富平	6	27.67
武功	7	18.17
三原	8	14.38
高陵	9	13.83
户县	10	12.41
华县	11	11.68
杨凌	12	11.53
泾阳	13	8.03
柞水	14	6.90
礼泉	15	6.49
周至	16	6.33
乾县	17	5.94
蓝田	18	5.78

资料来源：陕西省统计局.陕西统计年鉴（2013）.中国统计出版社，2014.
注：西安、咸阳、渭南和铜川的数据是市辖区数据，不包括其行政范围内其他市、县的数据。

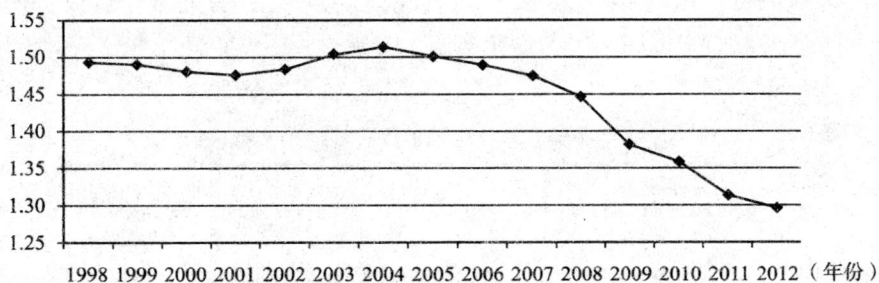

图9-1 1998～2012年西安大都市区 q 走势

（二）结果分析

从表 9 – 2 中可以看出，相关系数 R 均在 0.95 之上，拟合性较好，表明西安大都市区城市规模等级体系具有明显的分形特征，适用于该模型。通过分析可得如下结论：

（1）西安大都市区城市体系具有显著的单极核式结构特征。

1998 年以来，q 值一直大于 1，分维值 D 均小于 1，这表明西安大都市区长期以来城市规模等级结构分布都比较集中，人口分布比较分散，中间位序城镇较少，城镇体系发育还不成熟，首位城市的垄断地位较强。

（2）城市体系规模分布逐渐向均衡型发展，但规模分布还不尽合理。从图 9 – 3 可以明显看出，1998 年以来 q 值在不断发生波动。2004 年，q 值达到最高点后，到 2012 年为止都处于一个下降的趋势，这说明西安大都市区的城镇规模由 2004 年的首位垄断型逐渐向均衡型发展。1998 ~ 2001 年，q 下降的速度放缓；2004 年以后，q 下降的速度加快，表明近年来中小城市发展速度比过去发展明显加快。从 1998 年以来的城市人口排序也可以看出这一点，如1998 ~ 2012 年富平县从第 7 位上升至第 5 位。

目前，q 值大于 1，说明西安大都市区现在人口城市规模分布还不尽合理，[①] 西安还是占有明显的垄断地位。从 1998 年来城市的人口排序可以看出，在其他中小城市位序上升的同时，西安市内周边的户县、周至、蓝田的位序都有所下降，这说明西安市人口有向市区内进一步集聚的态势。总之，低等级城市规模要达到与首位城市规模相协调的过程还很长，距离最优的等级规模分布（D = q = 1）还需要相当长的时间。

（3）大城市数量缺少，小城市和城镇发展滞后。

根据图 9 – 1，可将 Inp(r) 值和人口规模 p（万人）分为五个区间，用各个区间的范围来确定不同区间的城镇数目，见表 9 – 3。

表 9 – 2　　　1998 ~ 2012 年西安大都市区城镇等级规模分布维数变化

年份	Zip 维数 q	R^2	Hausdauf 维数 D
1998	1.4936	0.9724	0.6695
1999	1.4902	0.9690	0.6711

---

① 性态良好的城镇体系 q 值约为 1。

年份	Zip 维数 q	R^2	Hausdauf 维数 D
2000	1.4805	0.9656	0.6754
2001	1.4760	0.9624	0.6775
2002	1.4838	0.9581	0.6739
2003	1.5051	0.9587	0.6644
2004	1.5137	0.9624	0.6606
2005	1.5003	0.9648	0.6665
2006	1.4893	0.9560	0.6715
2007	1.4747	0.9625	0.6781
2008	1.4464	0.9546	0.6914
2009	1.3829	0.9602	0.7231
2010	1.3592	0.9689	0.7357
2011	1.3132	0.9657	0.7615
2012	1.2966	0.9615	0.7712

注：在杨凌还没有成为独立的农业高新技术产业示范区之前，其有关数据在咸阳市统计数据中，为了保证其一致性，咸阳市区的人口数是已减去杨凌区的人口数。

从表9-3可以看出，西安大都市区的首位城市西安单成一级，人口规模庞大，且远远大于次级城市的人口规模；Ⅱ级城市、Ⅲ级城市的城市人口规模较为合理，但稍微偏低，数目缺少，其所占比例只占到了西安大都市区的6%和22%；Ⅳ级城市和Ⅴ级城市的城镇数目较多，两者所占比例只占到了西安大都市区的66%。在Ⅳ级的城镇中，县城以及各类城镇无论经济社会发展水平，还是城镇设施建设等各方面都相当滞后。小城市和城镇规模发展的薄弱，使它们无法形成支撑金字塔型城镇体系的坚实基础，这也是西安大都市区在今后发展过程中要着力解决的一个问题。

表9-3　　2012年西安大都市区的 lnp(r)、P值及其对应城镇人口数目

区间	Ⅴ	Ⅳ	Ⅲ	Ⅱ	Ⅰ
lnp(r)	1~2	2~3	3~4	4~5	>5
P（万人）	<10	10~20	20~50	50~100	>150
数量（个）	6	6	4	1	1

续表

区间	V	IV	III	II	I
所占比例	33%	33%	22%	6%	6%
市县名称及 城镇人口数量 （万人）	蓝田（5.78）、 周至（6.33）、 泾阳（8.03）、 乾县（5.94）、 礼泉（6.49）、 柞水（6.90）	武功（18.17）、 三原（14.38）、 高陵（13.83）、 户县（12.41）、 华县（11.68）、 杨凌（11.53）	渭南（41.61）、 铜川（41.06）、 兴平（35.79）、 富平（27.67）	咸阳（55.73）	西安（360.05）

资料来源：陕西省统计局：《陕西统计年鉴（2013）》，中国统计出版社，2014年。

（4）城市规模等级结构的断层。

值得注意的一个现象是，人口规模在100万~150万人的城市缺失。这种缺失会严重影响各层级之间的协调发展，导致两极分化更加严重，大城市发展会越来越好，而小城市（城镇）因区位以及无法接受大城市的辐射而越来越差。

二、西安对周边城市的综合辐射影响力差异大

（一）经济首位度

中心城市的经济首位度，是以经济圈内经济总量第一位的中心城市与第二位的城市的地区生产总值的比值来计算的，它是衡量经济圈发展的重要指标。经济首位度越高，说明中心城市的辐射与聚集功能越强，该经济圈的发展规模和产生的经济效能也就越大。

首位度公式：$P = G_1 / G_2$ （9-2）

其中，P表示经济首位度，G_1、G_2分别表示第一位城市和第二位城市的地区生产总值。

对比一方面："长三角""珠三角"、环渤海经济圈的城市首位度，西安大都市区中经济首位度最高，表明西安已具备对周边城市相对较高的经济辐射能力；另一方面，其他经济圈的平均首位度在1.04~2.11，西安大都市区平均首位度过高，为2.70~3.12，见表9-4。大城市西安市作为西安大都市区的中心城市，城市非农业人口、GDP、工业增加值的首位度过高会使得中心城市负载过重，同时也不利于周边城市接受西安市的辐射。

表9-4   2007～2012年中国三大经济圈与西安大都市区经济首位度比较

年份	"长三角"	"珠三角"	环渤海	西安大都市区
2007	2.11	1.04	1.79	3.00
2009	1.94	1.11	1.62	3.12
2010	1.86	1.12	1.53	2.95
2012	1.68	1.05	1.38	2.70

资料来源：根据国家统计局. 中国城市统计年鉴（2008～2013）. 中国统计出版社，2009～2014，整理。

（二）经济影响力

相对经济比是以核心城市的 GDP 为解释变量，以都市圈内除核心城市以外其他城市的 GDP 总量为被解释变量进行回归分析，回归系数即为相对经济比。所建立回归模型如下：

$$GDP_v = GDP_m - GDP_c = \alpha + \beta * GDP_c \qquad (9-3)$$

其中，GDP_m 表示西安大都市区的 GDP 总量，GDP_c 表示西安市的 GDP 总量。回归系数 β 值越大，西安市对西安大都市区中其他城市的经济影响力越大。

基于1999～2012年西安大都市区的相关数据，并利用 Eviews 软件进行一元线性回归，得出：

$$\alpha = -16.17，\beta = 0.4696$$
$$GDP_m - GDP_c = -16.17 + 0.4696 \times GDP_c \qquad (9-4)$$

这一回归结果经由 F 及 t 检验效果十分显著，相关系数为 0.9915。从式（9-4）中可以看出，西安市对西安大都市区的辐射能力并不显著，相对经济比为 0.4696，即西安市的 GDP 每增长 1%，西安大都市区 GDP 增长约为 0.47%。

（三）西安到各城市辐射距离与辐射强度

有如下作用强度公式：

$$E = \sqrt{p_1 v_1 \cdot p_2 v_2}/r_2 \qquad (9-5)$$

p_1、p_2 分别为两城市的人口数，v_1、v_2 分别为城市的地区生产总值，r 为两城市间的距离。

由表9-5、表9-6可知：

表 9 - 5　　　　　2012 年西安市与西安大都市区其他城市的距离、人口和 GDP

城市	距离 (km)	人口 (万人)	GDP (亿元)
西安	0	855.29	4366.10
铜川	64	84.08	273.31
咸阳	23	492.86	1573.68
渭南	56	532.10	1153.80
杨凌	85	20.20	67.40

资料来源：陕西省统计局. 陕西统计年鉴 (2013). 中国统计出版社，2014.

表 9 - 6　　　　　　西安大都市区城市间相互作用强度　　　单位：百万元・万人/km²

	西安	咸阳	渭南	铜川	杨凌
西安	0	73993.86	27038.18	4577.18	838.86
咸阳	—	0	7203.05	1390.67	495.36
渭南	—	—	0	1448.51	199.39
铜川	—	—	—	0	41.43
杨凌	—	—	—	—	0

（1）总体上看，西安市与西安都市区内各城市的影响幅度值相差很大，其中，西安—咸阳间的相互作用最高达 73993.86 百万元・万人/km²，其主要原因是由于近距离的关系，西咸一体化的效果明显；西安—渭南与西安—铜川在距离上相差不大，但在其相互作用强度上却相差很大。西安—铜川的相互作用强度只占到西安—渭南的相互作用强度的 16.9%。说明渭南接受西安市的影响更为明显，而铜川与西安之间的联系还有待进一步加强。另外，西安—杨凌的辐射强度最弱，分别是西安—咸阳的 1.13%、西安—渭南的 3.1%、西安—铜川的 18.3%。西安—杨凌的辐射度小可能是因为，一方面，杨凌由于自身经济规模的限制，还不具备承接西安市辐射的经济实力；另一方面，杨凌作为农业高新技术产业示范区，与西安市的产业结构并不完全匹配，无法承接西安市的高新技术等产业。

（2）从咸阳与渭南、铜川、杨凌的相互关系来看，咸阳—渭南的相互作用最大,[1] 与铜川和杨凌的相互作用相差不大。咸阳与铜川之间的距离比咸阳与渭南、杨凌远,这可能是导致相互作用差距的主要原因之一。咸阳与杨凌间的距离相隔最近,但它们间的相互作用强度反不及渭南,这说明杨凌的低关联度现象突出,应重视与周边地区的协调往来。

(3)相互作用强度最低的是铜川—杨凌,作用强度只达到41.43百万元·万人/平方千米。强度最高的是西安—咸阳,作用强度达到73993.86百万元·万人/平方千米。这表明城市之间的相互作用强度相差甚远。由此可见,西安市作为西安大都市区经济最发达的城市,其聚集程度和辐射力度有限,最明显的吸引力作用只局限于与咸阳等近距离的周边城市上,辐射的广度与深度不足,传导机制作用不明显。此外,除西安市以外都市区的其他大中城市相互作用明显不足,没有完全承担起对小城市和县域经济的产业带动作用。

三、集聚性与扩散性分析

中国学者对于分析大都市碎化程度一般采用两种方法。一种是基于政治方面的,通过对城镇单元绝对个数指标或人均数指标进行比较。另一种是基于经济的,通过对不同政府单元某一个指标或多个指标在区域中所占份额的平方加总得到碎化程度指标。大都市碎化指数则结合了这两种方法,既反映大都市区域中政府单元个数的变化,也反映不同单元在区域中比重的变化(罗震东等,2002)。

(一)西安大都市区区域空间集聚——碎化的测度

为了比较全面地衡量西安大都市区的区域集聚与扩散程度以及分布的状况,主要选取地区生产总值、全社会固定资产投资总额、社会消费品零售总额、财政收入、第三产业增加值、规模以上工业增加值六个衡量城镇经济发展最常用的指标。其中,国内生产总值是衡量经济发展最常用的指标,其他五个指标则从不同角度反映了城市经济的发展状况(罗震东等,2002)。在此,采用碎化指数和均匀度指数两种方法分别进行测算。

应用1999~2012年相关数据,运用以上测度方法得出西安大都市区及各市域的碎化指数与均匀度指数,见表9-7、表9-8。

---

① 咸阳—铜川、咸阳—杨凌的作用强度只相当于咸阳—渭南的19.3%和6.8%。

表 9 – 7　　　　　　　　　　　　1999～2007 年西安大都市区碎化指数

年份	地区生产总值	全社会固定资产投资总额	社会消费品零售总额	财政收入	规模以上工业增加值	第三产业增加值	平均值
1999	1.7913	1.9367	1.7734	1.8607	1.7741	1.7853	1.8203
2000	1.7958	1.8284	1.6645	1.7442	1.7999	1.7784	1.7685
2001	1.7945	1.7896	1.6422	1.7105	1.7929	1.7744	1.7507
2002	1.7928	1.8185	1.6499	1.7177	1.7806	1.7657	1.7542
2003	1.7976	1.7777	1.7015	1.6994	1.8286	1.7809	1.7643
2004	1.8050	1.7741	1.6948	1.7199	1.8607	1.7941	1.7748
2005	1.8137	1.7463	1.6760	1.7316	1.8693	1.8161	1.7755
2006	1.8187	1.7230	1.6767	1.7504	1.8669	1.8116	1.7746
2007	1.8168	1.7160	1.6776	1.7575	1.8523	1.8117	1.7720
2008	1.8209	1.7381	1.6759	1.7550	1.8628	1.7260	1.7631
2009	1.8196	1.7635	1.6751	1.7589	1.8821	1.7254	1.7708
2010	1.8226	1.7728	1.6718	1.7502	1.8613	1.7253	1.7673
2011	1.8331	1.8181	1.6665	1.7499	1.8912	1.7239	1.7804
2012	1.8523	1.8222	1.6688	1.7469	1.9098	1.7267	1.7878
平均值	1.8125	1.7875	1.6796	1.7466	1.8452	1.7675	—
变化幅度	0.0610	0.2207	0.1312	0.1613	0.1357	0.0922	—

表 9 – 8　　　　　　　　　　　　1999～2012 年西安大都市区均匀度指数

年份	地区生产总值	全社会固定资产投资总额	社会消费品零售总额	财政收入	规模以上工业增加值	第三产业增加值	平均值
1999	0.8110	0.8661	0.7931	0.8321	0.7934	0.7984	0.8157
2000	0.8031	0.8177	0.7444	0.7800	0.8050	0.7953	0.7909
2001	0.8025	0.8003	0.7344	0.7650	0.8018	0.7936	0.7829
2002	0.8018	0.8133	0.7378	0.7682	0.7963	0.7896	0.7845
2003	0.8039	0.7950	0.7609	0.7600	0.8178	0.7964	0.7890
2004	0.8072	0.7934	0.7580	0.7692	0.8321	0.8023	0.7937
2005	0.8111	0.7810	0.7495	0.7744	0.8360	0.8122	0.7940
2006	0.8134	0.7706	0.7498	0.7828	0.8349	0.8102	0.7936

续表

年份	地区生产总值	全社会固定资产投资总额	社会消费品零售总额	财政收入	规模以上工业增加值	第三产业增加值	平均值
2007	0.8125	0.7674	0.7503	0.7860	0.8284	0.8102	0.7925
2008	0.8143	0.7773	0.7495	0.7849	0.8331	0.7719	0.7885
2009	0.8138	0.7886	0.7491	0.7866	0.8417	0.7716	0.7919
2010	0.8151	0.7928	0.7477	0.7827	0.8324	0.7716	0.7904
2011	0.8198	0.8131	0.7453	0.7826	0.8458	0.7709	0.7962
2012	0.8284	0.8149	0.7463	0.7812	0.8541	0.7722	0.7995
平均值	0.8113	0.7994	0.7511	0.7811	0.8252	0.7905	——
变化幅度	0.0266	0.0987	0.0587	0.0721	0.0607	0.0413	——

注：在西安大都市区范围内，西安市包括新城区、碑林区、莲湖区、灞桥区、未央区、雁塔区、阎良区、临潼区、长安区、户县、周至县、高陵县和蓝田县，共9区4县；咸阳只包括秦都区、渭城区、兴平市、武功县、礼泉县、乾县、泾阳县、三原县，共2区6县（市）；杨凌仅为杨凌农业高新技术产业示范区；渭南包括临渭区、华县、富平县，共1区2县；铜川包括王益区、印台区、耀州区，共3区。

资料来源：陕西省统计局：《陕西统计年鉴（2000~2013）》，中国统计出版社；西安市统计局：《西安统计年鉴（2000~2013）》，中国统计出版社；咸阳市统计局：《咸阳统计年鉴（2000~2013）》，中国统计出版社；渭南市统计局：《渭南统计年鉴（2000~2013）》，中国统计出版社；铜川市统计局：《铜川统计年鉴（2000~2013）》，中国统计出版社。

（二）对西安大都市区城镇集聚——碎化指数测度结果的分析

为了更好地帮助分析，绘制碎化指数和均匀度指数的走势，见图9-2、图9-3。

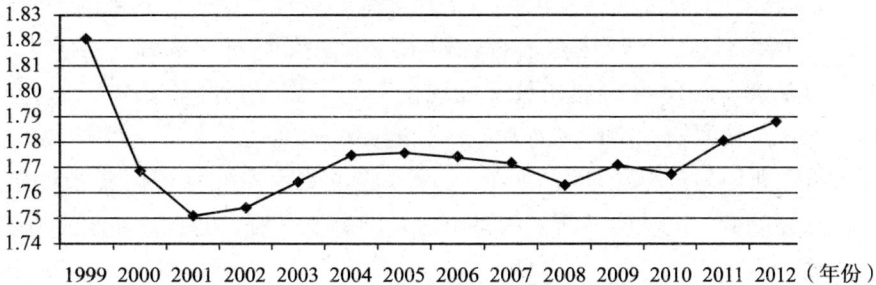

图9-2 1999~2012年西安大都市区碎化指数

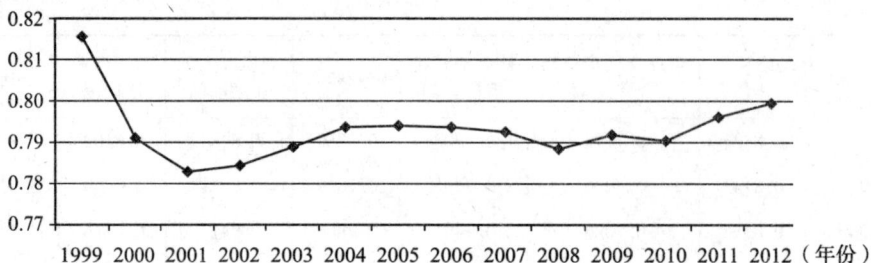

图9-3　1999~2012年西安大都市区均匀度指数

首先，从1999~2012年的整体走势可以发现，2012年的碎化指数低于2000年前的碎化指数，同时碎化指数的最大值出现在1999年，最小值出现在2001年，整体上呈逐步下降趋势。说明1999年以来，西安大都市区的总发展趋势处于一个集聚化的过程当中，这与国内其他发达的城镇密集区先集聚后扩散的发展趋势相同（胡序威等，2000）。同时，这一集聚化过程与中国经济的整体发展、"西部大开发"的良好政策环境以及陕西省经济发展战略、发展阶段密切相关。在"西部大开发"初期，区域内各城市的经济发展缓慢，区域发展相对均匀，碎化指数较大；随着"西部大开发"效果的显现，对外开放的加强和市场经济以及地方政府追求效率的作用下，资金、技术、人才、产业向西安大都市区核心城市（西安市）集聚的倾向极为明显，西安大都市区碎化指数总体呈现下降的趋势。

其次，从图9-2中可以发现，2000~2012年碎化指数走势呈不平稳状态。其中，1999~2001年呈下降趋势，2001~2005年呈上升趋势，2005~2007年呈微弱的下降趋势，2008~2010年期间上下波动，2011~2012年呈上升趋势。这一方面，说明西安大都市区在集聚的过程中也有分散化的迹象；另一方面，2005~2007年碎化指数有轻微下降，这说明该区域有进一步集聚的现象。而2008~2012年碎化指数又出现上升，这表明该区域在集聚后有扩散趋势。此外，从西安大都市区与其他区域的相关研究比较来看，西安大都市区的碎化指数和均匀度指数明显偏小，[1] 这不仅说明西安大都市区集中度极高，中间城市数量少，也说明了西安大都市区的垄断性较强，是关中地区集中度最高的区域。

---

① 夏显力（2008）在关中城市群的研究中得出2002年的碎化指数为2.0563；同时，罗震东等（2002）在沿海其他城镇密集区的研究中得出该地区1999年的碎化指数平均值在3.0以上，其中，江苏沿江地区碎化指数宁（南京）镇（江）扬（州）为3.6669、苏（州）（无）锡常（州）为3.7872、（南）通泰（州）为3.4308。

最后，从西安大都市均匀度指数来看，2012年的平均值为0.7995，数值相对较大。这说明，西安大都市区经济总量有限，多数城市之间差距不明显，呈现出一种低水平的均匀状态；从西安大都市区碎化指数的变化幅度来看，西安大都市区碎化指数近年来变化幅度不明显，说明近年来西安大都市区各城市对周边的辐射和联动效应较弱，城市之间在经济、社会交往过程中联系较少，以信息、资金、技术、人才为主体的生产要素在区际间流动不频繁，这与西安大都市区多年来高度的行政分割、各自独立发展的状况有关（夏显力，2008）。

从西安大都市区各指标走势来看（见图9-4、图9-5），从整体上呈下降趋势的有四个指标：全社会固定资产总额、财政收入、社会消费品零售总额、第三产业增加值。其中，社会消费品零售总额的碎化指数最低，平均值为0.7511。这说明一方面，西安大都市区社会消费的集中度高，地区差异大，经济消费主要集中在西安、咸阳两市；另一方面，整体上又消费不足。提高大都市区的消费应该为该区域发展的重点。从波动的幅度上来看，除2003年外全社会固定资产投资总额整体下降，且波动幅度最大。[1] 这说明，随着固定资产投资的增加，固定资产投资的集中度越来越高。从西安大都市区的实际情况来看，西安市固定资产投资居首位，而其他各市（县）固定资产投资与西安市之间的差距在拉大。因此，西安大都市区应加大中小城市固定资产投资，缩小地区差异。从财政收入上看，虽整体呈下降趋势，但从2003年起开始逐步上升，表明财政收入有分散化的迹象，各地财政收入差距有减小的趋势。第三产业增加值的碎化度指数和均匀度指数整体呈先升后降，表明第三产业增加值由分散向集聚转变，第三产业的发展逐步摆脱了不发达的分散状态，进入快速增长阶段。

在整体上处于上升的指标有，地区生产总值、规模以上的工业增加值。其中，规模以上的工业增加值的碎化度指数和均匀度指数居六大指标前列，由此可见，规模以上的工业增加值分散化的现象要相对明显，这主要和西安大都市区大部分地区工业中国有企业所占比重较大有关。从地区生产总值来看，西安大都市区地区生产总值碎化度指数和均匀度指数虽整体呈下降趋势，但其变化幅度不大，处于较为平稳的发展水平，这表明西安大都市区长期以来各城市之间的差距没有得到改善，城市与城市之间的联系紧密度没有太大变化。

---

[1] 幅度为0.2207，在消除地区差异后的均匀度指数波动幅度为0.0987。

图例：
◆ 地区生产总值　■ 全社会固定资产投资总额
▲ 社会消费品零售总额　✕ 财政收入
✳ 规模以上工业增加值　● 第三产业增加值

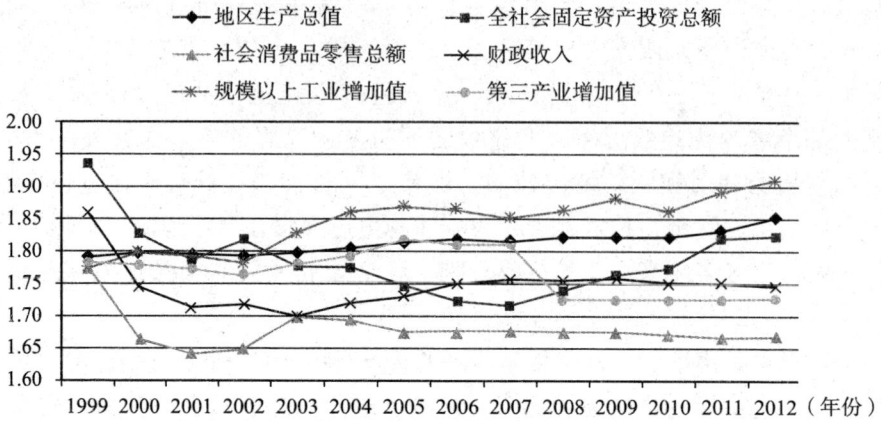

图9-4　1999~2012年西安大都市区各指标的碎化指数走势

图例：
◆ 地区生产总值　■ 全社会固定资产投资总额
▲ 社会消费品零售总额　✕ 财政收入
✳ 规模以上工业增加值　● 第三产业增加值

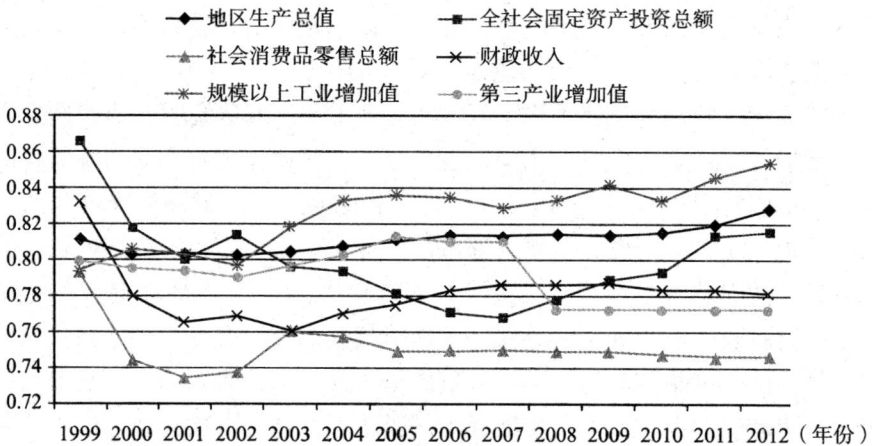

图9-5　1998~2012年西安大都市区各指标的均匀度指数走势

第四节　优化空间结构

一、空间结构与职能结构

（一）空间结构

西安大都市区在空间上由核心区、外围区（中间圈层）、影响区三大部分构成。目前，大都市区城镇主要沿陇海铁路和连（云港）霍（尔果斯）高速公路宝鸡—潼关段密集分布，未来进一步加快沿线城镇发展，依托大区域"米"字形快速干道体系形成核心区、外围区、影响区三级城镇协调发展与辐射模式，形成区域城镇沿核心城区和对外交通轴线发展的放射状分布（张沛，2005）。

（二）职能结构

核心区范围为西安城市绕城高速公路以内区域。应疏解传统产业，引导和促进信息、教育、旅游等新兴服务产业发展，以商贸、旅游、科教和高新技术产业研发为主，全面建设中国西部地区重要的科教、旅游、金融、现代物流和信息中心；强化现代产业管理、控制和研发功能，充分发挥对区域发展的组织与带动作用。在区域职能方面，核心区应主动承担起协调发展的义务，积极组织西安大都市区的其他地区，建立地区合作协调机制，对事关总体发展战略与方向、区域性基础设施建设以及重点产业发展等重大问题加强磋商。

外围区（中间圈层）范围为西安城市绕城高速公路以外的西安临潼区、长安区和咸阳市区。在产业分工方面，应大力运用高新技术和先进适用技术，改造传统优势产业，加快实现由一般加工业向以高新技术产业为先导的先进制造业转变，建设现代加工制造基地。充分发挥区域旅游资源优势，大力发展具有广阔市场前景的文化产业。在区域职能方面，应该积极承担并接受中心城市产业、产品和技术转移，同时发挥向其他小城市和城镇的产业、产品和技术辐射的职能。

外围圈层范围，为除核心区和外围区之外的其他区域。在工业发展上应以与西安大都市区中心城市相配套的农机加工、机电配件、食品药物制造等初级加工或者零部件生产为主；旅游发展应以文物古迹旅游、郊野休闲度假、自然生态旅游为主；在农业发展上，应在粮食生产的基础上积极发展以花卉、农副产品生产与加工为主的城郊型农业。在区域职能方面，小城市和城镇在大都市区分工体系中处于最低梯度，它们的主要职能是：一方面，有能力充分接受中等城市的产业、产品、技术和文化辐射；另一方面，是城乡协调发展的桥梁，为大都市区可持续发展提供有力的保障。

二、城镇等级规模

（一）构建合理的城市规模等级结构

城市规模等级结构的合理构成，能有效地拉动大都市区内城市基础设施的建设，形成合理的城市布局和道路网络系统，使大都市区内各城市的联系得以加强。目前，西安大都市区城市等级规模结构现状如下，见表9-9：

表9-9　　　　　　　2012年西安大都市区城市等级规模结构

城市等级	城市规模（万人）	城镇非农业人口（万人）	数量
大城市	>100	西安（360.1）	1
中等城市	50~100	咸阳（55.73）	1
小城市（Ⅰ型）	20~50	铜川（41.06）、渭南（41.61）、富平（27.67）、兴平（35.79）	4
小城市（Ⅱ型）	<20	三原、阎良、华县、临潼、蓝田、柞水、户县、周至、武功、乾县、礼泉、杨凌	12

资料来源：陕西省统计局．陕西统计年鉴（2013）．中国统计出版社，2014.

西安大都市区等级结构的不完善，给大都市区带来了很多问题，未来就是要提高特大城市西安市的建设水平，提高大城市咸阳自身的发展实力，增加中等城市数量，壮大小城市的经济发展规模。

（二）提升一级城市、二级城市的综合影响力

强化西安市对直接吸引区——咸阳、三原、长安的带动作用，以及对渭南、铜川、杨凌等影响区的辐射作用，使它们能够在接受高一级城市的产业、产品和技术转移的同时，对其他小城市和城镇进行产业、产品和技术辐射。减轻中心城市西安市的人口环境压力。西安大都市区处于以集聚为主，伴随着分散的趋势中，中心城市的人口、资源、环境的压力进一步增大，如果不采取相应的措施，可能会导致城市状况进一步恶化。

第五节　完善空间管治对策

一、加强城市体系规模等级合理化

（一）组建次城市群来担当二级城市的职能，完善城市体系规模

如前文分析所得，西安大都市区人口规模在 100 万～150 万人的大城市缺失。大城市在城市群中的主要任务，是接受超大城市的资金、技术、管理经验和产业、产品转移，对周围地区的大中小城市和城镇发挥辐射、渗透和带动作用，执行城市群内次中心城市的职能，因此填补大城市的空白是西安大都市区整体协调发展的重要内容。如何减少城市间的断层，如何应对城市规模等级中的不合理应是我们未来城市发展规划中的重中之重。西安大都市区内能作为二级城市培育的是咸阳市，咸阳市的城市规模已初步具备了大城市的水平，但咸阳与西安的距离较近，可以通过西咸一体化把咸阳发展成为西安大都市区核心的有机组成部分。应选择以渭南、杨凌和铜川为中心的东、西、北三个次级城市作为二级城市，提高杨凌、渭南和铜川的整体发展水平。

（二）大力发展小城市和小城镇，完善城镇发育体系

一方面，西安要着力发展现代服务业和高新技术产业，把对环境造成压力、相对低端的产业向卫星城疏散，这样既可以减轻自身在经济、环境和基础设施方面的压力，也可以带动周边地区产业的发展。具体而言，可以积极争取在西安高新技术产业开发区、西安经济技术开发区建立"一区多园"机制，将卫星城产业区作为西安高新技术产业开发区、西安经济技术开发区的园区，增强主城区以外地区的发展动力。此外，可以加强与周边市县的合作，利用产业转移和自身的影响力和辐射力来带动周边市县经济的发展。另一方面，低等级城市要达到与首位城市规模相协调的过程还很漫长，市区的集聚效益仍有提升的空间，但产业已经开始向市区周边组团和郊区转移，郊县的发展应积极吸纳市区转移产业（韩薇，2006）。具体设想是，西安大都市区内沿大通道、国道、省道两边，合理规划布点若干小城镇，把边远山区、偏僻农村的居民迁移至小城镇，形成人口聚集效应；发展商品生产，实现农业产业化；通过大通

道、国道、省道、县道把小城镇与小城镇、小城镇与大中小城市联结起来，形成沿大通道、国道、省道的经济"增长带"。

（三）加强基础设施建设，完善西安大都市区内交通网络体系

基础设施建设是一个区域发展的重要条件之一。其中，交通网络的畅通、发达与否更是重中之重，这对大都市区等级规模结构的优化有重大影响。从现实来看，西安大都市区交通网络体系相对完善，在各市（县）之间已初步建立了铁路、公路相结合的综合交通网络体系，与外界更有航空运输相连接。交通网络体系的畅通和完善为西安大都市区带来了巨大的人流、物流、信息流和资金流，对经济发展和区域内协调合作起到了重要的促进作用。但在西安大都市区内部，城市与乡村之间的城乡交通网络体系建设还比较落后，这在一定程度上制约了县乡之间的经济发展。因此，要按照量力而行、合理布局、供求平衡、适当超前的原则，处理好基础设施建设和整体社会经济发展之间的关系，完善交通网络体系，促进西安大都市区协调发展。

二、加快西咸新区建设，提高西安大都市区综合辐射力

西咸新区要坚持集约节约利用土地，依法依规确定规划建设用地规模和范围，合理划分功能分区，限定城镇发展边界，严禁在建设区外侵占耕地、林地和无序蔓延发展。通过村镇适当合并、土地复垦、农业现代化等途径，提高农业生产能力，稳定耕地面积和粮食产量。严格按照功能分区，布局层次分明、功能清晰、紧凑集约的城市群落，建设高度集中、立体发展、具有综合功能和人口承载力的核心城区，以历史文化遗址保护带、河流生态廊道、森林博览园、都市农业园区营造绿色田园景观。

健全城乡发展一体化体制机制。积极探索农村集体建设用地流转制度改革，有序推进符合条件的农业转移人口落户城镇。建立城乡统筹的户口登记、就业服务、社会保障以及教育、医疗卫生等制度。以社会建设引领城市发展，创新公共服务和社会管理，积极培育和引导社会组织、中介机构和社区更多地参与城区事务性管理。

加强生态环境保护。加大生态保护和污染治理力度，努力提升生态文明建设水平。严格环境准入门槛，切实抓好农业面源污染治理、土壤环境保护及综合治理等工作。加强城乡环境基础设施建设和环境监管能力建设，提升区域可持续发展能力。

培育现代产业体系。按照"资源整合、错位布局、集群发展"的思路，依托西安、咸阳产业资源，注重自主创新，构建创新型产业体系。大力发展现代都市农业，提高农副产品附加值，增加农民收入。重点发展高端装备制造、新一代信息技术、生物医药、节能环保等产业，建成国家重要的战略性新兴产业基地。积极发展电子商务、信息服务等高技术服务业，以及文化旅游、商贸会展、能源金融等现代服务业。发挥西安市作为中国服务外包示范城市的优势，打造面向京津沪的数据服务、金融后台服务和软件研发中心。加快发展现代职业教育，培养产业转型升级急需的技术技能人才，实现现代职业教育体系与现代产业体系的有机融合、协调发展。

三、提高城际关系协调能力

（一）实施产业升级，打破地方封闭

大都市区内的中心城市西安市应发挥其拥有的科研优势、信息优势、人才优势、资本优势、交通优势，发展高新技术产业和现代服务业，将不适合中心城市功能需要的占地多、高能耗、高水耗、高污染产业逐步外迁。从而使外围城市或地区适应中心城市资本扩张的需要，以优化产业结构为目标，承接中心城市相关产业的转移。此外，应鼓励竞争性强的大型企业集团或公司跨地区兼并或联合，实现资产重组，形成规模经济，共同抵御市场风险，加强资本市场合作，共同促进投融资体制改革，培育区域内的资本市场，增强区域内市场的融资能力。西安大都市区的大中小城市产业结构单一，中心辐射能力不强，与周边地区和城市圈区域内其他城市的联系偏弱。处于该阶段的城市当务之急，是调整其单一的产业结构，加强与外界的信息、技术、资金交流，积极融入城市圈区域的分工体系，加快产业升级，提高承接产业转移的能力（保建云，2007）。

（二）跨行政区域利益协调问题

西安大都市区发展的障碍，往往来自于不同行政区域的各级行政管理政策和制度之间的相互冲突，这也是导致区际关系紊乱的重要原因之一。如何降低市场交易成本、行政成本和制度成本，提高西安大都市区区域经济协调联动发展，应从以下几个方面出发：第一，重新定位政府职能。实现由"管理型"政府向"服务型"政府的转变，强化对市场的宏观调控、生产服务和社会保障等职能；要关注社会公平目标、环境目标以及对弱势群体利益的保障；鼓励

中介组织、非营利机构、市民、企业等广泛参与秩序的维持和社会的管理。建立综合的或专门的跨区域行政组织以强化区域协调管理，建立一个有效的大都市政府领导下的多中心体制（林尚立等，2005）。第二，打破行政区域壁垒。建立西安大都市区跨区域城镇化管理机制，如西安大都市区规划管理联席会议、西安大都市区市（县）长联席会议等机构。与之相配套的是，在都市区内部层面建立双层政府管理体制。高层次管理机构将被赋予较大的法律效力，致力于大都市区范围内的协调问题，共同研究开发管理区域交通、公用事业等基础设施、环境保护、资源开发利用和资源共享等事务，编制区域策略规划并监督实施（吴未，曹荣林等，2002）。第三，加速城市生态化，改善投资及生态环境。近几十年来，随着工业化、城镇化的进程，由于缺乏生态保护理念，西安市及周围的环境遭到不同程度的破坏，大气、水体污染十分严重。作为一个以旅游为其主要特色产业之一的大都市区，生态环境建设对其尤其重要。西安大都市区应加快对渭河、浐河、灞河等进行全方位治理，创建西安市特色的城市园林绿化系统，形成水网与绿网交融的城市景观格局（王毅，2005）。

四、做好区域规划

由前文可知，西安大都市区以集聚为主的同时，也伴随着碎化的现象。具体而言，西安集中程度最高；渭南地区与周边之间呈较均匀发展；铜川、咸阳城市发展主要以集聚为主。西安市应引导其有效率地集聚和适度地扩散，而渭南、铜川、咸阳应加快其集聚步伐。

（一）突破行政区概念，重视区域规划

西安大都市区的经济协作，必须开展三个层次的合作：第一层次为区域内的合作。以发展比较成熟的城市或地区为核心，使其不但具有拉动西部经济或国内经济发展的综合能力，而且能在经济全球化条件下不断对外拓展，具有较强的综合竞争力。第二层次为区域间的协作。以若干区域性城市为节点，解决城市之间的合理分工与协作，工业布局的调整与改善，大城市市区规模的控制，中小城镇的发展与建设，基础设施的加强，区域性的环境治理与保护等主要问题。[①] 第三层为产业间的合作。通过若干比较优势明显的区域性经济社会

---

① 本刊观察员．"十一五"期间跨区域协作及中心城市集聚辐射能力研究．领导决策信息，2004（44）：4 - 7.

文化高地的组合，建设在经济全球化条件下向全国市场或全球市场拓展的产业体系。

（二）实施区域空间管治

强调大都市区以管治作为协调管理的主导方式，突出跨行政界限的协作。西安大都市区是陕西省经济发展的核心，由于城镇化进程的加快，区内存在着经济与环境、区域整体利益与地方局部利益、行政区经济与市场经济等难以协调的现象，同时也面临着城镇整体水平发展较低，综合竞争力低等问题。解决这些问题的一个合理途径，就是有效地实施大都市区空间管治。

依据西安大都市区整体发展战略以及各个区域空间差异，将大都市区划分为一般管治区、引导管治区、协调管治区和监督管治区（张沛，2005）。一般管治区指，西安大都市区内的城市（镇）区及城镇建设区，这一区域发展的重点是加强区域内基础设施和城镇间的合作关系，创造良好的生产、生活、交通及休闲环境。引导管治区指，西安大都市区内产业集聚地区，包括各种高新技术产业开发区、经济技术开发区和工业园区等，这一区域发展的重点是处理好园区发展与城市建设的关系、产业发展与人居环境的关系，调控产业发展方向。协调管治区指，西安大都市区内各城市（镇）衔接区与城市边缘区，这一区域一般受行政管辖制约较多，通常为设施不完善、发展比较混乱、不衔接的区域。重点是进行城际基础设施共建与共享，协调布置垃圾处理厂、取水口、污水处理厂、污水排放口等环境设施。监督管治区指，西安大都市区内的生态敏感区域，主要是指南部秦岭山地及黄土丘陵区、渭河及其支流沿线以及基本农田保护区等。这一区域发展的重点，是以加强水源涵养、防止水土流失等生态以及农业生产功能的建设；通过封山育林、植树造林等工程恢复已被破坏的生态环境；慎重对待以森林、水体等自然景观为重点的旅游经济；加强对不合规的旅游开发进行控制与整顿。

参考文献

1. 安树伟. 中国大都市区管治研究. 中国经济出版社，2007.

2. 保建云. 发达地区间区域一体化发展面临的问题与地方利益协调分析——以长江三角洲和珠江三角洲为例. 商业经济与管理，2007（10）：58 - 63.

3. 本刊观察员. "十一五"期间跨区域协作及中心城市集聚辐射能力研究. 领导决策信息，2004（44）：4 - 7.

4. 方创琳. 区域规划与空间管治论. 商务印书馆，2007.

5. 高岩辉. 集聚作用下的西安市区经济集中与郊县发展. 西北大学学报（自然科学版），2007（1）：153 - 156.

6. 顾朝林等. 经济全球化和中国城市发展. 商务印书馆，1999.

7. 国家发展和改革委员会. 国家级新区发展报告（2015）. 中国计划出版社，2015. 91.

8. 韩薇. 西安城市郊区化的判断及其应对. 西北大学学报（自然科学版），2006（2）：317 - 320.

9. 何晔. 信息阻滞与非政府组织社会保障功能的局限——以陕西农村残疾人社会保障状况为例. 安徽师范大学学报（人文社会科学版），2008，36（2）：218 - 222.

10. 胡序威，周一星，顾朝林. 中国沿海城镇密集地区空间集聚与扩散研究. 科学出版社，2000.

11. 李蓓蓓. 西安生态城市建设研究. 商场现代化，2006（9）：191 - 192.

12. 鲁晓勋. 区域一体化视野下大西安都市圈空间结构发展问题研究. 西安建筑科技大学硕士学位论文，2006.

13. 罗震东，张京祥. 大都市区域空间集聚——碎化的测度与实证研究. 城市规划，2002（4）：61 - 63.

14. 王毅. 关于加快扩展西安都市圈的新思路. 当代经济科学，2005，27（1）：106 - 107.

15. 吴未，曹荣林等. 南京都市圈城市管治的初步设想. 规划师，2002（9）：28 - 31.

16. 夏显力. 陕西关中城镇集聚——碎化指数测度及其分析. 西北农林科技大学学报（社会科学版），2008，8（1）：33 - 36.

17. 张红. 西安城市居住活动扩散化发展分析. 西北大学学报（自然科学版），2000，30（1）：73 - 77.

18. 张沛. 大西安都市圈发展规划问题研究. 西安建筑科技大学学报（自然科学版），2005，37（2）：223 - 228.

19. 张思锋. 以西安为中心的关中城市群等级结构与分工研究. 人文杂志，2002（3）：78 - 81.

第十章

管治的绩效与成本收益分析

基于管治的含义和中国大都市区管治的特殊性，中国大都市区管治的对象是面向大都市区公共物品和公共事务的管治（安树伟，2007）。但对大都市区公共物品和公共事务管治必然要付出成本，这些成本由谁来承担？大都市区管治所带来的收益又由谁来分享？如果管治主体承担的成本与得到的收益不协调，必然会影响其参与管治的积极性，进而影响大都市区管治的效率。如何调动管治主体参与管治的积极性，实现"有效的"大都市区管治，是中国大都市区发展必须考虑的问题。"西部大开发"以来，西部城市的发展主要集中在数量的扩张上，2000~2014年城镇化水平由28.7%迅速提高到47.4%。那么，西部城市（尤其是大都市区）的管治绩效，或者说管治的投入产出效率如何呢？用什么方法来衡量城市（大都市区）的管治绩效？对于进一步降低管治的成本、提高管治效率，实现"善治"具有重要的理论价值和实践意义。

第一节 绩效分析

绩效（performance）最早用于投资项目管理方面，后来在企业管理，尤其是人力资源管理方面得到广泛应用。单纯从字面的角度来看，绩效包含成绩和效益的意思。用在经济管理活动方面，是指社会经济管理活动的结果和成效；用在人力资源管理方面，是指主体行为或者结果中的投入产出比；用在公共部门中，用来衡量政府活动的效果，则是一个包含多元目标在内的概念。

城市管治绩效成为学界关注的焦点起源于 20 世纪 70 年代，西方发达国家为解决经济停滞、管理危机、财政危机和公众对政府的满意度下降等问题，掀起了重塑政府（Reinventing Government）的改革运动（王伟，2009）。在这种"以企业家精神改革政府"的运动中，绩效评价理念被引入城市政府管理，要求城市政府注重绩效，提高城市政府工作人员的服务意识、服务能力和服务质量，重塑城市政府和社会的关系。城市管治绩效，在西方也被称为公共生产力、国家生产力、公共组织绩效、政府作为等，其内涵非常丰富，既包括政府"产出"的绩效，即政府提供公共服务和进行社会管理的绩效表现，又包括政府"过程"的绩效，即政府在行使职能过程中的绩效表现。

一、城市管治绩效评价的指标体系与方法

（一）基于成本收益分析法的城市管治绩效评价指标体系

城市管治的目的是，经济增长、社会事业发展和生态环境保护的全面发展，使整个城市获得利益。以客观、合理、科学为标准，利用成本效益分析法建立透明的城市治理效果评估体系，见表 10－1，既可以客观判断城市政府管治目标的正确性与成功程度，又可以更好地解决城市运行的成本效益问题（吴妤，汤丽，朱江涛，2009）。

表 10－1　　　　　　　　　　大都市管治绩效评价指标体系

一级指标	二级指标	三级指标
经济发展	经济效益	GDP 增长
		人均 GDP
		工业劳动生产率
	经济结构	第二产业增加值占 GDP 比重
		第三产业增加值占 GDP 比重
		固定资产投资占 GDP 比重
	循环经济	环保设备投资比重
		绿色能源使用率
		废弃物回收利用率

续表

一级指标	二级指标	三级指标
社会发展	基本状况	城市政府管治人员占居民比重
		登记失业率
		城镇化率
	生活水平	恩格尔系数
		城市居民收入
		人均社会消费品零售额
	科教文卫	受教育程度
		养老保险普及率
		科教文卫财政投入
生态环境	资源环境	人均水资源量
		森林覆盖率
		人均耕地面积
	环境质量	绿化覆盖率
		人均公共绿地面积
		饮用水达标率
		空气净化率
	污染控制	工业废气净化处理率
		工业废水排放达标率
		固定废弃物综合利用率
		城市垃圾无害化处理率
		城市生活污水处理率
		环保投入占 GDP 百分比
		噪声控制

资料来源：吴妤，汤丽，朱江涛. 城市化进程中的城市治理研究——以甘肃省为例. 统计与决策，2009（7）：63-65.

（二）基于管治核心内涵的城市管治绩效评价

"多主体（公共部门、私人部门、非政府组织）对公共事务的共同参与"是城市管治的核心内涵，因此，良治＝良好的政府＋私营部门和公民的参与，而"良好的政府＝公正的＋有效的＋管治的＋法治的＋透明的＋廉洁的政府"。这意味着，可以用七个维度来衡量城市管治绩效，即参与（Participation）、公正（Equity）、有效（Efficiency）、管治（Regulation）、法治（Rule of law）、透明（Transparency）和廉洁（Integrity）。在评价管治状况的每一个维度中，将其分为四个层面：投入、途径、结果和效果。投入衡量的是，国家在每个维度中的人员、财政或法律法规的投入状况。然而，仅加大投入是远远不够的，还必须建立有效的途径。投入的后果可以从两个方面来衡量，即客观结果和主观效果。如果某一个维度的结果看起来很好，但是公众对其效果的评价并不高，那么，管治在这一方面的作用效果显然难以令人满意。在这四个层面下设置主观指标和客观指标有效结合在一起的三级子指标，三级指标权重用德尔菲法来确定。最终，通过三级指标体系构建评价城市综合管治水平的"管治指数"（过勇，程文浩，2010）。

（三）基于社会效益最大化的城市管治绩效评价

城市政府之所以会伴随城市的发展而存在和发展，唯一的理由便是政府通过自身职能的发挥，使得整个城市社会达到利益最大化。一方面，是市民生活水平的持续改善；另一方面，是城市中的各经济主体交易环境得到持续完善，最终形成整个社会效益的最大化（王伟，2009）。首先，政府提供维持城市社会健康发展所必需的公共产品，为城市中各主体的交易创造了条件，通过交易的进行，城市的整体效益得到了增强；其次，政府也通过制定规章、制度、法令、奖惩，使城市中各经济主体的外部交易变成由城市政府组织的内部协调，降低了各经济主体交易的社会成本（外部成本），从而大大节省了城市社会的交易成本，增进了整个城市的总体效益；最后，政府在提供公共服务的时候，应减少社会经济主体或市民在获取这些公共服务过程中所付出的额外社会成本，合理设置公共部门提供公共服务和公共产品的相关提供机制，降低社会成本，从而达到整个社会效益最大化，见图 10 - 1。

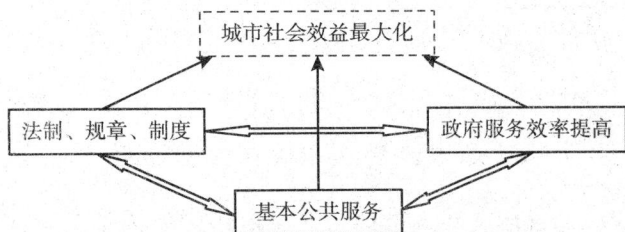

图 10 - 1 倒 "品" 字形城市运行模型

资料来源：王伟. 基于社会效益最大化的城市治理绩效研究. 天津大学博士学位论文，2009.

社会效益最大化，是城市管治的最终目标，城市管治绩效是城市政府工作的直接表现，在实现城市社会效益最大化的过程中扮演着举足轻重的角色。基于社会效益最大化的倒"品"字形城市管治绩效指标，包括经济、公共服务、城市运转过程、学习和成长四个层面（王伟，2009）。对于经济指标的选取，根据经济学的有关理论，分别选取最有代表性的城市产业情况、产业投资回报率、城市财政收入、社会效益四项评价指标；对于第二个层面公共服务，由于市民对城市公共服务的印象决定了服务型城市政府的服务水平，因此，分别选取有代表性的市民满意度、市民参与度、服务评价三项指标；对于城市内部经济过程层面，倒"品"字形城市运行机制将流程再造引入城市政府内部运转过程之中，要求城市政府优化内部流程以获得更好的顾客满意度，分别选取如下代表性指标，危机管理能力、办公现代化度、部门协调情况、问题处理速度；对于城市内部学习和成长层面，这个层面是城市实现长期活力和实现绩效改善的基础，因此选用代表性指标，市民满意度、产业员工工作效率、建议采纳效率、信息系统效率，见图10-2。各指标层的权重，根据层次分析法或德尔菲法确定。

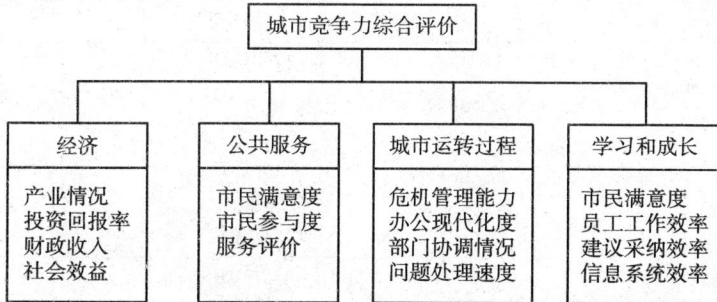

图 10 - 2　基于社会效益最大化的倒"品"字形城市管治绩效指标

资料来源：王伟．基于社会效益最大化的城市治理绩效研究．天津大学博士学位论文，2009.

（四）城市土地管治绩效评价

根据城市土地利用管治的目标和管治的特征，按照系统性和层次性相结合的原则，可建立多元绩效评价指标体系，见表10-2。该评价指标体系由管治结果评价指标和管治行为评价指标两个方面组成。管治结果指标，是通过实施管治过程可实现的效益，包括经济效益、社会效益、生态效益。管治行为指标，由政府行为能力和公众参与行为能力组成，重点反映管治过程中政府职能的转变情况及决策的民主化程度。指标体系具有动态性，可能随着不同的城市土地利用发展阶段而有所不同（肖艳，2006）。指标按照是否可以计量，可分为定量指标和定性指标。定量指标又可以分为正指标、逆指标和适度指标，可用不同的量化函数进行指标的标准化，用层次分析法确定其权重。难以量化的指标，可依据模糊数学原理，经征询专家意见后确定各指标功效函数数值。

表 10 − 2　　　　　　　　城市土地管治绩效评价指标体系

一级指标	二级指标	三级指标
经济效益	土地效益	土地出让金占财政收入比重
		土地税费占财政收入比重
	土地利用效益	土地利用率
		地均产值
		地均投资强度
环境效益	生态环境	人均公共绿地面积
		绿化覆盖率
	用地结构合理性	工业用地比例
		居住用地比例
		商业用地比例
	用地密度	建筑密度
		人口密度
		容积率
社会效益	社会公平性	房价收入比
		缺房户比例
	用地公平性	人均居住用地面积
		人均道路面积
		人均市政设施面积
政府行为能力	勤政廉政状况	腐败案件涉案人数占行政人员比例
		政府部门工作作风
	行政效率	法律法规执行度
		行政审批效率
		投诉处理效率
	公共服务	投诉处理率
		公众满意度

续表

一级指标	二级指标	三级指标
政府行为能力	互动性	与开发企业行为的互动性
		与第三部门行为的互动性
公众行为能力	普通公众参与	普通公众参与率
		普通公众参与增长率
	第三部门参与	第三部门参与率
		第三部门参与增长率
		第三部门公信率

资料来源：肖艳. 中国城市土地利用管治研究. 天津大学博士学位论文, 2006.

二、西部大都市区管治的绩效分析

下文运用数据包络分析（DEA）中的 BCC 模型对西部市辖区常住人口超过 100 万人的大都市区管治绩效进行研究，主要通过城市政府财政投入的产出效率反映城市政府的管理水平和城市管治绩效。考虑到数据的可得性问题，主要分析西部大都市区财政投入在基础设施和科教文卫等城镇公共服务的治理绩效，使用的数据来源于《中国城市统计年鉴（2007~2013）》。

城市发展的力量，取决于历史因素、地理区位、自然环境、经济力量、政策效果和城市本身的要素储备，但是，城市地方政府无疑是城市发展中最重要的因素。对于政府而言，除了维持政权运转外，还要承担城市建设、城市教育、企业投资补贴、失业养老保险、医疗和救济等职能（安秀梅，2007）。城市财政是城市政府为了履行其职能而参与一部分社会产品或国民收入分配和再分配的过程，提供城市公共物品和公共服务，是城市政府的主要职能之一，同时城市政府其他职能的实现也离不开城市财政的支持（王晓玲，2008）。可以说，城市发展有赖于城市政府公共物品的供给。因此，财政投入对城市发展的意义十分重大，城市财政投入的产出效率在一定程度上反映了城市政府的管理水平和城市管治绩效（林崇建，毛丰付，2012）。

（一）DEA 模型的基本原理

数据包络分析方法（Data Envelopment Analysis，DEA）最早于 1978 年由查恩斯、库珀和罗德兹（Charnes，Cooper & Rhodes）提出，并开发了最早的

DEA 模型——CCR 模型，但该模型职能处理具有不变规模报酬特征的决策单元（DMU）的效率评估问题。1984 年，班克、查恩斯和库珀（Banker、Charnes & Cooper）开发了 BCC 模型，使 DEA 可用于分析可变规模报酬的生产技术。DEA 是一种利用非参数方法在多投入多产出情况下测算 DMU 相对效率的评估方法，它不考虑 DMU 的生产技术，直接利用 DMU 的投入—产出数据和数学规划方法，构建出一个包含若干个 DMU 的处于相对有效前沿的效率面，然后计算出某个给定 DMU 相对于那些处于效率面的 DMU 的效率水平。DEA 方法是以相对效率概念为基础，以凸分析和线形规划为工具的一种评价方法，应用数学规划模型计算比较决策单元之间的相对效率，对评价对象作出评价，它能充分考虑对于 DMU 本身最优的投入产出方案，因而能够更理想地反映评价对象自身的信息和特点，同时，对于评价复杂系统的多投入多产出分析具有独到之处。

DEA 模型假定存在 n 个部门或单位（DMU），每个 DMU 有 m 个输入和 s 个输出。

X_{ij}——第 j 个决策单元对第 i 种类型输入的投入总量，$X_{ij} > 0$

Y_{rj}——第 j 个决策单元对第 r 种类型输出的产出总量，$Y_{rj} > 0$

v_i——对第 i 种类型输入的一种度量，权系数

u_r——对第 r 种类型输出的一种度量，权系数

i——1，2，…，m

r——1，2，…，s

j——1，2，…，n

对于每一个 DMU 都有：

$$h_i = \frac{u^T y_i}{v^T x_j} = \frac{\sum_{r=1}^{s} u_r y_{rj}}{\sum_{i=1}^{mn} v_i x_{ij}} , \quad j = 1, 2, \cdots, n \qquad (10-1)$$

我们可以适当地取权系数 v 和 u，使得 $j_i \leq 1$，$j = 1, \cdots, n$，则第 j_0 个决策单元的效率指数可表述为：

$$\max h_{j0} = \frac{\sum_{r=1}^{s} u_r y_{rj0}}{\sum_{i=1}^{m} v_i x_{j0}} \qquad (10-2)$$

$$\text{s. t.} \quad \frac{\sum_{r=1}^{s} u_r y_{rj}}{\sum_{i=1}^{m} v_i x_{ij}} \leq 1, \quad j = 1, 2, \cdots, nu \geq 0, \ v \geq 0 \qquad (10-3)$$

使用 Charnes – Cooper 变换，令：$t = \dfrac{1}{v^T x_0}$，$w = tv$，$\mu = tu$

由 $t = \dfrac{1}{v^t x_0} \Rightarrow w^t x_o = 1$，可得其等价线性规划和对偶规划：

$$\max h_{j0} = \mu^T y_0 \tag{10-4}$$

$$\text{s. t. } w^T x_j - \mu^T y_j \geqslant 0, \ j = 1, \ 2, \ \cdots, \ n$$

$$w^T x_0 = 1 w \geqslant 0, \ \mu \geqslant 0 \tag{10-5}$$

$$\min \theta$$

$$\text{s. t. } \sum_{j=1}^{n} \lambda_j x_j \leqslant \theta x_0$$

$$\sum_{j=1}^{n} \lambda_j y_j \geqslant y_0 \tag{10-6}$$

$$\lambda_j \geqslant 0, \ j = 1, \ 2, \ \cdots, \ n$$

θ 无约束

进一步引入松弛变量 s^+ 和剩余变量 s^-，将上面的不等式约束变为等式约束，可变成：

$$\min \theta$$

$$\text{s. t. } \sum_{j=1}^{n} \lambda_j x_j + s^+ = \theta x_0$$

$$\sum_{j=1}^{n} \lambda_j y_j - s^- = \theta y_0 \lambda_j \geqslant 0, \ j = 1, \ 2, \ \cdots, \ n \theta \text{ 无约束}, \ s^+ \geqslant 0, \ s^- \leqslant 0$$

$$\tag{10-7}$$

如果 $\theta^* = 1$，且 $s^* = 0$，$s^* = 0$，则决策单元 j_0 为 DEA 有效，决策单元的经济活动同时为技术有效和规模有效。$\theta^* = 1$，但至少某个输入或者输出大于 0，则决策单元 j_0 为弱 DEA 有效，决策单元的经济活动不是同时为技术效率最佳和规模最佳。$\theta^* < 1$，决策单元 j_0 不是 DEA 有效，经济活动既不是技术效率最佳，也不是规模最佳。

（二）基于 DEA 模型的西部大都市区管治绩效评价指标体系

DEA 分析中，选择合适的投入变量和产出变量非常重要，既要考虑能反映评价本质特征，又要便于获取数据。城市的社会公共服务可以划分为两大类，即以城市基础设施为主的"硬"公共服务和以科教文卫为主的"软"公共服务（林崇建，毛丰付，2012）。

对城市财政支出在基础设施等公共服务方面的效率评价，DEA 分析的投入变量选择地方财政一般预算内支出和固定资产投资总额，产出变量初步考虑人均家庭生活用水量、居民人均生活用电量、人均铺装道路面积、每万人拥有公共汽电车数、每万人拥有剧场（影剧院）数、每百人公共图书馆藏书数、每百人拥有医院（卫生院）床位数、每百人拥有医生数和人均绿地面积 9 项。考虑到上述指标中可能存在多个指示表征相同含义的情况，先对上述 9 个指标进行主成分分析，其中人均家庭生活用水量、居民人均生活用电量、人均铺装道路面积、每万人拥有公共汽电车数 4 个指标的特征值均大于 1，且 4 个指标合计可以解释全部因素的 90% 以上。因此，选择这 4 个指标作为 DEA 分析的产出变量。

对城市的科技、教育、文化等"软件"方面的情况分析，与对基础设施的分析步骤相同，先确定输入指标为地方财政一般预算内科学事业费支出和教育支出，产出指标为高等学校专任教师数，普通中学专任教师数，小学专任教师数，每百人公共图书馆藏书数，每百人拥有医院（卫生院）床位数，每百人拥有医生数，每万人拥有剧场（影剧院）数，科学研究、技术服务和地质勘查业从业人员数，教育从业人员数，文化、体育和娱乐业从业人员数，公共管理和社会组织从业人员数。通过主成分分析发现，指标间的相互解释力不强，不能相互替代，最终筛选出高等学校专任教师数，普通中学专任教师数，小学专任教师数，每百人公共图书馆藏书数，每百人拥有医院（卫生院）床位数，每百人拥有医生数，每万人拥有剧场（影剧院）数，科学研究、技术服务和地质勘查业从业人员数，教育从业人员数 9 个指标作为 DEA 分析的产出变量，见表 10 - 3。所有指标的数据，均为市辖区数据。

表 10 - 3　　基于 DEA 模型的西部大都市区管治绩效评价指标体系

一级指标	二级指标	三级指标
以基础设施为主的"硬"公共服务管治绩效评价	投入指标	地方财政一般预算内支出、固定资产投资总额
	产出指标	人均家庭生活用水量、居民人均生活用电量、人均铺装道路面积、每万人拥有公共汽电车数
以科教文卫为主的"软"公共服务管治绩效评价	投入指标	地方财政一般预算内科学事业费支出、地方财政一般预算内教育支出
	产出指标	高等学校专任教师数，普通中学专任教师数，小学专任教师数，每百人公共图书馆藏书数，每百人拥有医院（卫生院）床位数，每百人拥有医生数，每万人拥有剧场（影剧院）数，教育从业人员数，科学研究、技术服务和地质勘查业从业人员数

（三）西部大都市区管治绩效评价结果分析

利用 Deap 2.1 软件，运用 2006～2012 年数据，对西部建成区常住人口超过 100 万人的 12 个城市的管治效率进行 DEA 测算，得到各城市基础设施和科教文卫供给的财政投入效率指标，包括综合效率、纯技术效率、规模效率等值，见表 10－4、表 10－5，综合效率 = 纯技术效率 × 规模效率。

表 10－4　　　　西部大都市区基础设施供给的财政投入效率指标

城市	综合效率	纯技术效率	规模效率	规模收益
呼和浩特	0.415	0.552	0.752	递减
包头	0.828	1.000	0.828	递减
南宁	0.539	0.569	0.948	递增
柳州	1.000	1.000	1.000	不变
重庆	0.064	0.065	0.978	递增
成都	0.192	0.201	0.958	递增
南充	1.000	1.000	1.000	不变
贵阳	0.887	1.000	0.887	递减
昆明	0.529	0.566	0.935	递减
西安	0.285	0.319	0.892	递增
兰州	0.768	0.785	0.979	递增
乌鲁木齐	1.000	1.000	1.000	不变

从基础设施供给的财政投入效率看，柳州、南充、乌鲁木齐的综合效率值为 1，DEA 有效，既没有投入冗余，也没有产出不足的情况，在基础设施的投入上实现了资源的最佳利用，保证了最好的规模效益。其他城市均表现为 DEA 无效。包头和贵阳的纯技术效率为 1，规模效率小于 1，规模收益递减，说明 DEA 无效是由于规模效率导致，应降低投入规模。剩余城市的 DEA 无效由纯技术效率和规模效率共同导致，特别是投入冗余现象严重，要对技术和规模同时进行调整。

表 10－5　　　　西部大都市区科教文卫供给的财政投入效率指标

城市	综合效率	纯技术效率	规模效率	规模收益
呼和浩特	0.395	1.000	0.395	递减
包头	1.000	1.000	1.000	不变

城市	综合效率	纯技术效率	规模效率	规模收益
南宁	1.000	1.000	1.000	不变
柳州	0.807	1.000	0.807	递增
重庆	0.661	1.000	0.661	递减
成都	0.976	1.000	0.976	递减
南充	1.000	1.000	1.000	不变
贵阳	0.763	0.766	0.996	递减
昆明	1.000	1.000	1.000	不变
西安	1.000	1.000	1.000	不变
兰州	1.000	1.000	1.000	不变
乌鲁木齐	1.000	1.000	1.000	不变

与基础设施供给的财政投入效率相比，西部大都市区科教文卫供给的效率相对要好。12 个城市中 7 个城市的 DEA 有效，剩余 5 个城市中 4 个城市的纯技术效率为 1，DEA 无效是由于规模效率导致，呼和浩特、重庆、成都应降低投入规模，柳州应提高投入规模。贵阳的 DEA 无效，是由于纯技术效率和规模效率共同导致，从纯技术效率看投入冗余和产出不足同时存在；从规模效率看，规模收益递减。因此，要对技术和规模同时进行调整。

第二节 成本与收益分析

一、大都市区管治的成本

（一）从成本承担主体的角度分析

所谓成本，主要指为了获得某种收益而必须付出的代价。大都市区管治，本质上是政府与其他参与方关于公共事务决策与执行的一种博弈过程。作为大都市区管治的参与者，各管治主体为了各自的利益参与大都市区的管治，但参与都必须付出一定的代价，这些付出的代价就构成了大都市区管治的成本。各管治主体目标不同，掌握的资源和权力不同，面临的约束条件也不同，在参与管治的过程中就会采取不同的方式，因而承担的成本也不同。

1. 政府

政府追求多种目标，即促进经济增长，实现充分就业，消除通货膨胀，保持国际收支平衡。不同层级的政府目标的侧重点有所不同。一般来说，中央政府的目标，是确保中央制定的法律法规在区域治理中得到贯彻，使区域的发展方向与国家发展战略相一致（孙兵，2007）。前面的分析已经指出，地方政府具有多重角色，但在现行的制度下，其约束主要来自于上级政府。由于改革开放后中国首要的任务是发展经济和稳定社会秩序，因而中央政府对地方政府的政绩考核标准主要是经济发展和社会稳定。在中国社会保障制度尚欠缺的情况下，社会稳定又与经济发展紧密相连。在政治绩效的考察主要依赖于经济绩效表现的情况下，地方政府的行为目标自然就致力于本地的经济发展（唐丽萍，2007）。

中央政府拥有极为丰富的资源和至高无上的权力，但在大部分情况下，它只是间接参与大都市区管治，付出的成本主要是政策制定成本。与中央政府相比，地方政府的资源和权力比较有限，但在大都市区管治中承担着主要责任。为了完成发展经济的目标，地方政府进行大量的投入以改善投资环境。此外，由于公共服务民营化在中国尚未成熟，地方政府负责大都市区大部分公共设施和公共服务的提供。地方政府在大都市区管治中承担的成本，主要是提供公共设施和公共服务的成本。

2. 企业

传统的观点认为，企业的目标比较单一，主要是追求利润最大化，而不必承担社会责任。现在企业却积极主动地参与公共事务，参与基础设施建设或公共服务提供等，但这并不否认其追求利润最大化目标。当企业参与管治的过程，既能产生社会效益又能产生经济效益时，企业就获得了良好的发展空间。

企业参与大都市区管治的方式，主要是共同生产和慈善捐助。共同生产是指，政府部门通过与企业部门进行合作，结合政府与社会资源，共同生产公共服务，以解决日益增加的财政压力，并让企业乃至居民得以参与公共事务的决策与执行（孙兵，2007）。目前，企业投资公用事业领域主要是采取PPP（即公私合伙制）模式。在这个过程中，企业承担的成本就是投资公用事业的成本。慈善是企业履行其社会责任、参与公益事业的一种重要的途径和方式。因此，慈善捐助、参加公益活动或创办基金会，也构成了企业参与管治的成本。

3. 社会组织

社会团体的目标一般较为明确，通常体现在组织的章程之中。社会团体参与管治的方式主要有两种：一是提供公共服务；二是代表成员的利益与政府和其他组织进行协商和博弈（孙兵，2007）。所以，社会团体参与管治的成本，主要是提供公共服务的成本和协商成本。民办非企业单位以提供社会公共服务产品为宗旨，追求最大化的社会效益和主动承担社会责任为目标，参与管治的方式主要是提供公共服务，因此民办非企业单位参与管治的成本就是提供公共服务的成本。基金会的设立目的，是为了完成一定的公益事业，以社会效益而不是经济效益为主要目标。基金会参与管治主要是通过直接参与项目建设、开展公益活动、提供专业技术服务等方式，而这些方式产生的成本就成为基金会承担的管治成本。

4. 居民

尽管不同收入阶层的市民有不同的目标，但作为理性经济人，他们的目标可以概括为消费一系列公共物品和服务的效用最大化。影响市民参与管治的因素有很多，但主要表现在两个方面，即市民的经济能力和制度设计。市民参与管治主要是通过两种方式：一是参与选举过程，投票选出能代表其利益的政治家；二是通过呼吁、谈判、协调等手段，促使其他管治主体提高其生活质量。对于第二种方式，制度设计非常重要。近年来，日益增多的群体性事件都与制度设计有关。制度的不完善，使市民只能选择高成本的群聚方式来表达自己的观点。市民参与大都市区管治所承担的成本，主要是参与选举的成本和协调成本等。

综上所述，不同大都市区管治主体承担的成本有较大差别，见表 10 - 6。

表 10 - 6　　　　　　　　　　　不同管治主体承担的成本

管治主体		管治的成本
政府	中央政府	政策制定成本
	地方政府	提供公共设施，服务的成本，行政成本
企业		投资公用事业成本、捐赠
社会组织	社会团体	提供公共服务成本、协商成本
	民办非企业单位	提供公共服务成本
	基金会	参与项目建设成本、提供专业技术成本
市民		参与选举成本、协调成本

（二）从管治目的角度分析

从长期来看，为了实现大都市区管治的总目标，就必须要解决管治中存在的问题，因此而付出的代价就是大都市区管治的成本。

1. 政府职能转换成本

中国传统的大都市区管治主体是政府，在以往政社合一的体制下，政府包揽了一切社会事务，公共物品的提供长期靠粗放式运作，为此付出了高昂的管治成本（陈广胜，2006）。管治主体的单一化，也是造成上述问题的主要原因。在现代大都市区管治中，政府不再是唯一的管治主体，同时也不再是公共服务唯一的提供者，公共服务应由最有效率的提供者来提供。现代政府的职能是服务，而不是"掌舵"。政府的作用，在于与私营企业和非营利组织一起，为社区所面临的问题寻找最佳的解决方法。所以，转换政府职能，实现由"管理型"政府向"服务型"政府的尽快转变，可以有效地解决上述问题，政府职能转换的成功与否，直接决定了能否实现有效的管治。因此，政府职能转换的成本，是大都市区管治过程中一项重要的成本。

2. 政府间协调成本

大都市区行政管治主体的缺失，是长期以来制约区域政府作用发挥的主要"瓶颈"（莫建备等，2005），由此导致了各地方行政主体各自为政，使发展成熟的大都市区管治处于无序状况。前面的分析已经指出，大都市区内同一级政府间缺乏合理的规划和协调系统，有的官员为了谋求在"晋升锦标赛"中处于领先地位，不惜恶性竞争，造成低水平重复建设、产业结构低层次重复。虽然有些地方政府已经开始寻求合作，并建立起相应的内部协调机制。但总体来看，全国范围内地方政府间的横向合作还不是很多，已有的地方政府合作约束机制也不是很强。由此，政府间的协调成本成为大都市区管治的另一项成本。

3. 社会组织培育成本

虽然相对于改革开放前，中国的社会组织在大都市区管治中取得了一定的成就，但是相对于发达国家而言还处于薄弱状态。同时，由于历史和体制原因，社会组织过度依赖政府，独立性不强，很难在大都市区管治过程中发挥自身的作用。国外大都市区管治的一条重要经验就是重视和鼓励社会组织的参与，社会组织也在大都市区管治中发挥重要作用。因此，非营利组织的培育成本，就成为大都市区管治的第三项成本。

二、大都市区管治的收益

大都市区管治的收益，是指政府、企业、社会组织和居民通过各种方式解决大都市区存在的问题，从而创造的有益于政府、企业、社会组织和居民的结果。大都市区管治的目的，是为了公共利益的最大化。

目前，中国大都市区管治方式主要有区域规划、行政区划调整、城市联盟和大都市区规划，而这些管治策略在解决大都市区存在的问题时发挥了重要作用，带来了有益的结果，表现为大都市区内地方政府的协调合作、资源的合理配置、交易成本的降低、居民生活水平的提高等。

根据收益主体的不同，目前，中国大都市区管治带来的收益可划分为三个部分：政府收益、企业收益和社会收益。

（一）政府收益

1. 财政收入的增加

大都市区管治给政府带来的最直接的收益，就是财政收入的增加。随着分权化和分税制改革，地方政府逐渐成为有自身利益所求的理性"经济人"，在参与管治的过程中也进行着自身的成本收益分析。大都市区中心城市兼并郊区县市，在一定程度上增加了中心城区的实力，使中心城市政府拥有更多的资源发展经济。同时，被兼并的郊区县市，也可以利用中心城区的实力来更好地为自己服务。但如果被兼并的郊区县市在兼并前经济实力较强，则被兼并的意愿就比较弱，这样一来，在行政区划调整过程中也容易引发不同级别的地方政府之间的矛盾。但总体来看，全国范围内的中心城区兼并郊区市县后，老城区和新城区的经济都能保持高速的增长，给双方都能带来经济上的利益。

大都市区内城市之间的联盟，给参与政府带来的经济效益也很明显。城市之间的联盟，可以在一定程度上消除地方保护主义的壁垒，避免地方政府之间的恶性竞争。同时，联盟城市的一体化，还意味着市场规模的扩大。从这个角度来看，城市联盟有利于城市充分发挥各自的比较优势，实现潜在的贸易收益；有利于促进分工进一步深化，提高劳动生产率，推动经济增长。京津冀地区落后于"长三角"和"珠三角"地区的一个原因，就是"长三角"和"珠三角"地区的一体化程度较高，促进了经济的快速发展。

2. 政府提供公共服务和产品能力的提高

大都市区管治的一个重要理由，就是某些公共服务和产品具有规模效应，尤其是资本密集型的产品，如给排水系统、治污、道路、公园，等等。规模较小的地方政府在提供这些公共产品时就不能达到最优规模。为了达到公共产品的规模经济，必须有效地集中资源在最有利的地点，以发挥最大的规模经济效果。通过行政区的兼并，由一个管辖权更高的地方政府提供这些公共服务就更有效率。当然，解决规模经济的途径，除了行政区兼并外，还可以通过政府间签订服务转让的合约来提供这些公共服务或产品。目前，很多城市联盟的一个重要议题就是共同提供公共服务。所以，中国大都市区管治采用的方式在一定程度上提高了地方政府提供公共服务的能力，使得居民享受到了更有效率的服务，这也提高了居民对政府的满意度。

3. 政府行政效率的提高

虽然总体上来看，中国的行政区兼并并不能消除被兼并县市的政府，但兼并后中心城市的政府在权限、法律地位和税收等方面都有所提高，而且，被兼并县市的某些职能被统一到中心城市，提高了中心城市政府的行政效率。城市联盟则使得各参与城市政府学习彼此的优点，提高各自的行政效率，避免在竞争中处于落后地位。

4. 政府规划能力的提高

中心城市兼并郊区县市有助于中心城市政府实行统一的地区规划，避免以往互有重叠的管辖区存在的资源重复建设和浪费现象。中心城市政府可以开展更为复杂的规划体系，更好地处理盲目土地开发、城市无序扩张和政治分割等问题，改善公私合作关系，避免以往不同辖区间产业同构、基础设施重复建设等的恶性竞争。

（二）企业收益

1. 企业主动参与大都市区管治的收益

企业参与大都市区管治内在的动力，在于参与大都市区管治已成为企业实现其自身利益的方式之一。企业通过参与大都市区管治，提供公共服务和产品，可以提高企业知名度，改善竞争环境，从而降低交易成本，提高竞争力，对其长远发展有重要意义。此外，企业参与提供公共服务也会有少量的盈利。

2. 管治方式给企业带来的收益

中国的大都市区管治方式，无论是行政区兼并还是城市联盟，都给企业营造了公平、公正、公开的竞争环境。中国大都市区的管治过程，也是不断消除行政壁垒的过程。目前，大都市区管治虽然不能完全消除地方保护主义带来的危害，但给企业创造了一个更公平的竞争环境，同时，也扩大了市场的规模，有利于企业实现规模经济。

（三）社会收益

1. 经济的增长

改革开放以来，中国的主要任务之一就是发展经济。目前，中国的区域管治也过于强调经济增长，当然这和中国的干部任命体制有很大的关系，GDP的增长速度在很大程度上决定着官员的晋升速度。大都市区管治，就是为了不断地解决大都市区中存在的问题，实现大都市区更好地发展。

2. 优质的公共服务和公共产品

前面分析已经，中国大都市区管治可以提高政府提供公共服务和产品的能力。由于居民是一系列公共服务和公共产品的最大化者，优质的公共服务和公共产品自然提高了居民的效益。

第三节 西安大都市区管治成本收益分析

2012年，西安大都市区的总人口为1984.53万人，GDP达到7434.29亿元，三次产业比为9.2：48.2：42.6。但大都市区内各城市的发展差距较大，见表10-7。

表10-7　　　　　　　2012年西安大都市区基本情况

城市	与西安的距离（Km）	人口（万人）	GDP（亿元）	产业结构
西安	0	855.29	4366.10	4.5：43.1：52.4
铜川	64	84.08	273.31	7.1：64.7：28.2
咸阳	23	492.86	1573.68	18.0：55.7：26.3
渭南	56	532.10	1153.80	15.6：52.9：31.5
杨凌	85	20.20	67.40	8.9：51.0：40.1

资料来源：陕西省统计局. 陕西统计年鉴（2013）. 中国统计出版社，2014.

从发展程度上看，西安大都市区内西安市的首位度过高，2009年达到2.86，其GDP值占到大都市区的60%。但西安市对大都市区的经济影响力并不显著，相对经济比为0.6395，即西安市的GDP每增长1%，西安大都市区

GDP 增长约为 0.64%（熊雪如，2009）。

一、近年来西安大都市区的管治策略

前面的分析已经指出，中国大都市区的管治模式主要有区域规划、行政区划调整、一体化和大都市区规划。近年来，西安大都市区的管治模式以上述模式为主，政府在管治中扮演了重要的角色，见表 10 – 8。从中央到地方，各级政府都在西安大都市区管治中发挥了重要的作用。

表 10 – 8　　　　　　　　　　近年来西安大都市区的管治策略

年份	管治策略	策略性质	简要内容
2002	行政区划调整	行政规划	撤销陕西省长安县，设立西安市长安区
2002	一体化	组织形式	西安、咸阳两市正式签订《西咸经济一体化协议书》
2005	大都市区规划	空间规划	《陕西省国民经济和社会发展第十一个五年规划》提出，加快发展以西安为核心、以陇海铁路为轴线的关中城市群建设
2009	区域规划	区域发展规划	国务院正式批准《关中—天水经济区发展规划》
2014	规划	区域发展规划	国务院正式批准设立西咸新区

资料来源：作者根据相关资料整理。

（一）行政区划调整

随着国家"西部大开发"战略的实施，西安市区经济快速增长，用地竞争加剧。人口在空间上的高度集聚，经济活动强度的增加，导致基础设施高负荷运转。同时，西安市又是中国著名的历史文化名城，大雁塔、城墙、钟楼、鼓楼等是西安珍贵的独特资源，有效保护和合理利用这些资源是西安旅游产业的关键。人口活动的加剧，对旅游资源的保护极其不利。所以，必须有效地扩大西安主城区的土地利用范围，为城市发展创造有利的条件。

长安县地处关中平原腹地，南依秦岭，北邻西安，总面积 1578km²。原长安县城韦曲镇所在地距钟楼不到 9km，比西安东郊的灞桥区政府所在地离城市中心还要近。西安市发展重心的南移，使长安的区位优势更加显现和突出。长安撤县设区，可以使长安县成为西安大都市区的重要功能区域，这将进一步激活长安县的比较优势和发展的诸多有利因素，促进长安县乃至整个西安经济的快速发展。

2000 年以来，东部发达地区尤其是"长三角"地区和"珠三角"地区掀起了一股"撤县设区"的高潮，各大城市为了提高自身的竞争力，纷纷扩大市区面积。在处理新区政府和市政府的关系上，采取了很多新的尝试，为西安在行政区划调整后如何调整政府职能提供了宝贵经验。2002 年，长安县撤县设区。

（二）西咸一体化

西安咸阳两市不到 30km，隔渭河相望，在历史上都是古代政治、经济、文化中心。西安、咸阳两市在经济发展上具有各自的优势又有很强的互补性，西安是西北最大的现代化工业城市，具有较强的高科技开发能力；而咸阳的医药、轻工业发展具有优势。两个城市又都具备文物古迹、旅游等相同的资源优势。

2002 年 12 月，西安、咸阳两市签订《西咸一体化协议书》，标志着西咸一体化的正式开始。2004 年 7 月，西安咸阳两市签署《西咸实施经济一体化战略规划纲要》，标志着西安咸阳经济一体化进入了一个全面实施、加速推进的新阶段。为顺利实施经济一体化，《西咸实施经济一体化战略规划纲要》提出了五条保障措施：以解放思想推进西咸经济一体化；以政策和体制创新推进西咸一体化；以项目带动战略推进西咸经济一体化；以抓落实推进西咸经济一体化；以加强组织保障推进西咸一体化。虽然西咸一体化提出的时间相对较早，但一体化进程进展较为缓慢，见表 10 - 9。

表 10 - 9　　　　　　　　　2002 年以来西咸一体化进程

时间	相关内容
2002 年 12 月	西安、咸阳两市签订《西咸经济一体化协议书》
2003 年 3 月	西安、咸阳两市计委制定了西安咸阳经济一体化工作方案，并联合成立了"西安咸阳经济一体化协调领导小组办公室"
2004 年	两市正式签署合作备忘录，随后《西咸实施经济一体化战略规划纲要》出台，拟在"八同"（规划同筹、交通同网、信息同享、市场同体、产业同布、科教同兴、旅游同线、环境同治）方面取得突破
2006 年 9 月	西咸一体终于破题，西安、咸阳电话并网
2009 年 11 月	陕西省十一届人大常委会第十一次会议，《西咸新区规划建设方案》面世
2010 年 2 月	陕西省推进西咸新区建设工作委员会办公室暨西安沣渭新区、咸阳泾渭新区管委会挂牌成立，西咸新区建设正式启动
2011 年 5 月	陕西省政府设立西咸新区开发建设管理委员会，副省长兼任管委会主任
2012 年 2 月	国务院批复《西部大开发"十二五"规划》，西咸新区列为西部重点建设城市新区
2014 年 1 月	国务院批复设立陕西西咸新区，提出把西咸新区建设成为中国向西开放的重要枢纽、"西部大开发"的新引擎、中国特色新型城镇化的范例，西咸新区成为国家级新区

资料来源：作者根据相关资料整理。

二、西安大都市区管治的成本与收益的定量分析

近年来，西安大都市区采取了多种管治方式。由于长安"撤县设区"和"西咸一体化"实施得较早，同时，这两种管治方式又是在西安市政府和陕西省政府推动下实施的，在中国大都市区管治过程中具有普遍性，所以本章只对这两种方式进行成本与收益的分析。

（一）指标选取与模型建立

在大都市区管治过程中必然产生多种成本，但由于目前中国的大都市区管治的核心主体是政府，企业、社会组织和居民很少能参与管治，所以选取政府为大都市区管治而付出的那部分财政支出作为成本；由于大都市区管治会产生多种收益，如政府收益、企业收益和社会效益。选取由于管治而使政府财政收入增加的部分为管治的收益：一是财政收入可以间接反应其他收益，如大都市区管治为企业带来利润的增长，企业利润增长也会带来财政收入的增加；二是选取财政收入增加部分作为衡量收益的指标，也可以对应选取的管治成本指标，方便下文的分析。

下文衡量大都市区管治成本，采取以下两个步骤：第一，预测如果没有管治方式（比如"撤县并区"）发生，政府的财政支出；第二，用政府实际的财政支出减去预测的财政支出，得到的差额即政府为参与大都市区管治而付出的成本，即大都市区管治的成本。同理，用同样的方法来衡量大都市区管治的收益。最后，用大都市区管治的收益减去成本，就可以得到大都市区管治的净收益。

为得到预测的成本与收益，特建立以下模型：对于西安市长安区而言，根据 2003~2012 年西安其他四县（蓝田县、周至县、户县、高陵县）每年的财政收入与支出的增长率作为长安区的增长基数，来预测长安区的财政收入与支出。假如 2002 年长安区的财政收入为 R_{2002}，西安市其他四县 2003 年和 2004 年的财政收入增长率分别为 RG_{2003} 和 RG_{2004}，则预测长安区 2003 年和 2004 年的财政收入分别为 $R'_{2003} = R_{2002} \cdot RG_{2003}$ 和 $R'_{2004} = R'_{2003} \cdot RG_{2004}$。对于 2005~2012 年预测的长安区财政收入和 2003~2012 年预测长安区财政支出，都可以用同样的方法得到。

对于西安和咸阳，以西安和咸阳以外陕西省其他地区的财政收入与支出的

增长率作为增长基数，用上文同样的方法预测西安和咸阳的财政收入与支出。

（二）数据来源及运算结果

下文所用的数据，是 2002～2012 年西安市、西安市长安区、咸阳市、西安市四县（蓝田县、周至县、户县、高陵县）及西安和咸阳以外陕西省其他地区的财政支出和财政收入。用上文所建模型预测 2003～2012 年西安市、长安区、咸阳市的财政支出和收入，用实际的财政支出和收入减去对应的预测值，得到管治的成本和收益，最后用收益减去成本得到管治的净收益，见表 10 - 10。

表 10 - 10   近年来西安大都市区管治净收益   单位：万元

年份	西安市	西安市长安区	咸阳市
2003	15963.25	- 3181.98	- 28105.51
2004	17340.49	- 1514.06	- 37925.56
2005	- 312054.09	- 155.79	- 106368.79
2006	- 518700.53	3201.33	- 192530.52
2007	- 787598.06	7752.77	- 307028.06
2008	- 975472.36	29504.26	- 417944.30
2009	- 982223.05	41938.53	- 467241.50
2010	- 1750815.69	33897.75	- 831297.13
2011	- 3854541.78	52922.09	- 1296082.59
2012	- 3611986.48	106749.00	- 1487505.40

（三）结果分析

（1）"撤县设区"对西安市长安区的影响。"撤县设区"的几年来，长安区的净收益在大部分年份是正的，且有逐年增长的趋势，可见，"撤县设区"这种管治方式给长安区带来了广阔的发展空间。

（2）"西咸一体化"对咸阳的影响。"西咸一体化"对咸阳的影响不太乐观，甚至是负收益。目前的情况表明，城市联盟这种管治方式对咸阳并没有发挥太大的作用。

（3）管治对西安市的影响。近年来，相对于陕西省其他地区，西安大都

市区管治并没有给西安带来太多正的收益。但由于长安县"撤县设区"和
"西咸一体化"是同一年开始实施的，目前，还没有明确的数据能证明哪种管
治方式对西安的作用更大。

第四节　结论与政策含义

通过前文分析，可以得到如下结论与政策含义：

第一，总体上，西部 12 个大都市区科教文卫的财政投入效率好于基础设
施投入效率，城市公共财政投入的作用更多体现在科教文卫，而不是城市基础
设施上。基础设施投入冗余现象严重，城市公共财政未来的投入导向应该由围
绕"物"的投入向围绕"人"的投入转变，由提供"硬"公共服务向"软"
公共服务转变。

第二，西部多数大都市区无论在基础设施还是科教文卫的财政投入方面，
都存在规模收益递减的情况。此类情况产生的原因与近些年"西部大开发"
中，盲目追求经济发展速度，热衷于扩大城市规模，迫切提高城镇化水平的投
资冲动有关。

第三，改进西部大都市区财政投入产出效率低下的途径有：一是向外发
展。除包头、柳州、南充外，西部大都市区均为省会城市或直辖市，行政层级
高，应充分发挥城市的溢出效应和辐射效应，将公共财政投入向城市周边区域
倾斜，带动周边区域发展，推进农村地区的公共服务均等化，同时也可以提高
投入产出效率。二是向内挖潜。借鉴发达国家、新兴工业化国家、发展中国家
以及中国东南沿海地区大都市管治经验，通过技术升级和城市管治能力提高，
改善城市管治绩效，提升城市产出效率。三是强化管治绩效评价。中国城市管
治绩效评价工作，无论在理论还是在实践上都还不成熟，处于起步探索阶段，
在实践力度和效果上都存在不足，西部地区更是如此。因此，要注重城市管治
绩效评价工作，将绩效评价制度化、规范化。

第四，长安县"撤县设区"的成功，说明在中国集权制的行政管理模式
下，通过行政区划调整，用行政手段确实可以在短期内带来明显效果。但行政
区划调整也会带来一些负面的效应，如管辖区域的急速扩张将导致政府有效回
应能力的降低。中国行政区划调整并没有跳出"集权—分权"的怪圈，并且
在行政区划调整中也缺乏民众的参与，对相关地区居民的利益考虑不够周全。
因此，从长期来看，行政区划调整并不宜成为未来西部大都市区管治方式的

主流。

第五，西咸一体化实施八年来，并没有达到人们预期的效果。2004 年提出的"八同"① 到现在也没有实现，间接地说明了地方政府间的协调难度很大，打破"行政区经济"的束缚是一个长期的过程。

在大都市区多元主体管治（政府、社会组织、盈利组织、市民）模式中，政府依然是大都市区管治不可替代的组织者和指挥者，政府的行为决定和影响着其他管治主体的活动方式和活动效果（安树伟，2007）。因此，大都市区财政投入的产出效率，可以在一定程度上反映城市管治的水平和绩效，但是不够全面和精确。另外，评价城市的管治绩效要考虑诸多因素，由于数据的可获得性，在指标的选取上不够全面，也存在不足。

参考文献

1. 安树伟. 中国大都市区管治研究. 中国经济出版社，2007.

2. 安秀梅. 政府公共支出绩效评估的基本理念. 中国行政管理，2007（3）：34 – 37.

3. 陈广胜. 试论政府与非政府组织的工作重心. 中共浙江省委党校学报，2006（6）：96 – 101.

4. 过勇，程文浩. 城市治理水平评价：基于五个城市的实证研究. 城市发展研究，2010（12）：113 – 118.

5. 林崇建，毛丰付. 财政投入与城市治理绩效分析——以江浙城市群比较为例. 财贸经济，2012（12）：45 – 52.

6. 莫建备等. 大整合·大突破——长江三角洲区域协调发展研究. 上海人民出版社，2005.

7. 孙兵. 区域协调组织与区域治理. 上海人民出版社，2007.

8. 唐丽萍. 我国地方政府竞争中的地方治理研究. 复旦大学硕士学位论文，2007.

9. 王伟. 基于社会效益最大化的城市治理绩效研究. 天津大学博士学位论文，2009.

10. 王晓玲. 城市财政体现的城市综合效益解析. 城市，2008（2）：55 – 58.

---

① 指"规划同筹、交通同网、信息同享、市场同体、产业同布、科教同兴、旅游同线、环境同治"。

11. 吴妤，汤丽，朱江涛．城市化进程中的城市治理研究——以甘肃省为例．统计与决策，2009（7）：63－65.

12. 肖艳．中国城市土地利用管治研究．天津大学博士学位论文，2006.

13. 熊雪如．西安大都市区空间管治研究．西北大学硕士学位论文，2009.

第十一章

完善西部大都市区管治的政策建议

第一节　树立管治意识，提高管治效率

一、厘清市场与政府的边界，使市场在资源配置中起决定性作用

要想解决西部大都市区发展中出现的各种问题，必须先处理好政府与市场的关系，让市场在资源配置中起决定性作用。市场机制能够通过价格机制、竞争机制、供求机制等充分调动市场主体的积极性，实现对资源的优化配置。当然，市场也有其自身的缺陷，在处理信息不对称、外部效应及公共物品等问题上，市场就无法发挥作用，必须由政府来解决。值得注意的是，有些市场解决不了的问题，政府不一定能够解决好，有时甚至会付出更高代价。因此，政府对经济的干预应当控制在一定范围内。但是，中国政府控制和主导着整个城市的建设、管理和运行，政府控制和管理着城市的公共资源和资产，城市发展和规划的决策几乎完全掌握在政府手中。与此同时，政府担负着几乎所有城市的发展建设资金，这种状况会导致城市建设和发展的资金严重短缺。此外，政府主导的城市建设一般都存在效率低下、浪费严重、重复建设等问题，注重"面子"工程，容易忽视对民生的关注；政府提供的服务质量较差、数量较少，不

能够满足城市居民的物质生活和精神生活的需要。因此，政府职能必须实现由"主导型"向"服务型"的转变，强化对市场的宏观调控、公共服务、社会保障等职能，政府应当更加关注环境和社会公平等与居民的生活密切相关的问题，加强对弱势群体利益的保障；把部分资源和权力分配给市民、企业和非营利机构，鼓励其参与经济和社会管理（叶园园，彭贵，2012）。

城市在全面深化改革中提高治理体系和治理能力现代化水平，必须坚定不移地让市场在资源配置中起决定性作用，要逐步完全退出经营领域，放权社会，激活民间活力，把市场能办好的事，坚决让市场去做；把社会能做好的事，坚决交给社会去办，政府就是要管好经济社会运行的"红绿灯"。政府要从全面积极有为、不断扩张权力及资源控制范围，转变为主动收缩权力及资源控制范围的治理模式；要从规定企业"只能做什么"的正面清单管理，转变为只管企业"不能做什么"的负面清单管理。负面清单管理，是从根本上厘清政府与市场边界的制度性改革，是政府调控经济方式的重大改革，它为充分发挥市场组织作用提供了更为广阔的空间，真正体现了市场在资源配置中起决定性作用（郭先登，2014）。

二、强化服务型政府建设，完善城市公共服务体系

西部大都市区的政府承担了过多的经济发展职能，从而沦为"经济建设型"政府。并且，由于官员政绩考核机制的局限，不少政府官员片面重视发展地方经济，而忽视了政府真正的职能所在——为辖区内的居民提供公共产品和服务。实际上，在市场经济体制下经济发展应该主要是自发的市场调节过程，政府的职责就是为经济体制的正常运行提供良好稳定的外部环境。也就是说，政府在经济发展中充当的是"裁判员"而不是"运动员"的角色，所履行的职能是"掌舵"而不是"划桨"。

要建立起有效的大都市区管治结构，其前提就要构建服务型政府。首先，服务型政府是一个法治政府，政府应该依法行政，在法律规定的范围与领域内行使职责；其次，服务型政府是一个"掌舵型"政府，其核心职能是公共决策与公共领导，因此厘清政府与市场的界限，转变政府职能，将可以由市场调节的职能交还给市场；再次，服务型政府是一个"民本"政府，政府应当把居民视为服务对象，在行使政府职能的过程中秉承"以民为本"的服务理念，尽量满足民众的服务需求，以民众的满意度为考核政府政绩的重要标准，为居民提供良好的公共产品与服务；最后，服务型政府还是一个责任政府，政府作

为利用公共资源行使公共权力的机构，在明确权限的同时，也要规定相应的责任，做到权责一致，并且要接受广大民众的监督（洪世键，2009）。

在城市治理体系和治理能力的变革中，政府要真正做到不缺位、不越位、不错位，当好"掌舵者"，要实现的主要目标包括：（1）以完善城市公共服务体系为最优越的政绩，实现城市和谐与稳定发展的目标。要通过完善城市公共服务体系，"让一切劳动、知识、技术、管理、资本的活力竞相迸发，让一切创造财富的源泉充分涌流，让发展成果更多更公平惠及全体人民"；让城市成为市民全面与自由发展的空间。（2）要成为行政审批最少、行政效能最高的城市。第一时间衔接好中央下放的审批事项，从体制上杜绝上级下放权力会在本区域发生"肠梗阻"的问题，实现本区域行政权力切实减到位、放到位、管到位，完全在一站式服务模式中运行审批事项。政府在减少事前审批事项的同时，要把重心转向制定规则和加强事中事后监管上来，把具体管理方式由重审批、轻监管转为宽准入、严监管，全面实现行政审批程序化、法治化、公开化。（3）要从执政为民的高度，实现城市筑牢科学治理安全运行防线的目标。现代城市是人类生存与发展最为集中的空间，世间最可宝贵的是人的生命，城市经济社会发展的根本目的是让全体市民共享改革发展的成果，任何经济社会行为都必须毫不动摇地长期坚持"以人为本、生命至上"的观念。城市所有的发展规划和实施方案都要明确规定，城市经济社会发展关联的每一个环节、每一个细节，都要筑牢安全运行的防线，特别是要坚决杜绝包括埋设管线等事项的地下空间开发与利用随意性的问题；生产过程要不断创新安全管理模式，绝对不能触碰任何可能危害安全生产的红线；要以生命至上的观念，提升政府监管执法水平，坚决落实企业主体责任，千方百计遏制重特大事故发生（郭先登，2014）。

三、切实解决城市环境污染问题

要从根本上解决西部大都市区的环境污染问题，必须以行政手段为主尽快转变到以法律手段和经济手段为主，以保证治理污染政策的科学、连续、高效和透明。（1）经济手段。包括征收环境税、排污许可证、征收排污费、收取排污押金等措施。（2）加大对环境污染治理的投入。大力推广使用电力、天然气、清洁煤和其他无污染的能源，研究发展燃气车、电力汽车、太阳能汽车，改变能源结构，治理尾气污染；发展低消耗、无污染的新技术产业，减少"三废"排放；推广生活垃圾分装处理技术；成立工业垃圾再生使用的中介市场，便于工业垃圾的回收再利用（饶会林，2003）。（3）制定城市环境规划。编制城市环境规划，审查、批准和确定城市环境规划方案或各专项环境治理方案，严格监督规划方案的实施（安树伟，2009）。

四、建立健全弱势群体的化解机制

为缓解社会矛盾，维护社会稳定，必须建立健全弱势群体化解机制（饶会林，2003）。（1）要关心弱势群体。关心弱势群体意味着，要平等地对待弱势群体，注意倾听他们的声音，而不能居高临下地怜悯弱势群体，更不能片面宣传、强化强势群体的价值观，并把这种价值观强加给弱势群体。（2）要确保弱势群体的基本生活。进一步完善下岗职工基本生活保障、失业保险和城市居民最低生活保障线制度；建立严格的低保对象的申请、审核、审批机制和工作程序，并保证低保资金按时足额发放。必须指出的是，目前西部地区保障弱势群体的工作做得还不够，社会保障制度还不健全，不能有效地覆盖全体社会成员，公民的很多社会权利还没有得到普遍有效的保障，支撑社会政策的社会基础（比如社区及其他民间组织）还很薄弱，一些弱势群体还缺乏制度性的社会支持。因此，弱势群体支持的制度化亟须加快、加强和落实。（3）完善劳动保障监察制度，规范监察执法行为，切实维护弱势群体的合法权益。不仅要加大法律宣传力度，使更多的弱势群体增进对法律的了解，而且还要加强法律援助工作，确保弱者也能使用法律武器，维护自身的权利。（4）大力发展社会救助和慈善事业，积极倡导社会各界对弱势群体的捐助。要进一步规范慈善工作，促进各类慈善组织活动的规范化、透明化，为慈善活动的开展提供良好的制度保证。（5）加强低收入群体人力资本投资（杨上广，2006）。提高人力资本是就业者实现向上职业流动的重要渠道。建立政府和企业共同推进的面向市场的技能培训，加大对低收入群体的人力资本投资，从而形成市场竞争的"形成人的能力"[①] 的培养，这种培养对于低收入家庭及弱势群体尤其重要。

---

① 沿用马蒂尔·森（1992）的观点，"形成人的能力"的公平，是指无论生活在大都市或偏远农村，在未成年人进入就业市场这个起跑线之前，社会应该提供给他们基本的教育、医疗和必要的公共设施便利；在渐渐年迈退出就业市场的终点线之后，政府、企业和劳动者自身应该共建一个能够维持其逐渐丧失劳动能力之后的晚年生活保障。

五、建立大都市区公共安全应急机制

影响城市安全的因素，在西部地区发生的频率相对更高，注重城市公共安全应成为西部地区现代城市政府行政理念中最重要的目标之一。西部大都市区应高度重视公共安全规划，研究城市公共安全的风险消除或减弱技术及措施，建立城市公共安全的应急救援系统、应急救援预案及信息管理系统，研究、设计并制定城市公共安全规划及实施方案，以期实现城市灾害事故的预防、预警、应急救援、事故与灾害控制及灾后处理等系统化的安全管理模式。另外，在城市公共安全规划实施过程中，加强城市公共安全法治化建设和公民的防灾减灾意识。具体而言，就是要建立城市公共安全法治体系，构建公共安全管理体制，制定和完善公共安全应急预案，建立综合减灾机制（邵益生，石楠等，2006；李廉水，［美］Roger R. Stough et al.，2006）。（1）建立健全公共安全的法治体系。西部地区应加快城市地方性《危机应急处置条例》的制定，促进各级政府安全危机应急预案的法治化，加强城市公共安全的责任追究制度。（2）构建公共安全的管理体制。发生灾害时，以相应灾害管理部门为主，相关部门协作配合。这种各部门相互独立、缺乏统一协调的弊端，在公共安全问题日益突出的今天更加明显。国外经验表明，拥有一个专职的综合性的公共安全管理部门，可以大幅度提升城市公共安全的保证程度。西部大都市区要针对频繁发生的主要灾害种类和多发的公共安全事件，结合人力、财力、物力条件，建立适合自己情况的管理模式；要强调各种资源的整合和利用，以克服部门之间行动不协调的弊端；加强城市危机应急中心建设。（3）制定和完善公共安全应急预案。提高城市总体应急预案的纲领性和指导性；加强城市各类专项应急预案的协调性；强调开展应急预案模拟演练的重要性。（4）建立综合减灾机制。包括危机预警预防机制、危机处理决策机制、资金保证与社会参与机制等。

六、建立科学合理的政府绩效评价体系

目前，中国对地方官员的政绩评价与考核体制存在明显的弊端，过分重视经济发展，忽视了文化、生态等其他方面的发展，导致地方政府偏重于对自身利益的追求，严重影响了大都市区的整体协调发展。这就需要在西部大都市区内建立一种新型的政绩评价体系和规范的政绩考核制度，使地方政府的利益与

大都市区的整体利益有机结合起来。以往对地方干部政绩的考核，过分强调经济增长方面的指标，形成地方经济粗放式增长以及地方保护主义，从而造成了经济增长与社会发展的不协调（任天宝，2010）。因此，应建立新型的政绩考核体系，淡化发展过程中对 GDP 增长速度和增长数量的追求，逐步推行人文经济、生态经济、绿色发展的理念，将经济发展和生态环境保护放在同一高度来看待，既要注重培育和提高地区的先进生产力，又要注重以人为本的发展理念，注重发展过程中人与自然的和谐相处，同时还应将大都市区公共问题的有效解决纳入地方政府官员的政绩考核体系中（苗长虹，2007）。

政府绩效评价是提高公共管理能力的有效手段，要改变城市治理不平衡的现状，必须在经济指标之中逐步加入居民幸福指数、文明指数的评价体系，改变经济发展起来就可以实现个人升迁的政绩观念，使城市管理者从经营城市逐步转变到城市综合治理、实现城市可持续发展（王颖，陈路，2014）。首先，制定全面、科学的政府绩效考核指标，这是实现政府绩效考核科学性和合理性，实现城市治理目标的制度保障。其次，建立完备的信息数据库，利用先进的调查统计数据库为政府绩效评价提供准确依据，中国政府绩效评价以往重点统计的是经济指标，在环境等指标的统计上尚处于起步阶段。城市发展是一个系统工程，各项数据的统计不仅要通过报表形式由国家机关来实现，社会权威机构也要参与城市综合数据的调查统计中。最后，政府绩效评价一定要保证结果的客观和公正，只有科学合理的评价才能增强评价体系的权威性。把政府的绩效评价结果向社会公开，是公众参与大都市区管治的基础。政府的绩效考核只是手段，其考核目的是经济增长、社会进步和人们生活质量的提高。

第二节　强化大都市区协调管理

一、设立专门职能机构，明确管治主体及机制

首先，建立跨区域的政府合作组织，加强不同层级的政府间交流与合作。通过成立法定的区域和大都市区管治机构，加强跨区域合作的沟通与合作，简化垂直部门之间的工作程序。跨区域合作组织的存在，重点在于加强对传统行政架构下的补充，以增强新时期跨区域管理的民主性和科学性，并借用市场的力量来解决大都市区发展的问题。跨区域合作组织由区域内市长或省级领导挂

衔，旨在推动区域合作与协调发展，特别是协调资源分配、制定区域发展战略等，使整个区域内部对未来发展有共同的目标和标准，确保跨区域协作的落实。其次，成立专业性协调机构，分领域推进区域和大都市区管治。针对存在的某类特定问题，如区域环境保护与环境污染治理、区域性基础设施建设、轨道交通、公共汽车运营等，可以通过成立专业的协调机构或上级管理部门派出机构，专门负责具体事务的协调工作。设立专业性的协调机构，可以集中资源解决问题，减轻政府负担。再次，制定区域管治机构的运作机制。通过立法或签署合约等形式，明确区域和大都市区管治的目标、任务，确定区域和大都市区管治机构的职能、法律效力、业务范围、管理层构成、运作流程、监督方式等。通过确定区域和大都市区管治中的权利与责任关系，为管治机构的运作提供指引。

二、大力发展松散型大都市区协作组织，改革"市管县"体制

大都市区本身具有不同的规模和层次，有些跨越几个省区，有些则在省区内跨几个市，不同的大都市区在其不同的发展阶段也面临着不同的问题，它本身要求大都市区协作组织的建设也应当是多元化的。松散型大都市区协作组织，主要是通过大都市区内不同城市之间建立一个松散的、非政府组织形式的协作组织，为大都市区的协调发展及经济一体化提供信息交流场所。作为一种非正式的制度，它为正式制度变迁做了大量的准备工作，为更高层次的大都市区组织的建立创造了条件。同时，松散型大都市区协作组织是地方政府自愿组建的组织，组织建设及运作方便，是一种制度变迁成本较低、易于操作的管治组织形式。此外，松散型大都市区协作组织一般具有非官僚化色彩，相对于正式组织机构而言，更具开放性和广泛性，可以为社会组织和市民提供更好地参与大都市区管治的途径。

中国现行的省、地、市之间多重管理的体制，特别是"市管县"体制，既增加了政府的行政层级，又造成了不同层级政府职能上的混乱，需要进行合理改革。一方面，在科学界定大都市区范围的基础上，在大都市区内实行真正意义上的"市管县"体制，对划入大都市区的县（市）由中心城市统一实施包括人事、财政、土地在内的全面管理，中心城市对省区负责；另一方面，大都市区之外的县（市）由省区直接管理或者设立专门的区域性的协调管理机构（洪世键，2009）。

三、谨慎调整行政区划

行政区划是国家分级进行区域政治经济管理的主要手段和权力空间的再分配机制，也是壮大本地利益的政治和空间依据。从世界范围内看，发展历史较为悠久、经济发展水平和城镇化程度较高、大都市呈稳固状态的欧洲，对大都市区行政区划调整持保留态度；城镇化进程相对较晚，大都市仍具有相当一段时间扩张态势的北美，对大都市区行政区划的调整就较为积极；而城镇化水平低、大都市形成的过程相对较短、发展速度较快的亚洲，大都市区行政区划的调整则比较频繁。对于中国西部地区而言，大都市区的形成还处在初级阶段，适当地调整行政区划可以减少农村包围城市和"摊大饼"的城市蔓延趋势，有效地整合城市发展空间，并最大限度地发挥土地的经济价值。同时，在城市发展和向外扩展的客观趋势下，对行政区划进行适当地合并和调整，可以整合政府间的关系，促进公共服务效率的提高。因此，西部地区行政区划的调整，不失为一种行之有效的管治措施（黄丽，2003），可以为建设强大高效的区域性中心城市提供恰当的机会和充足的空间。

当然也应该看到，通过调整行政区划来化解区际利益矛盾，在一定范围内是相当有效的，但不能把调整行政区划视为包治区际矛盾百病的"灵丹妙药"（林家彬，2003）。行政区划带有十分明显的集权和科层体制的痕迹，不仅违背现今各国政府行政改革的方向，在一些地方甚至会带来更大的矛盾和问题。合理、稳定的行政区划对社会经济的发展起着积极作用，频繁变动的行政区划给地方经济带来了不安定感和波动，其负面效应也是很明显的。再者，区域经济和社会发展有着自身的规律，行政区划不可能无限扩张；行政区划调整之后，虽可化解历史上的区际冲突，但新的区际冲突迟早会产生。在大的行政区划下，低层次的行政区划之间仍存在区际利益矛盾问题（方创琳等，2007）。

西部地区尚处于大都市区发展的初期阶段，市场经济体制还不很成熟，政府职能转换还不到位，行政区划界限对区域经济的刚性约束在短期内难以彻底消除，很难跳出"调整—膨胀—再调整—再膨胀"的恶性循环，因此大都市区的行政区划不宜做频繁的变动。而是更应该重视当前政治体制改革与经济体制改革相匹配，通过机制、体制和法治的综合创新，致力于创建城市政府之间彼此开放、相互交流、相互合作的协调关系，全面构建由政府、非政府组织及广大市民等多元力量共同参与的大都市区协调性管治模式（陶希东，黄丽，2005）。随着市场化程度的提高和政府职能的转变，行政区划的壁垒作用必将趋于减弱。

四、合理进行新区建设与城市更新

随着城镇化进程的加快，地区经济、社会和文化的快速发展，城市中出现了各种各样的问题，进而引发了全国各地如火如荼的新区建设与旧城改造。西部大都市区应结合自身发展实际，合理进行新区建设与城市更新。面对正在掀起的新一轮"新区新扩"和"新区新建"倾向，相关部门应清理整顿在建和规划建设的各类新区，根据城市建设和产业发展需要，立足当地资源环境承载力，科学定位"新区"发展功能，提出各类"新区"科学合理的建设规模，明确产业发展方向与重点。在新区开发中充分利用城市存量空间，加强对现有建成区的再开发，以减少基础设施和公共服务设施建设的成本。通过整合城市各类用地，建设紧凑新区，提高新区土地集约利用效率。合理运用土地增减挂钩机制，为新区建设提供适度的用地保障。确保新区建设体现"产城一体"的要求，妥善处理保护与更新的关系，保护城市个性。妥善解决中心城区功能性变化的同时，要保护旧城区文化遗产及其格局，包括对新建筑体量及高度的控制。

五、完善大都市区规划、建设、管理机构

大都市区规划、建设、管理是大都市区现代化的三大主题，规划是建设与管理的依据和纲领，建设是实施规划的重要手段和集中体现，而管理则是深度体现规划思想、巩固建设成效的重要保证（范朝礼，2003）。根据大都市区政府的城建行政职能，城市（大都市区）政府城建行政组织改革有三种模式可供选择（周婕，龚传忠，2001）：（1）规划、建设、管理三者分开的机构模式，即按规划、建设、管理三者分立并重，突出强调城市规划职能以及决策与执行相分离的原则来确定城建行政总体组织模式；（2）规划独立、建管合一的机构体制，即规划管理机构设置按照有利于发挥规划的龙头作用的原则独立设置，不隶属建设管理机构；（3）规划、建设、管理合一的机构体制，即城市规划、建设和管理职能均由一个机构综合协调、归口管理，该机构实行委员会制，对城市政府城建行政管理职能进行统筹协调，承担决策、指挥、计划、监督、协调职能，但一般不承担具体的规划、建设、管理等微观执行职责，其下设立若干专门机构，分别承担城市规划、市政基础设施建设、房地产、环境保护与卫生、城市公用事业管理等职责。上述三种组织模式各有优缺点，采用何种组织机构模式，要与各个城市的历史与沿革、习惯、特点相适应，从各自

实际出发因地制宜地确定。但是，无论采用哪一种体制，规划、建设、管理机构必须精干高效，精简统一，职责不交叉重复、不遗漏，职责、事权划分明确，既有分工，又有合作，使各个机构形成一个能够发挥应有功能的有机整体。

六、建立区域利益协调和补偿机制

利益关系是地方政府间最本质的关系，也是影响区域发展的重要因素。在大都市区范围内，地区间利益关系协调得当，大都市区内部的协调发展进展就顺利；反之，如果地区间有利益摩擦和冲突时，大都市区内各个城市之间的协调发展进展就缓慢，甚至可能出现一定程度的倒退。大都市区协调发展的程度，很大意义上取决于各地区之间的利益关系协调，有效手段之一就是建立区域的利益协调和补偿机制。大都市区利益协调和补偿机制，指的是在西部大都市区范围内，各个城市在平等互利的前提下，通过相关的法律法规来实现城市与城市之间利益的合理转移，从而实现利益在各城市间的有效分配（任天宝，2010）。

在大都市区经济发展过程中，由于相关制度供给不足，不可避免地产生了区域城市间在追求各自利益最大化时的矛盾与冲突，从而导致城市之间协调合作的失败，进而陷入"囚徒困境"。针对西部大都市区的具体情况，完善和规范地区间利益协调与补偿制度，以缓解大都市区发展过程中各地区的利益纠纷。例如，可以在西部大都市区范围内，专门成立一个利益分析与评价机构，独立于各个地方政府，直接归属省级政府管理。它的主要职责是，对在各个城市协调发展过程中所产生的利益关系进行客观的分析评价，以"局外人"的身份来公平地分配相关利益，避免利益纠纷的产生；同时，可以考虑建立西部大都市区发展的公用基金，即在大都市区协调发展过程中，可能会因为某些原因而使个别地区的利益暂时受损，可以用此基金来弥补这些地区的利益损失，保障协调合作的顺利进行。公用资金的来源可以有多种方式，如各地方政府按比例投入、合作项目提成和社会捐助等，利用公用基金暂时弥补个别地区的利益损失，保障地区间协调合作的顺利进行（任天宝，2010）。

七、完善中央对重要大都市区发展的统筹指导

推进大都市区治理改革过程中，在涉及对整个国民经济和社会发展具有重大影响的若干重要大都市区合作问题上，不仅大都市区内部各个地方政府之间要合作，而且需要中央政府的外部协调，通过建立完善的中央—地方合作的大

都市区协调组织和机构，有效地发挥中央政府强有力的协调能力，降低大都市区建设和发展的制度成本，推进大都市区内的有效合作和协调发展。尤其是在推进城市重大基础设施、环境污染治理以及推进城市区域可持续发展方面，更要发挥中央政府对大都市区的引导作用（洪世键，2009）。

第三节　推进大都市区一体化发展

一、搞好大都市区区域规划

根据国外大都市区管治经验，合理的区域规划是实现大都市区管治的基础。一般来说，区域规划是关于区域经济发展的全局性、战略性、长远性的重大问题，解决的是地方政府无法独立解决的重点难点问题。因此，易于被地方政府所认可。大都市区区域规划，强调以人为本的理念，实现大都市区全面、协调、可持续发展；在规划体系上，应突破行政区概念，抓住区域规划中的主要矛盾，把编制和实施区域规划放在突出位置；着力打破地区分割，充分发挥地区优势，与周边地区一起统筹区域整体布局和生态环境建设，提高整个区域的综合实力；应强化大都市区规划的法定权威，赋予大都市区规划与城市规划同等乃至更高的法定效力。目前，西部地区大都市区的无序扩展、重复建设、环境恶化等现象，已日趋严重，这就要求我们特别强调城市之间生态隔离带的规划和建设，注重区域发展的经济效益和环境效益，以形成良好的城市群空间布局和生态环境。

大都市区区域规划不能停留在技术型规划的阶段，还必须向经营型规划转变。密切关注并切实解决西部大都市区的经济、社会等有关问题，处理好引导与控制之间的关系，强化通过规划来统筹社会经济发展的意识，提高区域规划对经济资源的配置能力；同时，还必须注重区域发展的可持续性。这要求我们必须改变传统规划的思维方式和工作模式，在规划过程中融入更多的理性思考，更注重相关政策措施的协调，通过各种相关法规和政策来确保区域规划的实现。

二、建立完善的大都市区城市规模等级体系

西部大都市区普遍存在城市规模等级体系不完善的问题，而区域城市空间

结构演变规律表明，大都市区中心—腹地结构体系的空间发育，以及未来由中心城市作为枢纽驱动的大都市区网络结构体系将呈现出一定的规律性。这就要求在遵循大都市区发展总体规划的前提下完善城镇体系。一般市域的城镇体系发展战略，要与大都市区发展总体规划相一致，充分反映中心城市的重要地位，以及外围地区与中心城市经济发展的功能定位和网络联系。针对西部各省（区市）普遍存在的城市首位度偏高的问题，需加快发展第二级城市。

三、完善大都市区交通网络体系

基础设施网络化建设，能够为高效整合区域内资源、加速区域经济一体化进程提供有力的支撑，其中，交通是基础设施空间布局与建设的重要内容。西部大城市辐射和扩散功能弱，相当程度上源于这些城市与中小城市之间的距离较远、空间可达性差（戴宾，2000）。西部大都市区以及整个西部地区经济发展的关键，在于强化大城市与中小城市之间的社会经济联系。发展城际交通，建立城际间快捷、高效而成本低廉的城际交通运输网络体系，促使大都市区的产业和生产要素向中小城市及更为广泛的地域转移和扩散，加速劳动力、产品在城市间流动，从而促进西部城市经济和区域经济整体发展。

四、打造共享平台，实现信息一体化

信息一体化是实现区域经济整合的根本途径，公开、透明的信息平台是提高整个区域经济竞争力的必要条件。致力于打造"数字城市"的信息网络，可以将区域经济中心和经济腹地更加紧密地联系起来，使其在区域经济发展中更好地发挥各自的功能。西部大都市区需要以中心城市为主导，深化推进信息领域的区域合作（初钊鹏，2013）。

五、提升大都市区产业关联度，加强产业分工与协作

产业分工与协作，是以协调发展为核心的经济一体化的重要基础与关键内容。一般城市嵌入大都市区一体化的重要措施，就是构建产业链和产业集团，通过产业链和产业集团的形式实现同区域产业分工与协作的对接（朱同丹，2007）。就目前来看，西部大都市区普遍存在产业链延伸不足、产业链断裂现象，这就需要对都市区内产业的定位、发展的重点以及空间的布局有一个明确

的规划。大都市区的核心城市，要充分发挥带动作用，在西部大都市区范围内优化资源配置，构建集聚集约的区域产业格局，使得大中小城市形成平稳衔接的产业链。鼓励相邻城市合作开发建设科技园、工业园或高新技术园。对于各主体功能区的区内产业设立统一合理的准入标准，优先发展能耗低、效益好、高科技的生态环保型项目。汲取商会、行业协会等中介组织的力量，使得区域内各类市场资源得到优化整合，促进区域内城市之间的分工协作。

六、积极培育共同市场

共同市场是区域经济一体化所形成的利益共同体。规划的指导性，对于由行政隶属关系较为复杂的各城市构建的大都市区，在区域发展中涉及局部利益的很多问题并没有强制力，而大都市区共同市场的形成很大程度上取决于区域协调管理的创新。因此，创新一般城市各级政府公共管理协调制度，组建区域性权威协调部门是形成共同市场的关键。西部大都市区通过设立跨行政区区域理事会，能够有效地发挥由多元利益主体协同参与区域协作性公共管理的区域管治职能，在生产资料市场、生活资料市场、资本市场、人才交流市场、劳动力市场、信息流通市场、金融市场、转口贸易市场、中介服务市场以及会展旅游、现代物流、商贸流通等领域，实现大都市区内城市之间的对接、配套、联动发展。

第四节 实现大都市区的多中心管治

一、培育公众参与意识

城市多中心治理强调公众参与，通过政府与非政府组织的互动，以实现公共利益和各主体间效益的最大化。在西部地区的城市（大都市区）治理中，公众参与方面虽然取得了一定的进展，但无论是从人们的思想意识、组织机制，还是制度建设上，都存在着明显不足，使得城市（大都市区）治理从决策到执行，从过程到结果都不能符合大多数人的利益，并造成公共资源的浪费和过度使用。因此，为确保公众参与城市（大都市区）管理，实现真正意义上的公众参与，还必须通过政府和全社会的共同努力，增强公众参与城市（大都市区）管理的意识，健全公众参与管理制度。

公众参与大都市区管治的途径是多种多样的：从政府或社会组织在参与中的作用来看，公众参与包括政府主导的公众参与形式和社会组织主导的参与形式；从公共政策过程来看，公众参与大致由公众创制与复决、公众参与政策制定、公众参与政策执行等若干形式组成；从政府期望公众参与的目的来看，公众参与包括以获取信息、增强公共政策接受性、建立合作关系、投入社区公共事务管理等为目标的公众参与形式（孙伯英，2004）。西部各大都市区可结合实际情况，多方面探索公众参与治理的形式。

二、积极培育非政府组织

西方城市（大都市区）管治的经验告诉我们，非营利组织在经济社会中发挥着越来越重要的作用，美国的非营利组织有 150 多万个，约占美国各类组织的 6%，各类非营利组织一年的运作资金相当于美国 GDP 的 7% ~ 8%（饶会林，2003）。非政府组织在城市规划、管理与发展中的广泛参与，一方面，有利于城市的基层民主，使得基本的公民权利得到有效保护，个人和群体的自主性得到发展，并且能够对政府部门起到平衡和制约作用；另一方面，也会促使城市决策得到更为广泛的认同，使城市决策向多元化方向发展，更能够满足社区和城市居民的实际需要。应当明确，非政府组织的发展是市场和政府的必要补充，是解决社会经济问题的重要力量，将非政府组织纳入大都市区管治中来，可以弥补政府治理水平不足，有效地提升大都市区的管治水平。

近年来，城市中的志愿团体、非营利机构、非政府组织、社区企业及社区互助组织等广泛兴起。城市治理要充分发挥非政府组织的作用，其中，最具有代表性的非政府组织，就是企业、社会组织和社区。随着政府体制的不断改革，企业开始由提供私人物品和服务向公共物品和服务转变，但当企业参与了公共事务的治理，就必须承担一定的公共责任，如保护人类的健康、安全和环境等。社会组织主要包括公共事业组织（学校、科研机构、社会福利机构等）和社会团体（消费者协会、旅游协会等），作为城市多中心治理的主体之一，社会组织的主要职能就在于弥补市场和政府部门的不足，完成市场、企业和政府部门不能完成或不能有效完成的社会职能。社区自治是城市治理的基础工程，城市社区自治强调居民广泛参与，倡导自我管理、自我教育、自我服务，这本身就是城市治理的基础性工作（屠凤娜，2012）。

目前，西部地区的非政府组织仍然十分弱小，在城市（大都市区）发展中所能起到的作用亦十分有限。这就要培育和引导非政府组织的发展，进一步改革政府对行业协会、研究咨询机构和社会中介组织的管理，减少官办和垄断色彩，充分发挥该类组织在促进城市政府职能转变中的桥梁和纽带作用。鼓励非政府组织在规范化、法治化的环境下，积极参与大都市区的建设和管理，实现城市公共事务治理的非正式制度安排。

三、将农民工纳入大都市区管治主体中

西部大都市区应将农民工市民化作为管治重点，实现农民工参与大都市区管治，需要从以下几方面做出努力（杜静静，2007）：（1）转变意识。包括政府和城市原有居民意识的转变，尤其是政府对农民工原有观念的转变。明确农民工的市民主体地位，正视农民工对城市建设所做的贡献。在这方面，媒体更应该做一些积极的报道，正确引导城市居民客观地看待农民工。（2）政府为农民工提供法律、制度、政策方面的支持。农民工参与城市治理边缘化的主要原因是，制度制定方面的障碍。政府应从法律上确定农民工的市民地位，通过制度变迁构建身份同一、地位平等、权利一致的制度，从制度上保障农民工逐步市民化，真正平等地融入城市社会。（3）提高社区自治水平，把农民工纳入社区治理的主体中来。社区居民委员会不再作为政府的最基层代表，而是真正的群众性自治组织，重在发挥社区自治的功能。把社区中的农民工纳入治理主体的范围中来，为农民工提供社区投票选举和参与社区公共事务管理的条件和途径。其中，社区对话、居民论坛、社区非正式组织以及社区志愿者活动、社区听证会等，都是实现农民工参与社区公共事务管理的有效方式。通过社区还可以为农民工提供培训机会，提高他们的参与意识和能力，使他们通过对社区的治理来实现对城市的治理。（4）组织和吸收农民工参与企业民主管理，从而使农民工通过城市治理主体之一——企业，实现对城市的治理。（5）提高农民工的组织化程度。个体的力量是薄弱的，农民工在中国处于弱势地位，其个体的力量相比之下更加薄弱，提高农民工的组织化程度是促进农民工参与城市治理的有效方式。同时，帮助农民工成立"农民工协会""老乡会"等自治性组织，提高农民工的组织化程度，使农民工通过非营利组织参与到城市治理中来。

第五节 创新管治手段

一、依法管治，完善城市管治的法规建设

美国、新加坡等国家大都市区管治的成功，在很大程度上是由于建立了一套健全的城市管治法规体系，使得大都市区管治完全成为一个法治化的过程。虽然中国各类法律都在不断地完善，但是关于大都市区管治方面的法律仍然覆盖面不够，操作性不强，还需要我们在此方面下功夫去补充和完善，使大都市区管治真正能够做到有法可依，以保证大都市区管治的规范性和持续性（安树伟，2009）。

法治化是城市治理的基础，管理法规健全、执法规范才能保证城市治理的权威和有效。完备的法规体系是保障城市高效治理的重要手段，随着城市治理的不断深入，可能还会出现相关法规交叉的现象，也会不断发现法律的空白和漏洞，所以，制定城市治理法规要有统一的步骤和规划，在此基础上还要制定详尽和操作性强的配套制度，逐步形成完备的法律法规体系。首先，从立法层面制定一部城市治理的综合性法规，对城市治理的主体、治理责任、治理标准以及公众如何参与进行规范。其次，梳理现行的城市治理法规，对现行相关的法律法规进行集中清理，把不适应现代城市治理的规定及时废除或修订完善，及时制定好相关配套制度，解决配套不当、操作困难的问题。最后，增强城市居民的法治意识，使城市治理走上法治化轨道（王颖，陈路，2014）。

二、多渠道完善经济手段

经济手段不仅包括利用价格、税收、利率等杠杆间接调节地区关系，而且包括直接制定财政、投资、金融等方面的区域差别政策和倾斜政策（安树伟，刘晓蓉，2010）。虽然"行政区经济"在短期内无法消除，但可以通过建立土地使用指标交易、产业转移利益补偿、基础设施的共建共享等一系列制度安排，运用经济的手段来部分消除"行政区经济"对跨区域大都市区管治产生的负面影响，提高管治效果。

三、运用现代管治技术

新技术和通信手段的出现，改变了城市和城市管理职能的实施，现代化的大都市区管治要求加强以城市管治信息系统建设为主要内容的技术支撑。在信息化时代，大都市区管治强烈地依赖大量、及时、准确的信息流通，信息网络的完善程度已经成为衡量大都市区管治现代化水平的一个主要标志。发达国家的经验也表明，先进的管治手段特别是科技手段，是降低管治成本、提高管治效率的重要因素（孟延春，2004）。中国西部地区目前已经有条件引进和应用成熟的信息网络等现代技术，建立和完善大都市区管治信息系统和决策系统，为大都市区管治提供及时、准确、科学的服务，以全面提高大都市区管治水平。

现代技术可以提高管治效率。如果运输部门拥有优良的信息系统来掌握交通动态并使用工具进行控制，城市交通拥挤问题的处理将会简单得多。菲律宾宿务市使用了一套计算机化的交通指挥系统，它将交通灯的控制作为交通流量的函数。例如，在高峰期将马路转换为单行线；如必要，还可以在几百个测量点测得关于交通流量的信息，重新进行更改。计算机使管理机构处理城市交通问题变得更加充分和全面，减少了由于交通堵塞产生的空气污染和员工上班迟到的现象（曼纳·彼得·范戴克，2006）。

总之，西部大都市区管治比较有利的是，在"西部大开发"相关政策的推动下，经济发展持续强劲，有利于人民改善生活和找寻参与空间。然而，由于独特区位条件、较低的市场化程度以及城乡二元分割体制，在推动西部大都市区"善治"的过程中，务必要小心谨慎，循序渐进，理论与现实兼顾，方为上策。

参考文献

1. 安树伟. 中国大都市区膨胀病的国家治理政策 [J]. 改革与战略，2009，25（3）：32-35.

2. 安树伟，刘晓蓉. 区域政策手段比较及我国区域政策手段完善方向 [J]. 江淮论坛，2010（3）：36-40.

3. 初钊鹏. 环首都经济圈一体化协调发展的区域管治研究 [J]. 经济地理，2013，33（5）：8-14.

4. 杜静静. 城市治理中的农民工参与途径探析 [J]. 黑河学刊，2007，

129 (3)：142 – 144.

5. 范朝礼. 城市与区域管治条件论 [A]. 顾朝林，沈建法，姚鑫等. 城市管治——概念·理论·方法·实证 [C]. 南京：东南大学出版社，2003：111 – 116.

6. 方创琳等. 区域规划与空间管治论 [M]. 北京：商务印书馆，2007：261 – 275.

7. 郭先登. 实现"城市管理"向"城市治理"伟大跨越 [N]. 青岛日报，2014 – 3 – 16 (004).

8. 洪世键. 大都市区治理的理论演进与运作模式 [M]. 南京：东南大学出版社，2009：275 – 279.

9. 黄丽. 国外大都市区治理模式 [M]. 南京：东南大学出版社，2003：181 – 184.

10. 李廉水，[美] Roger R. Stough 等. 都市圈发展——理论演化·国际经验·中国特色 [M]. 北京：科学出版社，2006：307 – 308.

11. 林家彬. 建立有效的区际协调机制 [N]. 经济参考报，2003 – 12 – 3.

12. 曼纳·彼得·范戴克. 新兴经济中的城市管理 [M]. 北京：中国人民大学出版社，2006：180.

13. 孟延春. 美国城市治理的经验与启示 [J]. 中国特色社会主义研究，2004 (3)：40 – 43.

14. 苗长虹. 中国城市群发育与中原城市群发展研究 [M]. 北京：中国社会科学出版社，2007.

15. 饶会林. 中国城市管理新论 [M]. 北京：经济科学出版社，2003 (142)：241.

16. 任天宝. 中原城市群发展过程中协调机制问题研究 [D]. 郑州：郑州大学硕士学位论文，2010.

17. 邵益生，石楠等. 中国城市发展问题观察 [M]. 北京：中国建筑工业出版社，2006：122.

18. 孙伯英. 当代地方治理——面向 21 世纪的挑战 [M]. 北京：中国人民大学出版社，2004：229 – 230.

19. 陶希东，黄丽. 美国大都市区规划管理经验及启示 [J]. 城市问题，2005 (1)：59 – 62.

20. 屠凤娜. 多中心治理理论对我国城市治理的启示 [J]. 环渤海经济瞭望，2012 (2)：45 – 46.

21. 王颖，陈路. 地方政府城市治理的困境与思考——武汉市"城管革命"的分析 [J]. 武汉交通职业学院学报，2014，16 (1)：10 - 14.

22. 杨上广. 中国大城市社会空间的演化 [M]. 上海：华东理工大学出版社，2006：198.

23. 叶园园，彭贵. 大都市区管治理论、现实与对策：以珠三角为例证 [A]. 市场经济与政府职能转变——2012 年岭南经济论坛暨广东经济学会年会论文集 [C]. 2012.

24. 周婕，龚传忠. 基于管治思维的中国城市建设行政管理体制 [J]. 城市规划，2001，25 (9)：29 - 33.

25. 朱同丹. 一般城市融入都市经济圈一体化进程的路径选择 [J]. 城市问题，2007 (11)：15 - 19.

后　记

本书是安树伟主持的 2008 年教育部人文社会科学重点研究基地重大招标项目"西部大都市区管治模式与协调机制研究"（批准号：08JJD790117）的最终成果。该课题的研究从 2008 年底开始，2014 年底完成了研究报告初稿，2015 年 6 月完成了课题研究报告终稿，并上报教育部社科司申请鉴定，2015 年底通过鉴定。

本书的研究目标、基本内容和结构框架是安树伟提出和最后修改的，各部分内容按照分工分别执笔完成，最后由安树伟、常瑞祥、张晋晋进行统一修改和定稿，当然文责自负。本书数据一般截至 2012 年（个别数据更新到 2015 年），除特别说明之外，数据一般根据相关年份的《中国统计年鉴》和《中国城市统计年鉴》计算整理得到；2015 年数据一般根据《中国统计摘要（2016）》整理得到。本书各章分工如下：第一章，安树伟；第二章，闫程莉、安树伟、李琪；第三章，安树伟、闫程莉、常瑞祥；第四章，常瑞祥；第五章，安树伟、田晓婷、张晋晋；第六章，张晋晋、安树伟、侯蓉；第七章，安树伟、常瑞祥、李鹏；第八章，常瑞祥；第九章，熊雪如；第十章，吴银峰；第十一章，张晋晋、安树伟。

本书的顺利出版，得益于北京市（2011）协同创新中心"首都经济贸易大学特大城市经济社会发展研究院"的出版资助。值此本书付梓之际，谨代表所有作者对本书顺利完成及出版提供支持和帮助的单位和个人表示诚挚的感谢！感谢教育部人文社会科学重点研究基地"西北大学中国西部经济发展研究中心"常务副主任姚慧琴教授、副主任徐璋勇教授、李文斌老师、何芳老师，以及首都经济贸易大学特大城市经济社会发展研究院常务副院长段霞教授的关心和鼎力支持！感谢经济科学出版社王柳松编辑，是她的关心、支持和耐心使本书得以顺利出版，从而为我们广泛地同有关专家、同仁，就西部大都市区管治进行交流提供了机会。

本书所进行的研究仅仅是西部大都市区管治的初步成果，其中一部分相关成果曾先后在《广东社会科学》《城市发展研究》《甘肃社会科学》《经济问题探索》《改革与战略》等期刊发表，但仍有许多问题有待于深入探索。加之水平和时间有限，必有不少纰漏与不当之处。如果说在导言中还有或多或少自信的话，在此就所剩无几了。作为一块引玉之砖，我们诚挚地期盼各位专家、学者、同行的不吝批评指正。

安树伟

2016 年 6 月 北京 丽园

图书在版编目（CIP）数据

西部大都市区管治/安树伟等著. —北京：经济科学
出版社，2016.10
ISBN 978 - 7 - 5141 - 7425 - 0

Ⅰ.①西…　Ⅱ.①安…　Ⅲ.①大城市 - 城市管理 -
研究 - 西北地区②大城市 - 城市管理 - 研究 - 西南地区
Ⅳ.①F299.27

中国版本图书馆 CIP 数据核字（2016）第 256364 号

责任编辑：王柳松
责任校对：隗立娜
版式设计：齐　杰
责任印制：邱　天

西部大都市区管治

安树伟　常瑞祥　张晋晋　等著

经济科学出版社出版、发行　新华书店经销
社址：北京市海淀区阜成路甲 28 号　邮编：100142
总编部电话：010 - 88191217　发行部电话：010 - 88191522
网址：www. esp. com. cn
电子邮件：esp@ esp. com. cn
天猫网店：经济科学出版社旗舰店
网址：http://jjkxcbs. tmall. com
北京万友印刷有限公司印装
710 × 1000　16 开　15.25 印张　260000 字
2016 年 10 月第 1 版　2016 年 10 月第 1 次印刷
印数：0001—1500 册
ISBN 978 - 7 - 5141 - 7425 - 0　定价：42.00 元